民事案例法理评析

姜焕强 著

中国水利水电出版社
www.waterpub.com.cn
·北京·

内 容 提 要

随着我国社会经济的发展,民事经济纠纷越来越多。一方面,民事纠纷的数量增多,另一方面,民事纠纷变得越来越复杂。本书从民事纠纷的实际情况出发,对一些典型的民事纠纷进行了案例分析。从本书的内容上看,本书具有内容新、实用性强、有针对性三个方面的特点。

图书在版编目（ＣＩＰ）数据

民事案例法理评析 / 姜焕强著. -- 北京 ： 中国水
利水电出版社, 2016.11（2022.9重印）
 ISBN 978-7-5170-4893-0

 Ⅰ. ①民… Ⅱ. ①姜… Ⅲ. ①民事诉讼法－案例－中
国 Ⅳ. ①D925.105

中国版本图书馆CIP数据核字(2016)第281496号

责任编辑:杨庆川 陈 洁 封面设计:马静静

书　　名	民事案例法理评析　MINSHI ANLI FALI PINGXI
作　　者	姜焕强　著
出版发行	中国水利水电出版社
	（北京市海淀区玉渊潭南路 1 号 D 座 100038）
	网址:www. waterpub. com. cn
	E-mail:mchannel@263. net（万水）
	sales@mwr.gov.cn
	电话:(010)68545888(营销中心)、82562819（万水）
经　　售	全国各地新华书店和相关出版物销售网点
排　　版	北京鑫海胜蓝数码科技有限公司
印　　刷	天津光之彩印刷有限公司
规　　格	170mm×240mm　16 开本　17.25 印张　224 千字
版　　次	2017年1月第1版　2022年9月第2次印刷
印　　数	2001-3001册
定　　价	52.00 元

前　言

随着经济社会的转型,民事经济纠纷越来越多,不仅民事经济纠纷的绝对数量增大,单一民事纠纷的审理次数也逐渐增多。一个民事案件一审法院审理之后,总有一方当事人不服提出上诉进入二审,二审法院裁判后,当事人又要申请再审,再审完毕当事人还可能向法院或检察院提出申诉。一个民事案件当事人没完没了的折腾,这种现象普遍存在,极大地浪费了社会资源,损害了司法的权威。令人质疑的是,一审、二审、再审裁判结果差异较大,究其原因,有事实认定方面的错误,也有证据采信方面的错误和适用法律方面的错误。其中一个主要原因是不同法官对法律概念的认识有差别,对法律规范的适用范围和构成要件理解不同,对证据的采信,不同法官有不同的认识,不同法院之间的裁判经常出现冲突和矛盾。鉴于这种司法现象,作者选择了十一个经过一审、二审、再审的民事案件进行探讨,对案件涉及的一些法律概念、法律规则的适用范围和适用条件进行了法理解析,然后依据案件事实结合法理,评判哪个法院的判决更具有合理性和合法性。

案件分析作者采用了构成要件分析法。首先,对案件涉及的相关概念进行介绍梳理,以便准确把握法律概念;其次,对案件相关法律规范的适用范围和构成要件进行剖析,全面理解法律规范的适用条件;再次,将案件事实结合法律规范要件进行评判,分析当事人法律行为的性质和应当承担的法律后果;最后,评判哪个法院的裁判更具有正当性和合理性。这只是作者的学理分析,不代表作者的观点就是正确的,也不能说明与作者观点不一致的裁判就是错误的。处理民事纠纷本来就没有对错之分,当事人能够接受、当事人之间的纠纷能够化解、社会大众能够普遍认可就是处理矛盾的最佳方式。

作者通过典型案件分析,意在唤醒社会大众理性看待法院判决,尊重司法裁判,维护法制权威,尊重司法规律。法律事实不等于客观事实,法律事实是基于庭审证据推定的事实,基于事实的不可再现性和法官认识的局限性,法律事实与客观事实有偏差是正常的。当事人不能因为裁判认定的事实与客观事实不符就盲目上访告状,要理性看待自己的举证责任,检讨举出的证据是否客观全面、是否尽到了法定的证明责任。不能违背司法规律进行无谓的上诉和申诉,甚至上访告状,浪费人力物力。法律自有法律的理性和裁判规律,当事人不能太任性,法官也不能太随意,法院不能武断下判决,结案了事。通过审判不仅要让当事人明白法律所倡导的价值观,更要让普通民众了解司法理念,培养尊重司法、践行法律价值的良好品行。

本书作为一本案例分析的专著,在撰写过程中具有自己的特色。其一,内容较新。随着社会发展,相关法律规则会做相应调整。旧有的法律观念因不适应形势的变动而有所改变,本书的一些观点具有一定的前瞻性。其二,实用性较强。法律的价值在于应用,本书将法条、现实案例、法院裁判结合在一起进行评析,既阐述了法条的要件和价值,也剖析了案件事实的法律性。同时对法院裁判标准也进行了探讨,对当事人、法官和普遍民众都有一定的借鉴价值。其三,贴近现实。本书所选案例均是现实生活中发生的真实案例,均经过法院一审、二审和再审,都曾经是民众关注的热点,具有一定社会影响的典型案例。本书正是用活生生的案例,以案说法,普及法律知识,让老百姓看得懂,明白案中的是非曲直。本书虽然是一本学术性的专著,但论述浅显易懂,便于人们理解。

本书在撰写过程中,参阅了大量资料,在此对有关学者表示衷心的感谢!同时在写作过程中,李慧苹同学、岳枚颖同学、翟永利同学、王彦同学、陈美宏同学、张曼同学、闫露同学、管钰淇同学、陈思思同学、刘梦菲同学、胡啸天同学等，对资料的收集和整理倾注了大量的心血，在此表示感谢！由于作者水平有限，再加上时间仓促，书中错误和不足在所难免，恳请专家与读者批评指正！

作　者

2016 年 8 月

目　录

郭巧云诉通利公司房屋租赁
合同纠纷案评析①

引言

郭巧云诉河南通利房地产发展有限公司(以下简称通利公司)租赁合同纠纷一案的简要案情:2001年9月13日郭巧云以同心医药有限公司(以下简称同心公司)的名义与郑州百文股份有限公司(集团)电光源分公司(以下简称百文公司)签订了租期为一年的房屋租赁合同,租赁房屋四间用于药品经营,租金每月2200元,租期从2001年10月1日起至2002年10月1日止。2002年2月28日,郭巧云又以同心公司的名义与百文公司变更了合同内容,租赁房屋由四间减为三间,月租金降为1200元,租赁期限从2002年3月2日起至2003年3月2日止。租赁期限到期后,郭巧云继续租用该三间房屋,2003年1月,经批准通利公司收购了百文公司的全部资产。2003年10月26日,通利公司向郭巧云发出通知,要求郭巧云补交所欠房租,并变更房屋租赁协议。郭巧云未按要求补交所欠房租,也未变更房屋租赁协议。同年10月29日,通利公司强行将郭巧云租用的三间房屋封门,致使药品无法经营,双方发生纠纷。郭巧云要求通利公司赔偿其,一是药品损失、货架柜台损失;二是经营收益损失;三是广告违约损失和上缴管理费损失。本案经过郑州市金水区人民法院一审,郭巧云、通利公司均不服,双方上诉至郑州市中级人民法院二审,上诉

① 感谢李慧苹同学为该文资料和文字整理付出的努力。

终审结果郭巧云不服,向河南省高级人民法院申请再审,河南省高级人民法院指令郑州市中级人民法院再审本案,再审终审后,郭巧云仍不服,向河南省高级人民法院进行申诉,河南省高级人民法院再审维持了郑州市中级人民法院再审的判决结果。本案涉及的法律关系及争议的焦点主要集中在以下几个方面:一是租赁合同法律关系;二是债权债务转让;三是合同解除;四是主合同义务、从合同义务、附随义务;五是药品损失、货架柜台损失该不该赔偿;六是经营收益损失该不该赔偿;七是广告违约损失和上缴管理费损失该不该赔偿。本文试从法理角度对法院裁判的正当性与合理性进行评析。

一、郭巧云以同心公司的名义与百文公司签订的房屋租赁合同效力问题

(一)郭巧云以同心公司名义与百文公司签订的合同已经成立

1. 合同成立的概念及构成要件

合同成立指合同的各方当事人针对合同的主要条款达成一致意见。合同成立仅是一种事实状态,表明合同的缔约阶段已经完成,内容已经确定,当事人之间存在着事实上的合同关系。合同的成立有一般构成要件和特殊构成要件,合同的一般构成要件,是指所有合同成立都必须具备的共同条件。[①]

(1)必须存在双方或多方当事人

合同是一种典型的双方民事法律行为,要求至少有两方当事人,其当事人可以是自然人、法人、国家或者具有民事权利能力的其他组织。订约主体不等同于合同主体。订约主体是实际订立合同的人,他们可能是将来合同的当事人,也可能是合同当事人

---

① 参见刘双喜:《论合同的效力》,《世纪桥》,2013 年第 3 期,第 52～53 页。

的代理人,合同主体是合同法律关系的当事人,是实际享有权利并承担义务的人。

（2）当事人达成合意

合同成立需要双方当事人经过要约、承诺的订约程序,将双方的意思表示通过一定的形式具体、明确地表示出来。要约是一方当事人向另一方当事人提出明确的合同条件,并希望对方接受的意思表示；承诺是受要约方向要约人做出的全盘接受要约方提出的条件的意思表示,它要求在要约的存续期内做出。要约、承诺可以通过口头或书面的形式表现出来。

（3）合同内容明确

合同内容是合同确立的当事人之间特定的权利义务关系。当事人之间订立合同的目的在于将当事人的意思表示通过一定的形式固定下来,从而约束对方当事人,使得对方能够按照合同约定履行义务,以此来保障自己的期待利益,因此合同内容必须明确,否则当事人就无法履行合同,导致合同形存实亡。依据《合同法》第十二条、第六十二条、第六十三条规定来看,订立合同时双方当事人只需要对合同的主要条款达成一致即可,合同的主要内容包括当事人和标的。标的不等于标的物,任何民事法律关系都有标的,但未必都有标的物。郭巧云与百文公司签订的房屋租赁合同,双方当事人之间的房屋租赁合同关系就是标的,房屋则是标的物。

2. 郭巧云以同心公司名义与百文公司签订的合同成立

（1）郭巧云如有同心公司授权,以同心公司名义与百文公司签订的合同成立

同心公司如果授权郭巧云与百文公司签订合同,则同心公司与郭巧云之间是委托代理关系。本案中郭巧云以同心公司的名义与百文公司签订合同是典型的直接代理,郭巧云的意思表示视为被代理人同心公司的意思表示,那么同心公司与百文公司签订的合同经过了要约、承诺的订约程序,双方当事人的意思表示一

致,合同成立。代理关系的法律效果使得该合同直接约束同心公司与百文公司,郭巧云作为代理人只是订约主体,并不实际享有权利。

(2)郭巧云如没有同心公司授权,以同心公司名义与百文公司签订的合同也成立

没有同心公司的授权,郭巧云以同心公司名义签订的合同属于无权代理签订的合同。其一,依据《合同法》第四十八条之规定,因无权代理签订的合同效力待定,经被代理人追认后,合同自始有效。如果同心公司予以追认,合同自签订时郭巧云的意思表示就代表了同心公司的意思,合同成立并约束同心公司与百文公司;如果同心公司不予追认,合同也成立,只是不对同心公司发生效力,由行为人郭巧云自己承担责任。其二,虽然郭巧云是无权代理,依据《合同法》第四十九条规定,若郭巧云具有代理权的外观,如合法持有同心公司的印章等,且郭巧云的行为与该权利外观具有牵连性,同时同心公司也尽到了合理的审查义务,此时郭巧云就构成表见代理,发生与有权代理同样的效果,即合同成立并约束同心公司与百文公司。

无论郭巧云是否得到授权,他与百文公司签订的合同都成立。本案中郭巧云得到了同心公司的授权,他们之间构成委托代理关系,郭巧云只是订约主体,并不是合同的当事人,合同当事人为同心公司和百文公司,合同效力及于同心公司和百文公司,合同的权利义务内容对郭巧云没有约束力。

(二)郭巧云以同心公司名义与百文公司签订的合同生效

1. 合同生效的概念及构成要件

合同生效是指已经成立的合同因符合法定的生效要件,依法发生法律效力。[①] 合同生效的一般要件有以下几点。

---

① 王德山、姜晓林:《浅论合同成立与合同生效》,《商场现代化》,2009 年第 11 期,第 272 页。

（1）当事人具有相应的民事行为能力

民事行为能力是民事主体享有民事权利、承担民事义务的资格，是民事主体实施民事法律行为的基础。[①] 无民事行为能力人进行的行为可能是事实行为，也可能是法律行为，如八岁的甲在路边丢弃一块表，那么就只是一个事实行为，并非民事法律行为，其他人如将该表捡走就构成侵占；如果一个完全民事行为能力人丢弃该表，就是一个法律行为的抛弃，他人将其捡走则不构成侵占。《合同法》第四十七条规定，无民事行为能力人和限制民事行为能力人实施的纯获利益行为或者与其年龄、精神状况相适应的民事法律行为有效，依法不能单独订立的合同效力待定，需要经过法定代理人的追认方可生效；完全民事行为能力人订立的合同在没有其他瑕疵的情况下合同生效。

（2）意思表示真实

法无禁止即自由，意思自治是民法遵循的首要原则。意思表示真实要求内心真实的想法与外部表示出来的意思完全吻合，与之相对应的就是意思表示不真实。《合同法》第五十二条、五十四条规定，因意思表示不真实而签订的合同主要导致两种后果，一是因重大误解、在订立合同时显失公平或一方因者乘人之危、欺诈、胁迫等原因违背了自己的真实意思而签订的合同属于可变更、可撤销的合同；二是因胁迫、欺诈订立的损害国家利益的合同，或因恶意串通订立的损害国家、集体、他人利益的合同属于无效的合同。

（3）内容合法

合同内容不违反法律或社会公共秩序，法的最高价值是自由，但"我们的自由止于别人的鼻尖"，没有无限制的自由，要想实现法的秩序价值，就必须对自由加以合理的限制。合同要想生效其内容就必须符合法律规定。

---

① 参见许可：《论合同的成立、生效与无效》，华东政法大学 2005 年硕士论文。

（4）具备法律规定的特殊形式

合同成立除以上三个要件外，对于一些特殊的合同还必须具备一些特殊要件：一是当事人如果对合同的生效期限进行了约定，那么合同自约定的期限届时生效；二是当事人如果对合同的生效条件进行了约定，那么合同自条件成就时生效；三是依据物权公示原则，对于不动产物权的设立、变更、转让和消灭，需要依法进行登记后才发生法律效力。如甲乙签订了房屋买卖合同，如果未办理过户登记手续，虽然甲乙之间的合同成立，但合同尚未生效，并不发生房屋所有权变动的效果。

合同生效具有如下特征。

其一，合同生效是一种价值判断，体现的是国家的意志。

合同成立只要当事人对合同的主要条款达成一致即可，是意思自治原则的体现，合同订立的过程只体现了当事人的意志。只有依法成立的合同，内容不违反法律，符合合同的生效要件，即合同符合国家意志，合同才生效。合同生效与否关键在于内容是否得到法律的认可与保护，反映了法律对合同的适当干预，体现了法律的价值判断。合同成立是判断合同是否存在的依据，完全是事实判断，与合同的生效没有必然联系。

其二，合同生效能够发生当事人所期望的法律效果。

签订合同的目的就是约束当事人，为了让对方当事人能够完全按照当初的约定履行义务，充分保护自己的期待利益。合同的约束力主要表现为：一是一方当事人未经对方的同意，不得擅自变更、解除合同；二是当事人应依诚实信用原则，按照约定完全履行合同义务，包括合同的附属义务，如进行合同的报批、办理登记手续等为合同生效做积极的准备；三是如果不按照合同约定履行合同义务，就要承担相应的法律责任。

2.郭巧云得到同心公司授权时合同生效

代理权是代理人基于被代理人的意思表示或者法律的直接规定或者有关机关的指定，能够以被代理人的名义为意思表示或受领意思表示,其法律效果直接归于被代理人的资格。[①] 同心公司在对郭巧云授权的情况下,郭巧云就取得了代理权,郭巧云所进行的意思表示视为同心公司的意思,双方意思表示真实,当事人签订的房屋租赁合同完全符合合同的生效要件,合同有效。

3. 郭巧云没有得到同心公司授权时合同是否有效

代理权是代理人进行民事活动、签订合同的基础,如果郭巧云没有得到同心公司的授权而进行无权代理,此时签订的房屋租赁合同效力待定。依据《合同法》第四十八条的规定,一是百文公司可以催告被代理人同心公司在一个月内进行追认,若同心公司未做出意思表示,则视为拒绝追认,合同无效;二是被代理人同心公司享有追认权,该追认权属于单方法律行为,只要追认的意思表示到达相对人百文公司或者代理人郭巧云,追认就生效。郭巧云与百文公司签订的合同自始有效,若同心公司不予追认,由郭巧云自己承担责任;三是如果合同的相对人百文公司是善意的,在签订合同时并不知道郭巧云没有代理权,那么百文公司就享有撤销权。百文公司可以向郭巧云或者同心公司发出撤销的通知,通知到达对方时,该合同确定无效。但该撤销权必须在同心公司予以追认之前行使做出。

(三)郭巧云有权变更房屋租赁合同

1. 合同变更的要件和效力

合同的变更指在合同成立以后,尚未履行或履行完毕前,当事人就合同的内容达成修改或补充协议,或者依据法律规定请求法院或者仲裁机构变更合同内容。[②] 合同变更分为广义的合同变更和狭义的合同变更,广义的合同变更包括主体和内容的变更;狭义的变更仅指合同内容的变更,认为合同主体的变更为合同转

[①] 魏振瀛:《民法》,北京大学出版社,2013年版,第178页。

[②] 田土城:《民法学》,郑州大学出版社,2011年版,第451页。

让,本文仅对合同内容的变更做出分析。

（1）合同变更应具备的条件

第一,存在有效的基础合同关系。

首先,合同变更是对原有合同内容的变更,没有原合同这个基础合同,双方当事人签订的合同是新合同的成立;其次原有的合同必须是有效的,原合同无效或已被撤销,就不会存在合同变更的问题。

第二,须有对合同内容的非实质性变更。

合同变更的实质是内容的变化,内容变化是合同变更的必备要件。合同内容的部分变更仅限于合同的非实质性内容,如合同的价款、交付地点、解决争议的途径等,不能对合同的标的等实质性的内容进行变更,对合同内容进行实质性的变更是合同的更新,若对合同的主体进行变更,则相当于债权债务的转移,就不是合同的变更问题。依据《合同法》第七十八条之规定,合同变更部分的内容应当明确,当事人对合同变更的内容约定不明确的,即视为未变更。

第三,需当事人协商一致或者依据法律规定。

订立合同的首要原则是意思自治,在合同订立、变更、解除合同中都应当遵循意思自治,经当事人协商一致能够变更合同。当事人可以直接依据法律的规定进行合同变更,如对于因重大误解或者显失公平订立的合同,一方当事人可以请求法院或仲裁机构进行合同变更。

第四,需遵照法定的形式。

法律、行政法规规定合同变更必须办理批准、登记手续的,应当办理批准、登记手续,否则变更的合同不生效。

（2）合同变更的效力

第一,对合同权利义务的影响。合同变更原则上只对将来发生效力,未变更部分的权利义务和变更前已经履行完毕的权利义务继续有效,当事人不可要求对方将变更前已经履行的义务重新按照变更后的内容再次履行。合同变更后当事人应该按照变更后的合同内容履行,否则将构成违约。[①] 同时当事人还应该履行保密、协助、通知等附随义务。

第二,对违约责任的影响。合同变更可能是当事人因为原合同内容的不合理等原因而进行的变更,但该变更并不影响当事人要求损害赔偿的权利(不可抗力除外),也不影响当事人争议解决的途径,但如果当事人在合同变更时对其进行了约定,应依其约定。

2. 郭巧云变更合同的理由成立

2001 年 9 月 13 日郭巧云与百文公司签订的合同依法成立生效。2002 年 9 月 2 日合同变更时郭巧云与百文公司有明确的约定,租赁房屋由四间减为三间,月租金降为 1200 元,租赁期限从 2002 年 3 月 2 日起至 2003 年 3 月 2 日止。双方意思表示一致,变更的内容明确,而且变更的部分仅限于租赁的房间数以及租金,并没有对该合同进行实质性的变更,变更是在原合同的有效期内进行的,完全符合合同变更的构成要件。合同变更后,郭巧云与百文公司应该按照 2002 年 9 月 2 日变更的合同内容享有权利负担义务,对于变更前郭巧云没有支付的租金应当按照之前的合同继续履行。

二、通利公司有权解除郭巧云签订的房屋租赁合同

(一)合同解除的概念和要件

合同解除是指合同有效成立后,没有履行或完全履行前,当约定的或法定的解除条件具备时,因享有解除权一方的意思表示,使合同关系除法律另有规定外溯及地消灭。[②] 合同解除是合同之债终止的原因之一。

---

① 臧鲍:《论合同的变更》,《法制与经济》,2010 年第 2 期,第 82 页。
② 马俊驹、余延满:《民法原论》,法律出版社,2010 年版,第 603 页。

合同解除因其解除原因的不同而分为法定解除、约定解除、协议解除,其中法定解除和约定解除的构成要件基本一致,其构成要件如下。

(1)合同成立有效

合同解除的目的就是消灭原合同,无原有效合同的存在,合同解除就无从谈起,同合同变更是一样的道理。

(2)享有解除权

合同解除权是合同当事人享有的解除合同的权利,是当事人解除合同的基础,它的行使将导致合同解除的法律后果。约定解除权一般是当事人在合同订立时就对其做出了约定,也可以在订立合同后另行约定,当出现了约定的情形时,一方当事人就享有解除合同的权利。《合同法》第九十四条规定了法定解除的情形,包括因不可抗力使得合同目的不能实现、预期违约、迟延履行,或者有其他违约责任使得合同目的不能实现等。当出现这些情形时,即使事先没有约定解除合同的条件,当事人也拥有解除权,无须对方当事人的同意,只需要通知对方即可。

(3)行使解除行为

享有解除权并不当然等于合同已经解除,即使享有解除权,如果双方当事人仍然愿意按照原来的合同继续履行合同义务,那么原合同依然有效。[①] 要想达到解除合同的效果,就需要当事人依法行使解除权。解除权是形成权,通知告知对方当事人即可。为了维护法律关系的稳定性,解除的意思表示不能随意撤销;解除权受除斥期间的限制,应当在合理的期间内行使,在一定的时间内不行使则解除权消灭。法律规定或当事人约定了解除权行使期限的,应当在其期限内行使。未规定或未做出约定的,在对方当事人催告后的合理时间内行使;[②]《最高人民法院关于适用中华人民共和国合同法若干问题的解释(二)》第二十四条规定,对

---

① 参见亢生伟:《论合同解除的程序及法律效力——以案例分析为视角》,兰州大学 2012 年硕士论文。

② 参见韩笑恬:《合同解除权行使期限问题研究》,湖南师范大学 2011 年硕士论文。

方对解除合同有异议的,可以请求仲裁机构或者法院确认解除合同的效力,当事人对于异议期间有约定的按照约定,没有约定的,应当在三个月内提出异议。

对于协议解除只要双方当事人协商一致即可,无须享有解除权。协议解除的实质是在原合同当事人之间又重新成立了一个新合同,新合同的主要内容为解除双方原合同关系,使当事人之间基于原合同发生的债权债务关系归于消灭,协议解除只需要具备合同的生效要件即可。

(二)房屋租赁合同的概念和特征

房屋租赁合同,是指出租人将房屋交付给承租人占有、使用、收益,承租人按约支付租金,并在租赁期限届满后将房屋返还给出租人的协议。房屋租赁合同具有以下特征。

(1)房屋租赁合同是诺成、双务、有偿、继续性合同。房屋租赁合同只需要双方就房屋租赁的相关事宜达成一致即可,不必实际交付房屋,但当事人另有约定的除外;双方当事人互负对待给付义务,出租人应交付房屋、对房屋进行维修、保障承租人的正常使用,承租人应按时交纳房租,是双务、有偿合同;房屋租赁合同是典型的继续性合同,需要持续的给付才能实现房屋租赁的目的。

(2)双方签订房屋租赁合同应当履行备案登记手续,但备案登记并不是合同的生效要件。如果一方当事人因未办理备案登记向法院请求确认合同无效的,法院不予支持,除非当事人约定了备案登记是合同的生效要件。动产租赁只需签订租赁合同即可,法律并没有明确规定要进行登记备案,房屋租赁合同的备案登记制度对于保护承租人的优先购买权具有积极的意义。

(3)房屋租赁合同具有非永久性,租赁期限过长将会导致出租人的财产权利被虚置。《合同法》第二百一十四条规定,房屋租赁期限不得超过二十年。如果当事人约定的期限超过二十年的,那么超过的部分无效。租赁期间届满后,当事人可以续订租赁合同,但租赁期限自开始签订合同之日起不得超过二十年。

(4)房屋租赁合同当事人之间既引起债权法律关系,又引起物权法律关系,即一般就不动产的租赁而言,导致承租人获得物权性质的租赁权和先买权。[①] 其租赁权表现为买卖不破租赁以及在租赁关系存续期间,出租人将房屋再租给第三人的行为对承租人无效;先买权表现为承租人同等条件下的优先购买权。

(5)房屋租赁合同只改变房屋的使用权,不改变所有权。租赁合同有别于买卖合同,买卖合同转移的是标的物的所有权,租赁合同只改变房屋的直接占有权,承租人只能对其进行合理使用,不享有所有权不得对其进行处分。

(三)房屋租赁与房屋转让的关系

房屋租赁与房屋转让的关系主要体现在两方面:一是买卖不破租赁,二是承租人优先购买权。

买卖不破租赁,是指出租人租赁物交付承租人后,即使出租人将租赁物出卖给第三人,也不影响租赁合同的效力,第三人(新所有人)仍承受出租人的地位。[②] 买卖不破租赁的实质是赋予了债权以某些物权的效力,即对抗第三人的效力,但仍是债权,是债权物权化的表现。买卖不破租赁并不适用于所有情形,一些特定情形打破了买卖不破租赁原则:一是租赁物被没收或者征收的;二是在房屋出租前,该房屋已经依法被人民法院查封;三是房屋先出租后抵押,且抵押权已经依法登记的。

房屋承租人的优先购买权是指在房屋租赁关系的存续期间,出租人若要转让房屋的所有权,应当在合理的期间内通知承租人,承租人拥有同等条件下的优先购买权。如果出租人未在合理的期限内通知承租人或者有其他损害承租人优先购买权的行为,承租人有权要求出租人承担赔偿责任。承租人的优先购买权并不是没有限制的,一是承租人只享有同等条件下的优先购买权,

---

[①] 马俊驹、余延满:《民法原论》(第四版),法律出版社,2010 年版,第 670 页。

[②] 马俊驹、余延满:《民法原论》(第四版),法律出版社,2010 年版,第 679 页。

如果甲将自己的房屋出租给乙,期间甲想要卖掉自己的房屋,在乙与第三人丙购买的价款一样的情形时,乙才享有优先购买权。如果丙的价款比乙高,此时乙并不享有优先购买权;二是为了更好的保护买受人的利益,实现买受人与承租人的利益,《城镇房屋租赁合同解释》第二十四条规定,承租人在下列情形下并不享有同等条件下的优先购买权:其一,房屋共有人行使了优先购买权;其二,出租人将房屋卖给自己的近亲属,仅指狭义的近亲属;其三,受让人为善意第三人,且已经依法办理了房屋过户登记手续;其四,出租人依法通知了承租人,但承租人并未在 15 天内做出任何表示。

(四)不定期合同的概念和特点

以合同是否具有固定的期限为标准,将合同分为定期合同和不定期合同。不定期合同是指当事人之间签订的合同没有明确约定期限或者法律规定将其视为没有固定期限的合同。《合同法》规定了三种不定期房屋租赁合同的情形,一是没有对租赁期限做出明确的约定;二是虽然当事人约定了租赁的期限,但该合同的租赁期限在六个月以上,并未采取书面形式;三是租赁期限已经届满,但承租人继续使用该房屋,出租人并没有对此提出任何异议。

不定期租赁合同的特点在于除非当事人另有约定,双方当事人均有权随时解除合同。但为了保护承租人的利益,给予承租人一定的准备时间,出租人在解除合同时应当在合理的期限内通知承租人。这也是区分定期租赁合同与不定期租赁合同的意义之所在。

(五)通利公司可以解除合同

通利公司在该租赁合同的有效期内收购了百文公司的全部资产后,取得了该房屋的所有权。依据买卖不破租赁的原则,通利公司当然承受百文公司的权利与义务,该租赁合同对通利公司继续有效,郭巧云与通利公司应该按照原合同约定继续履行合同。郭巧云与百文公司签订的合同至 2003 年 3 月 2 日租赁期限届满,到期后郭巧云继续租用该房屋,百文公司、郭巧云以及后来的通利公司均未提出异议,他们之间的合同视为不定期租赁合同,依据《合同法》第二百三十二条的规定,任何一方均享有合同随时解除权,通利公司解除合同并不当。另一方面,郭巧云不履行合同的主要义务(支付租金),经过通利公司催告后仍不履行,且郭巧云也未与通利公司变更合同,依据《合同法》第九十四条、第二百二十七条之规定,通利公司解除与郭巧云的房屋租赁合同符合法律规定。

三、通利公司有权提出反诉

(一)反诉的概念和构成要件

反诉是指在已经开始的诉讼程序中,本诉的被告以本诉的原告为被告提出的与本诉有牵连关系的独立的反请求。[①] 反诉的一般构成要件:

(1)主体要件:反诉需由本诉的被告向本诉的原告提起。

反诉的当事人仅限于本诉的当事人,不允许增加新的当事人。

(2)时间要件:诉讼发生在本诉案件受理后,辩论终结前。

反诉必须发生在本诉开始后,法庭辩论终结前提起。如果本诉尚未开始,当事人可以直接提起民事诉讼,如果诉讼已经终结,被告则可以寻求其他的救济途径,如上诉、申请再审等。

(3)管辖要件:向受理本诉的法院提起,且法院具有管辖权。

管辖权是法院得以受理案件的前提,如果反诉属于其他法院专属管辖,审理本诉的法院则因无权管辖,而裁定不予受理,驳回

---

① 赵刚、占善刚、刘学在:《民事诉讼法》,武汉大学出版社,2015 年版,第 22 页。

起诉。

（4）程序要件：反诉能够与本诉适用同一程序。

程序不同就不能合并审理，如果本诉适用普通程序审理，反诉本应适用简易程序审理，此时就可以合同审理，完全可以适用普通程序审理简单的民事案件，只是在实践中为了节约诉讼成本而适用简易程序；反之，如果本诉适用简易程序，但反诉必须适用普通审理，那么就不能进行合并审理，不能在同一诉讼系属中提起反诉。

（5）原因要件：反诉的诉讼请求与本诉诉讼请求之间具有牵连关系。

如果两诉讼请求之间没有牵连关系，就没有必要进行合并审理。本诉与反诉可以基于相同的法律关系，也可以基于相同的事实关系，或者诉讼请求之间具有因果关系。允许在本诉进行的过程中提起反诉，就是为了一次性彻底解决纠纷，节约司法成本。虽然本诉与反诉之间存在着牵连关系，但是又各自具有独立性，其中一个诉讼的撤诉并不影响另一诉讼的继续进行，即使原告撤诉，反诉也可以继续审理。

（二）通利公司反诉的要件具备

郭巧云作为本诉的原告以通利公司为被告，向金水区人民法院提起诉讼，通利公司作为反诉的原告提起诉讼是适格当事人。本案是因房屋租赁合同引起的纠纷，属于不动产案件，应由不动产所在地法院进行专属管辖，房屋位于金水区内，金水区人民法院对本案享有管辖权。通利公司是因郭巧云不支付租金而提起诉讼，郭巧云以通利公司强行封门，使其药店无法经营为由提起诉讼，二者的诉讼请求都是基于房屋租赁合同而引起的，二者具有牵连关系。这两个独立的诉讼请求均适用普通程序进行审理，此外通利公司是在法院受理郭巧云的诉讼后提起的反诉，完全具备反诉的条件。

四、本案的举证责任分析

(一)举证责任的概念和功能

举证责任是指作为裁判基础的法律要件事实在做出裁判前处于真伪不明状态时,当事人一方因此而承担的法律的不利后果。对当事人来说,举证责任实质上是败诉的风险,哪一方当事人对要件事实负证明责任,哪一方当事人就负担因事实真伪不明引起的败诉风险。[①] 举证责任分为行为责任和结果责任,行为责任指当事人对自己的主张,需要提供证据加以证明的责任,结果责任指当事人无法举证证明自己的主张而导致事实真伪不明时,由提出主张的当事人自己承担不利后果的责任。

举证责任是诉讼活动进行的核心环节,在民事诉讼中发挥着重要的作用,与当事人的权利能否得到保障有着密切的联系。首先举证责任作为一种裁判规则,其主要功能是解决事实真伪不明时法官如何裁判的问题,为法官提供裁判思路,指引法官对案件做出合理的裁判。在案件办理过程中,有些事实是经过法庭质证和法庭辩论能够调查清楚的,但毕竟相关的诉讼活动是案件发生后才进行的,法官难以亲临现场,有时由于证据不足,难以还原当时的事实真相,这时为了做出公正的裁判,往往需要法律对其进行预先的设定,对于一些难以查清的事实需要由哪一方当事人承担不利的法律后果,为法官做出裁判提供指引和依据。其次举证责任为当事人在诉讼中展开防御和攻击提供了依据,确立当事人进行举证的方向,为划分本证和反证、为当事人之间分配主张责任提供依据。

(二)举证责任在当事人之间的分配

举证责任分配,是指依据一定的标准,将证明对象处于真伪

---

① 江伟:《民事诉讼法》,高等教育出版社,2013年版,第208页。

不明的状态下的败诉风险在双方当事人之间进行合理的分配。举证责任分配是双方当事人各自承担事实不明的风险的分配,针对的是免除举证责任之外的事实,也是举证责任的核心问题。举证责任分配与当事人在诉讼中所处的地位没有任何关系,是按照主张权利还是否认权利来分配的。在举证责任的分配上,民事诉讼与刑事诉讼和行政诉讼有着明显的不同,在刑事诉讼中只有法律有明文规定的极少数情况下,被告才需要承担举证责任,在行政诉讼中原则上由行政机关承担证明责任。在民事诉讼中举证责任分配的目的在于尽可能合理、均衡地在当事人之间分配证明责任,使当事人在举证的过程中有据可循,保障诉讼的顺利进行。我国民事诉讼举证责任分配一般原则是谁主张,谁举证,但也有例外情形。

1. 一般规则:谁主张谁举证

为了防止当事人滥用诉权,妨碍司法程序的顺利进行,需要对举证责任进行事先的分配,一般主张权利的当事人要对自己的主张承担举证责任,主张法律关系存在的一方当事人,应当对产生法律关系的基本事实承担证明责任,主张法律关系变更、消灭或者权利受到侵害的当事人应当对法律关系变更、消灭、权利受到侵害的事实承担证明责任。我国《最高人民法院关于民事诉讼证据的若干规定》第五条对合同相关方面的证明责任加以分配,主张合同成立并生效的当事人对合同成立和生效的事实承担证明责任,主张合同关系变更、解除、终止、撤销的当事人对合同关系变动的事实承担证明责任,对合同履行有争议的由负有履行义务的一方当事人承担证明责任,对代理权发生争议的由主张有代理权的当事人承担证明责任。

2. 补充原则:举证责任倒置

举证责任倒置,是指基于法律的规定,把本应由原告承担的举证责任分配给被告承担。①"谁主张,谁举证"作为证明责任分配的一般规则,能够解决大部分的民事纠纷,但是对于某些案件,由于其特殊性,被害人处于明显弱势的地位,难以对其主张进行证明,从公平的原则出发,考虑到双方当事人举证的难易程度,法律对其做出一些例外规定,由被告承担举证责任。

依据《最高人民法院关于民事诉讼证据的若干规定》第四条的规定,下列侵权诉讼案件遵循"举证责任倒置"的原则,专利侵权纠纷中由加害方承担产品制造方法不同于专利方法、高度危险作业致人损害中由加害方对受害人的过错承担举证责任,环境污染引起的损害赔偿诉讼中由加害人对免责事由和不存在因果关系承担举证责任,建筑物、搁置物、悬挂物致人损害中由加害方对其无过错承担责任,医疗行为引起的侵权纠纷中由医疗机构对不存在因果关系承担举证责任,共同危险致人损害中由行为人对行为与损害结果不存在因果关系承担举证责任,饲养动物致人损害中由饲养人或管理人对受害人过错承担举证责任等。原告可以将这些案件的四要件中的一种或几种倒置给被告承担,由被告就这些事实不存在因果关系负举证责任。就原告(即利益受损人)而言,最容易证明损害事实。所以对于被告来说,其证明的事由可能包括三类:一是对自己没有过错的证明;二是对自己不存在侵权行为的证明;三是对不具有因果关系的证明。

(三)郭巧云的举证责任分析

郭巧云的营业收益损失、药品货架损失、广告违约损失均是由通利的侵权行为造成的。通利公司的侵权行为属于一般侵权,应当依据"谁主张,谁举证"的原则,由主张损害赔偿的郭巧云承担举证责任。郭巧云应当对通利公司存在的侵权行为、自己的损失、侵权行为与损失之间的因果关系以及通利公司的过错承担举证责任。郭巧云对药品货架损失提供了证据,能够证明药品货架

---

① 参见卢青:《论民事举证责任的倒置》,青岛大学 2008 年硕士论文。

的实际损失,判定通利公司赔偿药品货架损失是正确的。但郭巧云提供的证据证明不了其有广告违约损失,也没有提供证据证明其营业收益损失,郭巧云应当承担举证不能的法律后果,故法院不予支持郭巧云主张的营业收益损失和广告违约损失是正确的。

(四)通利公司的举证责任分析

通利公司提出反诉,要求郭巧云支付租金,承担违约责任。根据《合同法》《最高人民法院关于适用民事诉讼法的解释》第九十条之规定,通利公司应该提供郭巧云与百文公司签订的有效成立的房屋租赁合同、百文公司将合同权利转让给通利公司的证据,以及郭巧云没有按照合同约定支付租金的证据等。通利公司在一审中提供了上述证据,郭巧云应当向通利公司支付租金,并承担违约责任。一、二审法院判决郭巧云支付租金是正确的、合法的。

五、本案的赔偿范围

损害赔偿作为权利受到损害的救济途径之一,受到多重因素的限制,在我国损害赔偿以补偿性损害赔偿为主,惩罚性损害赔偿为辅。补偿性损害赔偿遵循完全赔偿的原则,赔偿的范围包括实际损失和可得利益损失,同时又受到可预见性规则、减损规则的限制。

(一)营业收益损失该不该赔

营业收益损失应该予以赔偿。但由于郭巧云难以对其损失的数额和范围加以证明,要为此承担不利的法律后果。

1. 营业收益损失属于可得利益损失,不属于正常的商业风险

可得利益是指在双方当事人按照合同的约定完全履行合同义务的情形下,可以获得的纯粹经济利益,可得利益损失是未按

照合同约定履行义务,而给当事人造成的纯粹经济损失。为了保护当事人的期待利益,《合同法》第一百一十三条对违约情形下的可得利益损失赔偿进行了规定。《合同法》第九十七条虽然只规定了赔偿损失,并未以《合同法》一百一十三条的方式对合同解除造成的可得利益损失做出明确规定,但依据法律的体系解释,应将此处的损失赔偿理解为实际损失和可得利益损失。

可得利益具有相对的确定性。可得利益损失赔偿虽然是对当事人期待利益的保护,没有实际损失那么明确,但是该损失并不是无法估量的,一般都有一个参考标准,以合同正常履行时当事人可获得的纯粹经济利益为准确定赔偿的范围。

可得利益损失具有可预见性,可预见性是指引当事人签订合同的内在要素,任何人签订合同都有一定的目的性,都是为了满足自己某一方面的需求、获得一定的利益。当事人在签订合同时能预料到如约履行合时可能获得的利益,那么也就从侧面说明当事人也预料到未按约定履行合同时将遭受的纯粹的经济损失。

商业风险是任何商业在经营过程中都可能发生的、不可避免的情形情况,具有不可预见性,与合同双方当事人是否履行合同、合同解除与否没有关系。如甲乙双方签订买卖合同,甲向乙出售A商品,然后乙打算将其转售,在甲乙双方签订合同时,A商品的市价是700元,乙以600元的价格从甲处购得该商品,但是在合同履行完毕后,A商品的价格下降至300元,结果导致乙亏本,这属于商业风险,正常的商业风险具有不确定性和不可预见性。

营业收益损失是由通利公司解除合同后造成的,属于纯粹经济利益损失,根据诚实信用原则,解除合同要给对方当事人留足合理时间处理善后事务,比如清仓处理时间、另行租赁房屋时间等。由于通利公司采用强行封门措施,致使药店合理的经营时间丧失,正常的预期营业收益丧失,通利公司对这部分营业收益损失存在过错,虽然合同解除但并不影响损害赔偿责任的承担。郭巧云的营业收益损失是合同解除后通利公司不恰当的行为造成的,由此造成的损失完全应该由通利公司予以赔偿。郑州市中级人民法院再审认为营业收益损失存在不确定性和不可预见性是不合理的,营业收益损失可以参照郭巧云之前的营业收益状况、同行业同地段同时期的经营状况予以确定。由此可知,营业收益损失属于可得利益损失,具有相对的确定和可预见性,通利公司应当给予赔偿。

2. 郭巧云没有尽到举证责任

要获得营业收益损失的赔偿,就必须证明损失范围,根据举证责任分配原则——"谁主张,谁举证",本案中应当由原告郭巧云承担证明责任,提供证据证明自己的受损范围,提交自己以前的营业收益凭证,或者提供同行业的其他商家的营业收入,以此支持自己的诉讼请求,但是郭巧云未能提供证据加以证明,应当由郭巧云承担举证不能的不利后果。因此郑州市中级人民法院的再审和河南省高级人民法院再审均不支持郭巧云该项诉讼请求是合理的。

(二)药品损失、货架柜台损失该不该赔偿

药品损失、货架柜台损失应该予以赔偿。事实上的推定是法官依据经验法则,从已知的事实推定事实存在的假定。[①] 经验法则是人们从生活经验中归纳获得的关于事物因果关系或属性状态的法则或知识。[②] 事实上的推定是法官自由裁量权的运用,在诉讼中难免会出现一些用证据证明的事实,但为了使客观事实与法律事实具有高度的盖然性,往往需要法官运用经验法则对该事实进行推定,以有效、快捷地解决证明上的困难,从而促进司法公正,也防止一些当事人恶意毁灭证据,从而使自己处于有利的法律地位,同时事实上的推定使当事人合理的承担举证责任,允许当事人运用并不充分的间接证据证明案件事实。虽然事实上的

---

① 参见易名、唐雪平:《并非多余的事实推定》,《法治与社会》,2013年第24期,第260页。

② 蒋贞明:《论经验法则的适用与完善》,《证据科学》,2011年第2期,第180页。

推定减轻了当事人的举证责任,但并不意味着当事人不用承担任何证明责任,事实上的推定必须以一定的基础事实或者间接证据为依据进行合理的推理,既然事实上的推定是对经验法则的运用,那么推定就必须符合基本的生活经验,具有可接受性。在民事诉讼中,当事人的诉讼地位是平等的,具体表现为双方当事人拥有同等或对等的权利或义务,具体到事实推定方面而言,允许当事人的主张通过事实推定得到支持,那么就允许赋予另一方当事人一定的救济权利,另一方当事人可以对此进行反驳,另一方当事人如果能够举证证明进行推定的基础事实、推定事实或者所适用的经验法则是错误的,那么就可以推翻推定的事实。

药品损失、货架柜台损失属于直接损失,是通利公司在强行封门及非法拆迁时给郭巧云造成的直接损失。权利与义务是相一致的,虽然房屋租赁合同的解除是由郭巧云的违约行为引起的,但是通利公司在行使解除权解除合同时,也应当履行一定的义务,采取适当措施防止损失的扩大。通利公司强行封门时应及时通知郭巧云,以便及时将相关的物品取出,或者通利公司自行取出相关物品,进行合法拆迁,减少损失,通利公司对该部分损失负有不可推卸的责任。

通利公司的行为不仅造成损失的扩大,更导致郭巧云举证责任穷尽。郭巧云提供的进货证明、销售清单、证人证言、录音资料等这些间接证据,并不能直接证明其受到的损失,但至少可以证明这些货物的存在。另外郭巧云的举证不能是由通利公司的客观行为造成的,为了平衡双方当事人的利益,法官运用经验法则,结合郭巧云提供的间接证据证明的基础事实进行推定,是符合常理的,作为一个经营者其所购进的货物,除了已经销售的以外,其他剩余的一般都是损失的。作为本案的被告通利公司可以提供证据推翻推定的事实,但是通利公司并没有提供相关的证据予以推翻。相反,通利公司提供的证人证言加强了该推定的支撑,通利公司的证人证言证明了郭巧云主张的损害赔偿的基础事实的存在。因此郑州市中级人民法院判决郭巧云的药品、货架柜台损失的诉讼请求予以支持是合理的。

(三)广告违约损失和上缴管理费损失

1. 郭巧云主张的广告违约损失不应当支持

郭巧云向康鑫公司支付的广告违约金是由通利公司的侵权行为造成的,对于该部分损失属于因第三人侵权造成的违约损失,在郭巧云向康新公司支付后有权向通利公司追偿,但是要由郭巧云本人承担举证不能的不利后果。

(1)通利公司的行为完全符合侵权的构成要件

侵权构成四要件包括侵权行为、损害事实、侵权行为与损害事实之间存在因果关系、侵权人存在过错。该案通利公司在解除合同后,强制封门并且未通知郭巧云,未按照国家规定进行拆迁,存在明显的过错。同时该行为致使郭巧云无法正常经营,药店内的物品未能及时搬出,造成了严重的损害后果。通利公司非法拆迁的行为与郭巧云的损失之间存在着因果关系,完全符合侵权的构成要件。

依据《合同法》第一百二十条的规定,违约责任实行严格的无过错责任。同时合同又具有相对性,即使违约是由第三人的行为造成的,违约方也应当向对方承担违约责任。郭巧云的违约虽然是由通利公司的侵权行为导致的,但郭巧云也应当向康鑫公司支付违约金。对方承担违约责任后是否有权向第三人追偿的问题,我国《侵权责任法》和《合同法》并未对此做出明确的规定,但是为了保护债务人的合法权益,依据传统的民法理论,在债务人承担违约责任后有权向第三人追偿。

(2)郭巧云对广告违约金损失的举证责任

对于该部分损失郭巧云尚未完成举证责任,作为一般的侵权行为应当遵循"谁主张,谁举证",郭巧云在向康鑫公司支付违约金后有权向通利公司追偿,应当自己承担举证责任。收据在一般情形下能够证明当事人之间存在的法律关系或实时状态,但郭巧云提供的收条仅有朱俊华个人的签名,并没有康鑫公司的签章,不足以证明该部分资金就是郭巧云支付给康鑫公司的违约金,朱俊华的个人行为并不能视为是康鑫公司的行为。另外有关违约金的事项仅有这一收据进行证明,无其他证据相互印证,难以形成完整的证据链,故郭巧云的该项诉讼请求得不到支持。

2. 郭巧云主张上缴管理费的损失不应当支持

合同相对性,指仅在合同当事人之间发生的约束力,包括两方面的含义,一是合同的债权人只能请求债务人履行义务或者承担违约责任,二是合同的债务人因第三人违约的,仍应对债权人承担违约责任,债务人与第三人的关系另行解决。有关管理费部分的约定,是郭巧云与同心公司之间的约定,是委托代理的内部关系,与通利公司没有任何关系。无论通利公司是否解除房屋租赁合同,是否存在侵权行为,郭巧云都应当向同心公司支付该部分的管理费。郑州市中级人民法院再审时虽然结果是合理的,但理由不恰当。郑州市中级人民法院的判决理由可以从另一个方面来理解,"如果有其他证据相互佐证,那么通利公司就应该对上缴的管理进行赔偿"是不合理的,因为即便通利公司没有侵权行为,郭巧云仍要支付这部分管理费。管理费损失与通利公司的侵权行为之间没有因果关系,通利公司不应当为这部分损失承担赔偿责任。

朱国秀诉洪湖城建公司房屋买卖合同纠纷案评析^①

引言

1998 年 9 月份,朱国秀通过电话委托卢开义在洪湖市购买一套商品房。后卢开义以朱国秀的名义与洪湖市城市建设综合开发公司(以下简称洪湖城建公司)签订了一份商品房销售合同。合同约定,甲方朱国秀向乙方洪湖城建公司购商品房一套,自合同签订之日起,甲方在当日付款 1000 元定金,余款在 1999 年 1 月 15 日前全部付清。余款付清后,乙方向甲方交付房屋钥匙,产权属甲方所有,交房日期为 1999 年 1 月 28 日。合同签订后,卢开义依约定向洪湖城建公司支付了商品房价款,随后朱国秀也将该笔价款及相关税费等陆续交给卢开义。1999 年 2 月,卢开义以朱国秀的名义缴纳了房屋契税等相关税费,洪湖城建公司也按照合同约定在购房款付清后即将房屋钥匙交给了卢开义。

2000 年 1 月,在办理房屋产权证时期,卢开义拿着写有"房子送给淑萍,决不反悔"并署名朱国秀的字据和一封朱国秀于 1998 年 11 月 28 日给卢淑萍父母的写有"给卢淑萍买 1 套二室一厅住房"的信件到洪湖城建公司,要求洪湖城建公司按照朱国秀的意思表示将房屋产权人登记为其妹卢淑萍。卢开义在其代朱国秀与洪湖城建公司签订的商品房销售合同左上角注明"根据卢淑萍申请将朱国秀送给卢淑萍的产权过户给卢慧萍,如有合同及产权

---

① 感谢岳枚颖同学为该文资料和文字整理付出的努力。

纠纷与城建开发公司综合开发公司无关",并签名和按下指印。同时,卢淑萍称欠其妹卢慧萍 5 万元债务没有偿还,用此房抵偿所欠卢慧萍的债款,并通知洪湖城建公司给卢慧萍办理房屋产权手续。洪湖城建公司依照其与朱国秀签订的房屋买卖合同与卢慧萍就该房屋签订了一份新的销售合同,还在卢慧萍签名的《承办房屋权属登记具结书》中加盖公章做担保单位,2000 年 1 月 12 日将该套房屋的产权人登记为卢慧萍所有。2000 年 6 月朱国秀对该套房屋的产权登记为卢慧萍所有向洪湖城建公司提出异议。洪湖城建公司认为,卢开义受朱国秀的委托为卢淑萍购房,洪湖城建公司应其要求将房屋登记为卢慧萍是履行合同的义务,并无不当。双方因此发生争议。案件在经历了一审、二审、再审及抗诉之后,总算尘埃落定。然而面对同一案件,法院和检察院却持有两种截然不同的态度,本文就案件中关于表见代理及合同履行的问题,结合检察院与法院两种不同的观点进行分析。

一、表见代理的概念及构成要件

(一)代理概念与特征

代理有广义和狭义之分,[①]狭义的代理仅指直接代理,即代理人以被代理人的名义与第三人进行民事活动,其所实施的行为对被代理人发生效力,行为的后果直接归属于被代理人。广义的代理包括直接代理和间接代理。间接代理是指代理人与第三人实施民事活动是以自己的名义进行的,其行为仍对被代理人生效,由被代理人承担后果。我国《民法通则》第 63 条第二款规定:"代理人在代理权限内,以被代理人名义实施民事法律行为。被代理人对代理人的代理行为,承担民事责任。"可见采取的是狭义代理的概念。本文所称的代理,是《民法通则》规定的狭义代理。其包

---

① 参见沙影、郭瑞:《代理有关问题之法理研究》,《法律与社会》,2007 年第 10 期,第 196 页。

含以下特征。①

1. 代理人所实施的代理行为,必须在代理权限范围之内

代理人进行代理活动的依据是代理权,因而代理权的实施就必须在代理权限范围之内。代理人超越代理权限所实施的代理行为因没有权力依据,很可能并不是被代理人授权的真实意思表示,如果该代理行为仍然由被代理人承担后果,无疑会造成被代理人合法权益的损害。

2. 代理人所实施的代理行为,必须以被代理人之名义

依据我国《民法通则》第 63 条的规定,代理人应当以被代理人的名义代理行为,若代理人以本人的名义进行民事行为,则不能构成代理行为,其行为应当归属于代理人本人。若要求被代理人承担代理人之行为的后果,显然有悖于法律的公平正义理念。

3. 代理人所实施的代理行为,必须具有一定的法律意义

代理行为应当是一种民事行为,代理人基于代理权,并在该权限范围内实施的民事活动,应当在被代理人与第三人之间产生相应的民事权利与民事义务,如此才能产生一定的法律效力。即使代理的对象是法律行为,也并不是所有的法律行为均可以代理的方式实施,凡是意思表示具有严格的人身性质,必须由表意人亲自做出决定和进行表达的法律行为,即使包含意思表示因素,也不得适用代理制度。②

4. 代理人所实施的代理行为后果直接归属于被代理人

代理人基于被代理人授权,并在代理权限范围内以被代理人名义进行民事行为,该行为就相当于被代理人自己实施的民事行

---

① 参见张亚丹:《从一则案例探究代理行为之效力》,《法制与社会》,2014 年第 3 期,第 85~86 页。

② 参见王利明:《民法》,中国人民大学出版社,2005 年版,第 193 页。

为,应当产生与被代理人自己实施民事行为相同的后果。这样,代理行为的效力才能及于被代理人,由被代理享有该行为的权利并履行相应的义务。

(二)代理的种类

代理从不同角度可分成不同的类型:以代理权产生的根据不同为标准可分为委托代理、法定代理与指定代理;以代理权限范围为标准可分为一般代理与特别代理;以代理权属于一人或多人为标准可分为单独代理与共同代理;以代理人是否亲自为代理行为为标准可分为本代理与复代理;以代理人是否以被代理人名义进行民事活动为标准可分为直接代理与间接代理。具体如下。①

1. 委托代理、法定代理与指定代理

《民法通则》第六十四条第一款规定,代理包括委托代理、法定代理和指定代理。这是以代理权产生的根据不同为标准,是对代理最基本最重要的划分标准。

(1)委托代理

委托代理是指代理人基于被代理人的委托授权而进行的代理。因其是仅凭被代理人一方授权的意思表示,代理人取得代理权,被代理人意思表示是发生委托代理的前提条件,故又称为意定代理。

通常情况下委托代理一般产生于代理人与被代理人之间已经存在的基础法律关系之上。但是授权行为是一种单方行为,只要委托人做出委托授权的单方行为,就能够产生代理权。

《民法通则》第六十五条第一款规定,民事法律行为的委托代理,可以用书面形式,也可以用口头形式。法律规定用书面形式的,应当用书面形式。授权的书面形式称为授权委托书,应当载明代理人的姓名或名称、代理事项、权限和期限,并由授权人签名

---

① 参见魏振瀛:《民法》,北京大学出版社、高等教育出版社,2013年版,第175~178页。

或者盖章。

（2）法定代理

法定代理是指依照法律的直接规定而产生代理权的代理。其是为无民事行为能力人和限制民事行为能力人设立代理人的方式，是国家立法机关基于保护公民利益与维护交易秩序的特别需要，而做出的关于具有特定身份的民事主体有权代理他人进行民事法律行为的规定。在法定代理中，代理关系以及代理权的发生均基于法律的直接规定，因而不要求被代理人具有意思能力或民事行为能力。[①] 无民事行为能力人和限制民事行为能力人由于没有民事行为能力或者没有完全民事行为能力，不能为自己委托代理人。依据《民法通则》第十四条之规定，无民事行为能力人、限制民事行为能力人的监护人是他的法定代理人。法定代理的产生，基于代理人与被代理人之间存在的监护关系，具有监护人资格的人，依法享有代理权，该代理权的产生是由法律直接规定的，与被代理人的意志无关。监护人依法律规定代理被监护人为民事行为，应当遵循《民法通则》第十八条第一款之规定，切实保护被监护人的人身、财产及其合法权益，除为被监护人的利益外，不得处理被监护人的财产。

（3）指定代理

指定代理指代理人根据人民法院或者有关单位的指定而产生的代理。其是在没有委托代理和法定代理的情况下，为无民事行为能力人和限制民事行为能力人设定代理人的方式。这种代理权的产生是基于人民法院或者有关单位的指定，因而与被代理人的意志无关。根据《民法通则》第十六条、十七条的规定，有权为无民事行为能力人和限制民事行为能力人指定代理人的，只有人民法院、未成年人的父母所在单位或者精神病人所在单位、未成年人或者精神病人住所地的居民委员会或者村民委员会。

---

① 参见施启扬：《民法总则》，中国法律出版社，2010年版，第283页。

2. 一般代理与特别代理

以代理权限范围为标准,可将代理划分为一般代理与特别代理。

一般代理是指代理人享有一般意义上的代理权,即其代理权的范围及于全部代理事项的代理,代理人可以代理被代理人进行任何法律允许的民事活动,故又称为全权代理、概括代理。

特别代理是一般代理的对称,指代理权的范围受到一定的限制,代理人仅能在限定的权限范围内代理被代理人进行民事活动。代理人超越权限进行的代理行为对被代理人不发生法律效力,代理人应当对越权代理行为承担相应的法律后果。

3. 单独代理与共同代理

以代理人的人数是一人还是多人为标准,可将代理划分为单独代理与共同代理。

单独代理是指代理人仅为一人,其单独行使代理权的代理。在单独代理中,仅要求代理人为一人,对于被代理人是一人还是数人则在所不问。单独代理人独立行使全部代理权,其代理行为后果由被代理人承担。

共同代理是指代理人为两人或者两人以上,代理权限由两人或者两人以上共同行使的代理。其中,每个共同代理人均有权行使全部代理权,且每个共同代理人的代理行为后果均由被代理人承担。根据《民通意见》第七十九条的规定,数个委托代理人共同行使代理权的,如果其中一人或者数人未与其他委托代理人协商,所实施的行为侵害被代理人权益的,由实施行为的委托代理人承担民事责任。

4. 本代理与复代理

以代理人是否亲自为代理行为为标准,可将代理划分为本代理与复代理。

本代理又称原代理,是指基于被代理人授权委托或者依法律规定而产生的代理人以被代理人的名义,亲自实施代理行为的代理。

复代理又称转代理、再代理,是指代理人为被代理人的利益,将其所享有的代理权转托他人实施的代理。[①] 其中,接受代理人转托代理权的人称为复代理人。复代理人不是由被代理人选任的,而是由代理人以自己名义选任的,但其仍然是被代理人的代理人,仍以被代理人名义,在原代理人代理权限范围内行使代理权,法律后果直接由被代理人承担。委托代理人原则上没有复任权,但根据《民法通则》第六十八条的规定,委托代理人为被代理人的利益需要转托他人代理的,应当事先取得被代理人的同意。事先没有取得被代理人同意的,应当在事后及时告诉被代理人,如果被代理人不同意,由代理人对自己所转托的人的行为负民事责任,但在紧急情况下,为了保护被代理人的利益而转托他人代理的除外。[②]

5. 直接代理与间接代理

以代理人是否以被代理人名义进行民事活动为标准,可将代理划分为直接代理与间接代理。

直接代理是指代理人以被代理人的名义与第三人进行民事活动,其所实施的行为对被代理人发生效力,行为的后果直接归属于被代理人的代理。间接代理是指代理人与第三人实施民事活动是以自己的名义进行的,其行为仍对被代理人生效,由被代理人承担后果。

(三)表见代理的概念、构成要件及法律效果

1. 表见代理的概念及构成要件

表见代理是指行为人没有代理权,但却以有代理权为其表征

---

① 徐灼、魏荣辉:《浅谈复代理》,《长春工程学院学报(社会科学版)》,2010 年第 1 期,第 26 页。

② 梁慧星:《民法总论》,法律出版社,2007 年版,第 224 页。

从事民事活动,使相对人有理由相信其具有代理权,而与其进行交易,法律规定由被代理人负授权责任的无权代理。《合同法》第四十九条规定,行为人没有代理权、超越代理权或者代理权终止后以被代理人名义订立合同,相对人有理由相信行为人有代理权的,该代理行为有效。

表见代理制度的价值在于保护交易中善意相对人的信赖利益,维护交易安全。在表见代理关系中,虽然代理人事实上并没有代理权,但仍然承认其代理行为的效果,必须以相对人不知道代理人无代理权且对不知道该情况不存在过失。其构成要件包括以下几个方面。[①]

(1)须行为人实际为无权代理

表见代理成立的第一要件是行为人没有代理权、超越代理权或者代理权终止后仍以被代理人名义进行民事活动,即无权代理。如果代理人有代理权,就构成了有权代理,则不会发生表见代理问题。

(2)须行为人具有使相对人相信其被授权的表征

这是表见代理成立的客观要件,即客观上存在正当理由使第三人相信无权代理人有代理权的情形。存在外表授权,是成立表见代理的依据。通常情况下,行为人持有被代理人的介绍信、盖有合同专用章或者盖有公章的空白合同书,或者有被代理人向相对人所作的授予其代理权的通知或者公告,均构成表见代理的客观依据。须说明的是,在诉讼中,相对人应当对证明其相信行为人有代理权的事有承担举证责任,如相对人不能证明,则不能成立表见代理。

(3)须相对人出于善意且无过失[②]

这是表见代理成立的主观要件,即相对人不知道行为人所为的行为系无权代理行为,并且对于其不知道该情形不存在过失。

---

① 参见张馨文:《表见代理问题研究》,《法制博览》,2006 年第 3 期,第 223 页。

② 参见麻晓光、计慧敏:《浅析合同法"表见代理"规则》,《中国科技信息》,2005 年第 15 期,第 263 页。

根据我国《民法通则》第六十六条第四款规定,第三人知道行为人没有代理权、超越代理权或者代理权已终止还与行为人实施民事行为给他人造成损害的,由第三人和行为人负连带责任。如果相对人明知行为人所为的行为系无权代理行为,仍然与之实施民事活动,就违背了表见代理制度保护善意相对人信赖利益的目的。至于何谓明知,则是就情理而言,若相对人知道或者应当知道行为人为无权代理人,而仍与行为人实施代理行为,就认定相对人存在恶意或具有过失,故不能成立表见代理。

(4)须行为人与相对人之间的民事行为具备民事行为的有效要件

因表见代理会发生有权代理的法律效力,故应当具备民事行为成立的各项有效要件,如果不具备民事行为成立的有效要件,则不能成立表见代理。

2. 表见代理的法律效果[1]

(1)表见代理在被代理人与相对人之间发生有权代理的法律效果

表见代理实质上是一种无权代理,法律为保护善意相对人的利益,强制规定被代理人承担有权代理的法律后果,即无权代理人以被代理人名义所为的法律行为,在被代理人与相对人之间发生有权代理的法律效果。被代理人应受表见代理人与相对人之间实施的民事行为约束,享有该行为设定的权利和履行该行为约定的义务,不得以无权代理或自身无过错为由进行抗辩,拒绝承受表见代理的后果。

(2)相对人有权向表见代理人主张无权代理的效力

由于表见代理制度的立法目的在于保护善意相对人的合理信赖利益,因而将表见代理行为的法律后果归属于被代理人是相对人的权利而非义务,相对人既可以主张成立表见代理,要求被

---

[1] 参见王正义:《论表见代理的构成及其法律效果》,《辽宁教育行政学院学报》,2006年第7期,第14页。

代理人承担责任,也可以主张无权代理,要求表见代理人承担责任。

(3)表见代理在被代理人与表见代理人之间发生连带责任的法律效果

在表见代理中,相对人既可以向被代理人主张表见代理的效力,也可以向表见代理人主张无权代理的效力,因此,被代理人与表见代理人实际上处于对相对人承担连带责任的地位,我国《民法通则》第六十五条第三款规定,委托书授权不明的,被代理人应当向第三人承担民事责任,代理人负连带责任。

(四)双方代理的概念、构成要件及法律效果

1. 双方代理的概念及构成要件

双方代理又称同时代理,是指一人同时担任同一民事行为的双方当事人的代理人的代理行为。其应当具备以下构成要件。[①]

(1)在双方代理中,代理人同时代理民事行为的双方当事人

双方代理由同一代理人同时代理民事行为的双方当事人,同时代表双方的利益,代理人集所代理的民事行为双方当事人的意志于一身,这样"一手托两家"的代理行为,通常难以实现双方利益的平衡。

(2)在双方代理中,代理人是代理双方当事人为同一民事行为

双方代理中的代理人代理双方当事人所为的民事行为,应当是同一民事行为,如果代理人代理的双方当事人所为的并非同一民事行为,就不存在同一代理人集所代理的民事行为双方当事人意志于一身的情况,也就不构成双方代理。

2. 双方代理的法律效果

关于双方代理的效力问题,我国《民法通则》并未予以规定。

---

① 参见李开国:《民法总则研究》,法律出版社,2003 年版,第 332~337 页。

通说认为,双方代理应予禁止,原则上无效。但是,由于禁止双方代理的目的是为了保护被代理人的利益,如果被代理人对双方代理行为同意或者追认,则将失去禁止的必要,因此经被代理人同意或者追认的双方代理的后果应由被代理人承担。① 也有学者认为,双方代理行为的目的在于履行已有的债务,或对被代理人完全有利时,因不违背被代理人利益而应当为法律所认可。②

二、卢开义办理房产证的行为不构成表见代理

卢开义办理房产证的行为是否构成表见代理,法院与检察院持两种截然相反的态度。一审、二审和再审法院认为卢开义的办证行为构成表见代理,湖北省检察院认为不能构成表见代理。本文认为湖北省人民检察院的抗诉观点更有说服力,认为卢开义办理房产证的行为不构成表见代理。

(一)法院认定构成表见代理的主要理由

法院认为卢开义先后代理朱国秀从事了购房以及赠予房屋的事项,对于卢开义代理朱国秀购房的行为朱国秀予以认可,因此,双方之间构成委托代理关系。由于双方没有签订书面委托合同,朱国秀口头委托卢开义办理购房事宜属概括性授权。卢开义在接受委托后,以朱国秀的名义与洪湖城建公司签订了《商品房销售合同》并代其缴纳了购房款和房屋契税,接收了房屋钥匙。上述买卖过程朱国秀均未参与,亦未对卢开义的购房行为提出过任何异议。卢开义在接收了所购房屋之后,并未按照其以朱国秀的名义所签订的购房合同将房屋产权登记在朱国秀的名下,而是持朱国秀亲笔书写的书信继续代理朱国秀向卢淑萍赠予房屋的事项。由于朱国秀对卢开义的委托事项中并不包括向卢淑萍赠予房屋,且朱国秀事后对该赠予行为提出了异议,因此,卢开义赠

---

① 参见苏号朋:《民法学》,对外经济贸易大学出版社,2007年版,第229页。
② 参见孙宪忠:《民法总论》,社科文献出版社,2010年版,第273页。

予房屋的行为超出了朱国秀的委托范围。对朱国秀而言卢开义代理其办理向卢淑萍赠予房屋的行为,属超越代理权的行为。在卢开义代理赠予房屋的过程中,对于洪湖城建公司而言,由于当时并没有实行严格的购房实名制,且朱国秀在购房过程中从未出现,也未向洪湖城建公司和卢开义提供过身份证件,同时,朱国秀与卢开义之间没有书面的委托代理合同,所以洪湖城建公司对于卢开义的代理范围无从知晓。尤其在卢开义向洪湖城建公司出示了朱国秀的亲笔书信后,洪湖城建公司完全有理由相信卢开义有权代理将房屋产权办理在卢淑萍名下。根据我国《合同法》第四十九条关于表见代理的规定,卢开义代理赠予房屋的行为符合表见代理的法律特征,该代理行为构成表见代理。

(二)不构成表见代理的观点符合法理

湖北省人民检察院认为,本案主要涉及两个民事法律关系,即房屋买卖合同关系和赠与合同关系。朱国秀委托卢开义在洪湖购房,双方之间就购房一事形成代理关系。卢开义在房屋买卖合同关系中具有代理权,权限范围限于买卖合同的订立、履行及合同目的的实现。卢开义代理朱国秀将房屋登记在朱国秀名下的权力。根据《合同法》第四十九条的规定,表见代理的相对人主观上善意且无过失,客观上行为人要具有代理权的表征。本案中相对人洪湖城建公司主观上显然没有尽到审慎注意义务,因此,卢开义的办证行为不构成表见代理,本文认为不构成表见代理的观点具有一定合理性。

是否构成表见代理,关键要看卢开义的行为是不是符合表见代理的构成要件。构成表见代理需同时满足四个条件:第一,须行为人实际为无权代理;第二,须行为人具有使相对人相信其被授权的表征;第三,须相对人出于善意且无过失;第四,须行为人与相对人之间的民事行为具备有效要件。本案中,卢开义办理房产证的行为不能同时满足以上四个构成要件。

1. 行为人卢开义实际没有代理权

对于卢开义代理朱国秀购房的行为,朱国秀予以认可,因此,双方之间构成委托代理关系。由于双方没有签订书面委托合同,朱国秀口头委托卢开义办理购房事宜属概括性授权。卢开义在接受委托后,以朱国秀的名义与洪湖城建公司签订了《商品房销售合同》,并代其缴纳了购房款和房屋契税,接收了房屋钥匙。上述买卖过程,朱国秀均未参与,亦未对卢开义的购房行为提出过任何异议。但这只是对朱国秀委托卢开义购房事宜而言。卢开义在接收了所购房屋之后,并未按照其以朱国秀的名义所签订的购房合同将房屋产权登记在朱国秀的名下,而是持朱国秀亲笔书写的书信继续代理朱国秀向卢淑萍赠予房屋的事项。由于朱国秀对卢开义的委托事项中并不包括向卢淑萍赠予房屋,且朱国秀事后对该赠予行为提出了异议,因此,卢开义赠予房屋的行为超出了朱国秀的委托范围。朱国秀并没有委托卢开义办理将房屋赠予卢淑萍的事项,卢开义没有得到授权擅自以朱国秀名义行使房屋处分权,属未经授权的无权代理,卢开义实际没有代理权。

2. 行为人卢开义不具有使相对人相信其被授权的表征

存在外表授权是成立表见代理的依据。将房屋赠予他人属重大财产事项的处分行为,当权利人将该重大财产处分权委托他人行使时,理应有书面授权委托书,向相对人明确表达授权的权限和范围。通常情况下,行为人持有被代理人的介绍信、盖有合同专用章或者公章的空白合同书,或者有被代理人向相对人所作的授予其代理权的通知或公告,均构成表见代理的客观依据。[①]本案中,这些作为授权的表征均不存在,朱国秀仅口头授权卢开义为其在洪湖购买一套商品房,并没有授权其进行办证行为,更不用说将商品房赠予他人,并为他人办理房屋产权证。卢开义持

---

① 李全昌等:《合同法实施中的几个法律问题》,《山东审判》,2003年第2期,第77页。

朱国秀亲笔书写的书信向洪湖城建公司主张继续代理朱国秀向卢淑萍赠予房屋的事项,并不能使洪湖城建公司相信其有代理权,卢开义办理房屋产权证的行为应属未经授权的无权代理行为。因为卢开义持有的将房屋赠予卢淑萍的信函,是朱国秀写给卢淑萍父母的,其赠予意思的表示对象是卢淑萍的父母,并不是洪湖城建公司。即使朱国秀有赠予房屋的意思,并不代表朱国秀将办理房产赠予事项委托给卢开义行使。所以,尽管卢开义持有朱国秀赠予房产的信函,仍不能使人相信其有被授权办理该房屋赠予事项的表征。更何况卢开义办理的购房事项与赠予事项是两个完全不同性质和目的事项。

3. 相对人洪湖城建公司存在重大过失

表见代理制度设立的目的是为了保护善意相对人的利益,这就要求相对人事实上对无权代理人所代理民事行为并无代理权系善意且无过失的。若认定相对人存在恶意或是具有过失,则不能构成表见代理。就本案而言,朱国秀委托卢开义购买房屋这一重大事项是对朱国秀有利的,卢开义虽然没有向洪湖城建公司提供书面授权委托书,但洪湖城建公司有理由相信卢开义有代理权,不然任何一个正常人在没有得到授权的情况下,不会为别人的利益从事服务,这符合日常生活经验法则和生活逻辑。当卢开义将为朱国秀购买的房屋转赠予他人时,这涉及对权利人朱国秀的重大财产利益,其行为后果会给朱国秀带来重大财产损失。洪湖城建公司理应提高注意义务,审查卢开义到底有没有得到授权。在是否得到授权无法明确时,应推定行为人没有代理权。可洪湖城建公司仅凭卢开义在购房事项中行使过代理权,及朱国秀写给卢淑萍父母的一封信件,就轻率的相信卢开义得到了授权,对朱国秀的重大财产损失持放任态度。在对卢开义是否有朱国秀授权的问题上,洪湖公司没有尽到谨慎的注意义务,其存在重大过失。

尽管行为人卢开义与相对人洪湖城建公司之间的民事行为

具备民事行为的有效要件,但由于卢开义的行为属于未经授权的无权代理行为,其行为后果不能对被代理人朱国秀产生法律拘束力。湖北省人民检察院认为卢开义的行为不构成表见代理的意见具有合理性和合法性。

三、买卖合同的成立与履行

(一)合同的成立要件与生效要件

1. 合同成立的要件

合同成立是指两个或两个以上当事人以订立合同为目的,达成合意而建立合同关系。一般而言,合同成立应当具备以下几个要件。[①]

(1)合同成立须当事人意思表示一致

合同成立须订立合同的当事人意思表示一致,即达成合意,这是合同成立的根本条件。若不能达成合意,合同就不能成立。

(2)合同成立须由两个或两个以上的当事人达成合意

合同成立须由两个或两个以上当事人达成合意,如果仅有一方当事人,则不可能达成合意,合同就不能成立。

(3)合同成立须当事人具有以订立合同为目的的意思表示

当事人具有订立合同的目的是合同成立的前提,不具有该目的的当事人之间即使达成合意也不能建立合同关系,合同也就不能成立。

2. 合同生效的要件

合同的生效是指已经成立的合同按照合同约定的内容,在当事人之间产生一定的法律效力。一般而言,合同生效应当具备以

---

① 参见杨树明、张平:《合同成立与合同生效的效力同一性研究》,《中山大学学报(社会科学版)》,2003 年第 3 期,第 96 页。

下要件。①

（1）订立合同的双方当事人必须具有缔结合同的行为能力

依照我国《合同法》第 9 条规定："当事人订立合同，应当具有相应的民事权利能力和民事行为能力。"所谓缔结合同的行为能力，指的是合同当事人依据自己真实的意思表示，独立订立合同，行使民事权利和履行相应的民事义务的能力。民事行为能力是民事法律行为有效的先决条件，无民事行为能力人及限制民事行为能力人实施的民事法律行为只有经其法定代理人的追认才有效。

（2）订立合同的双方当事人需出于自己真实的意思表示而订立合同

意思表示真实是构成有效合同的先决条件之一，一方在被欺诈、胁迫或者重大误解下订立的合同往往并非出于当事人真实的意思表示，属于无效或可撤销的合同。

（3）合同的内容不得违反法律或者社会公共秩序

合同的内容不得违反法律或者社会公共秩序是合同有效的当然条件之一。合同行为属于民事法律行为，民事法律行为必须符合法律和社会公共秩序的要求，即不能违背公序良俗，否则将不能成立。

（二）合同履行的要件

合同履行是指合同当事人为实现债的内容而自愿完成合同义务的行为。构成合同履行，需要满足以下要件。②

1. 履行主体

合同的履行主体首先是合同当事人，除法律规定、当事人约

---

① 参见张晓远：《合同成立、合同生效与合同有效辨析》，《西南民族学院学报·哲学社会科学版》，2001 年第 6 期，第 211 页。

② 参见魏振瀛：《民法》，北京大学出版社、高等教育出版社，2013 年版，第 365～368 页。

定、性质上必须由合同当事人本人履行以外,履行可由合同当事人的代理人进行,代理人可以代为受领履行,合同约定由第三人受领履行的,依合同约定。

2. 履行标的

履行标的是指合同约定一方当事人应为履行的内容,如交付财物、转移权利、提供劳务或者完成工作。合同履行必须依债务的本旨进行。因而在仅为一部履行,或者不以原定给付为履行,或者因履行而负新债务,均非依债务本旨而为履行,不发生清偿使债的关系消灭的效力。

3. 履行期限

履行期限是指合同一方当事人履行合同义务的时间。合同通常应按照约定的期限履行,提前或者迟延履行均应属违约行为。

4. 履行地点

履行地点是指合同当事人履行合同的地点。当事人在合同中明确约定履行地点的,依照合同约定,该约定既可以在合同订立当时约定,也可以在合同成立后履行债务前进行。

5. 履行方式与费用

履行方式是指当事人履行合同义务的方法。履行方式应当以诚实信用为原则,按照有利于实现合同目的的方式履行。履行方式不符合要求,有可能造成标的物缺陷、费用增加、迟延履行等后果。[①]

履行费用是指合同当事人履行合同所支付的费用。

---

① 隋彭生:《合同法论》,法律出版社,1997 年版,第 309 页。

（三）买卖合同的概念和特征

依据我国《合同法》第 130 条规定："买卖合同是出卖人转移标的物的所有权于买受人，买受人支付价款的合同。"买卖合同具有如下特征。

1. 买卖合同是出卖人转移标的物所有权的合同

买受人与出卖人签订买卖合同，实质上是为了取得买卖合同标的物之所有权，因此，出卖人履行买卖合同，不仅要交付合同标的物，而且要变更标的物之所有权于买受人。

2. 买卖合同是有偿合同、双务合同

买卖合同是典型的有偿合同。根据我国《合同法》第 159 条的规定，买受人应当按照约定的数额支付对价，即买受人有依约定支付对价的义务。

买卖合同是双务合同。买卖合同的双方当事人在以合同约定享有权利的同时，均应履行合同所约定的义务。出卖人享有受领合同约定价款的权利同时，应履行依照合同约定，转移合同标的物之所有权于买受人的义务；买受人享有取得合同标的物之所有权的权利同时，应履行依照合同约定足额支付价款的义务。

3. 买卖合同是诺成性合同、不要式合同

买卖合同是诺成性合同。其并不以标的物的实际交付为成立的要件，除法律另有规定或当事人另有约定外，买卖合同自双方当事人意思表示一致时即成立。

买卖合同是不要式合同。除法律或行政法规另有规定外，买卖合同不需要采用特定形式，只要双方意思表示一致即可。

（四）赠与合同的概念与特征

依据我国《合同法》第 185 条规定："赠与合同是赠与人与将

自己的财产无偿给予受赠人,受赠人表示接受赠与的合同。"赠与合同具有如下特征。[①]

1. 赠与合同是转移财产权利的合同

赠与合同只有在赠与人与受赠人双方意思表示一致时才能成立,并以赠与人将其财产给予受赠人,受赠人接受赠与的财产为内容。

2. 赠与合同是无偿合同、单务合同

赠与合同是无偿合同。其对于受赠人而言属于纯获利益的合同,无须支付任何代价,不要求为任何民事行为。

赠与合同是单务合同。在赠与合同中,仅赠与人负有依合同约定给付赠与财产的义务,受赠人并没有对待给付的义务。

3. 赠与合同是诺成性合同、不要式合同

赠与合同是诺成性合同。依法成立的赠与合同,自成立之时起生效,只是在实际交付之前,赠与人享有任意撤销权。

赠与合同是不要式合同。订立赠与合同,既可以采取口头形式,也可以采取书面形式,只要合同双方当事人意思表示一致即可成立。

(五)为第三人利益合同的概念和特征

为第三人利益合同是指法律承认合同当事人为第三人利益订立的合同,承认利益第三人在合同债务人违反为第三人利益的合同时,可以对合同债务人提起诉讼,要求其承担违约责任。我国《合同法》第六十四条规定了一般意义上的为第三人利益合同的制度,即当事人约定由债务人向第三人履行债务的,债务人未向第三人履行债务或者履行债务不符合约定的,应当向债权人承

[①] 参见田土城:《民法学》,郑州大学出版社,2011年版,第478～479页。

担违约责任。① 为第三人利益合同具有如下特征。

(1)为第三人利益合同是债权人对债务人约定向第三人为给付的合同。为第三人利益合同具有突破合同相对性原则的方面,其显著特征表现就表现在,合同的给付行为是针对第三人的,而第三人仅享有权利,不承担对价义务。但是,为第三人利益合同对合同相对性的突破是有限的,合同效力的扩张仅是合同标的与合同内容的指向对象发生了扩张,而不是合同当事人的扩张②。

(2)为第三人利益合同中约定的受领给付的第三人一般不受行为能力的限制。为第三人利益合同中,第三人的范围不受限制,自然人、法人或者其他组织均具有该合同中第三人主体资格。为第三人利益合同不依赖第三人的意志而成立。因此,为第三人利益合同仅是债权人与债务人之间的合意,第三人并不参与合同订立,这就不要求第三人必须具有完全的行为能力,欠缺行为能力的自然人亦可成为第三人。

(3)为第三人利益合同除附有第三人约款外,与其他合同无差异。为第三人利益合同,其结构是基本合同加上第三人约款,以使第三人获得直接请求给付的权利,除此之外与普通合同没有任何差异,并非与买卖、赠与等对立的特殊合同。

(六)抵销合同的概念与特征

抵销合同是指当双方互负债务时所订立的,约定用一方的债权来清偿债务,使双方债务在等额的范围内归于消灭的合同。关于抵销合同的规定,体现在我国《合同法》第 100 条:"当事人互负债务,标的物种类、品质不相同的,经双方协商一致,也可以抵销。"这说明,抵销合同即当事人合意抵销,不受法律规定的,如必

---

① 参见张安民:《论为第三人利益的合同》,《中山大学学报(社会科学版)》,2004年第 4 期,第 59 页。

② 参见陈国庆:《试论为第三人利益合同特征》,《江苏工业学院学报》,2006 年第3 期,第 13 页。

须标的物种类、品质相同等抵销的构成要件的限制。① 抵销具有如下特征。

1. 抵销合同是由双方合意决定，不能由单方决定抵销②

抵销合同不受法律的规定，是由合同双方当事人基于自愿达成抵销的合意而订立的，因而必须体现合同的意思自治原则，仅凭一方当事人的单方决定，不能成立抵销合同。

2. 抵销合同对抵销债务的种类、品质和抵销债务的期限没有限制

抵销合同不同于法定抵销，其在标的物的种类、品质不相同的情况下，只要当事人协商一致，就可以抵销。抵销合同也不要求双方当事人互负的债务均已到期，只要双方当事人达成合意，愿意在履行期到期之前将互负债务抵销的，抵销合同约定有效。

3. 抵销合同是诺成性合同、不要式合同

抵销合同是诺成性合同。双方达成抵销合同后，发生抵销的法律效力，不必履行通知的义务。抵销合同是不要式合同。订立抵销合同，既可以以口头形式，也可以以书面形式。

四、洪湖城建公司未实际履行合同义务

洪湖城建公司是否已实际履行合同义务，法院与检察院持两种截然相反的态度。法院认为洪湖城建公司已实际履行合同义务，检察院则认为未履行合同义务，本文认同检察院的观点，认为洪湖城建公司存在过错，未履行合同义务。

---

① 参见史尚宽：《债法总论》，台北荣泰印书馆股份有限公司，1978 年版，第 846 页。
② 赵文英：《合同债务中的法定抵销与约定抵销》，《人民司法》，2008 年第 16 期，第 87 页。

(一)认定洪湖城建公司已实际履行的主要理由

法院认为,朱国秀委托卢开义购房,卢开义接受委托后与洪湖城建公司签订《商品房销售合同》,该合同是双方当事人真实意思表示,不违反法律法规的相关规定,且双方当事人就合同的效力均未提出异议,该合同应认定为合法有效,对双方当事人均有法律约束力。在合同履行过程中,朱国秀从未出现,亦未向洪湖城建公司出示过身份证件,整个购房过程均是卢开义与洪湖城建公司直接完成。洪湖城建公司无法向朱国秀本人进行核实。同时,鉴于购房行为均是由卢开义独自完成,洪湖城建公司在收取了卢开义缴纳的购房款后,亦无权干涉卢开义是以谁的名义进行购房以及将房屋产权证办理在谁的名下。因此,洪湖城建公司在本案中无任何过错。朱国秀支付了购房款,洪湖城建公司亦实际交付了房屋,合同已实际履行。卢开义是合同的签订人、房款的交付人,房屋钥匙的接收人,在办理该套房屋产权证的过程中,洪湖城建公司依据卢开义提供的朱国秀亲笔书写的字据及信函,有理由相信卢开义有完全购房代理权。卢开义的购房、办证行为构成表见代理。洪湖城建公司在履行合同的过程中已尽到了自己应尽的义务,该合同已实际履行。

(二)认定洪湖城建公司未履行合同义务的观点符合法理

湖北省人民检察院认为,朱国秀与洪湖城建公司签订的《商品房销售合同》合法有效,对双方当事人均具有法律约束力。洪湖城建公司不仅要交付房屋还要将房屋的所有权登记在朱国秀名下。然而,洪湖城建公司在交付房屋后,因自身存在过错,并未尽到必要的注意义务,将房屋产权登记在第三人卢慧萍名下,其行为不符合善意的第三人要求,故卢开义的办证行为不构成表见代理。洪湖城建公司将房屋产权登记在第三人名下的行为不对朱国秀发生法律效力,不能视为洪湖城建公司已履行双方买卖合同。本文认为该种观点具有合理性。

1. 合同履行的主体不符合合同履行要件的要求

履行主体是合同履行的要件之一，满足合同履行主体的要求，才可能符合合同已适当履行的要求。合同履行的主体首先应为合同当事人，除必须由合同当事人本人履行的以外，履行可由合同当事人的代理人进行，代理人也可以代为受领履行。

本案中朱国秀与洪湖城建公司是《房屋销售合同》的双方当事人，洪湖城建公司理应按照合同约定向朱国秀履行该买卖合同，交付标的房屋并办理房产登记手续，即使洪湖城建公司认为合同当事人朱国秀的代理人卢开义有权代理朱国秀受领履行，最多也只能向代理人卢开义交付房屋，但房屋产权仍应依照合同约定登记在朱国秀名下。而洪湖城建公司最终就该标的房屋与第三人卢慧萍重新签订《房屋销售合同》，并为第三人卢慧萍办理了房屋登记手续，洪湖城建公司对此存在过错，未履行合同义务。

2. 合同履行不符合买卖合同对出卖人的要求

买卖合同是双务合同，出卖人与买受人均享有一定的权利，承担相应的义务。其中，要求出卖人必须承担转移标的物之所有权于买受人的义务。本案系商品房买卖合同，出卖人为洪湖城建公司，买受人为朱国秀。买受人朱国秀委托代理人卢开义以朱国秀之名义与出卖人洪湖城建公司签订房屋买卖合同，并委托卢开义如期向洪湖城建公司足额支付价款，履行了合同约定义务。洪湖城建公司理应依照合同约定向朱国秀交付房屋，并为朱国秀办理房屋产权登记。洪湖城建公司违反了买卖合同对出卖人权利义务的要求，并未将合同标的房屋产权转移于买受人朱国秀，其行为存在过错，未履行合同义务。

3. 本案不存在为第三人利益的合同，向第三人履行系错误履行

为第三人利益的合同是指为第三人利益并向第三人给付标

的合同。本案中,洪湖城建公司与朱国秀之间并不存在为第三人利益合同,在双方签订的房屋买卖合同中,也不存在为第三人利益的条款。按照买卖双方当事人签订的合同,洪湖城建公司理应将合同标的物交付于买受人。洪湖城建公司将房屋所有权转移给第三人卢慧萍的行为,并非基于其与朱国秀之间存在的合同约定,而是由于洪湖城建公司未尽到应尽的核查及注意义务,仅凭无权代理人卢开义所提供的信函,错误的将本应依合同约定登记在朱国秀名下的房屋登记在第三人卢慧萍名下,其行为存在过错,洪湖城建公司未按合同约定履行合同义务。

综上所述,洪湖城建公司在合同履行中存在过错,未履行合同义务,将本应登记在朱国秀名下的房屋登记在第三人卢慧萍名下。卢开义的办证行为不构成表见代理,洪湖城建公司将房屋登记在第三人卢慧萍名下的行为,不能对朱国秀发生法律效力,因而洪湖城建公司并为实际履行该买卖合同。

结语

本案经过一审、二审、申请再审及抗诉再审之后,对卢开义的办证行为是否符合表见代理及洪湖城建公司是否实际履行了合同义务,最终被湖北省高级人民法院认定为,卢开义的办证行为构成表见代理,洪湖城建公司已实际履行了合同义务。构成表见代理的观点值得商榷,因为朱国秀委托卢开义买房和朱国秀将房屋赠予他人是两个性质完全不同的民事法律行为,委托他人买房利益归属于朱国秀,将房屋赠予他人是无偿处分行为,稍有不慎会给朱国秀带来重大损失。在卢开义主张代理朱国秀将房屋赠予他人时,相对人洪湖城建公司负有更高的注意义务,且卢开义所持有的信函并不能显示其给卢开义进行了授权代理。洪湖城建公司稍加注意,就能避免该纠纷的发生,因洪湖城建公司疏于注意导致朱国秀重大财产损失。尤其是没有对价给付的赠予行为,即便本着公平原则,也不应当认定卢开义的行为构成表见代理,让无过错的朱国秀承担这重大不利后果。所以,湖北省人民检察院的观点更符合公平原则,卢开义的行为不符合表见代理的构成要件。洪湖城建公司没有履行对朱国秀的合同义务,卢开义的办证行为无效。

王本东诉水利工程局、水利水电公司损害赔偿案评析^①

引言

王本东诉山东省水利工程局(以下简称水利工程局)、山东省水利水电建筑工程承包有限公司(以下简称水利水电公司)财产损害赔偿纠纷一案的简要案情:2004 年 7 月在南水北调山东段工程中,水利工程局在建设工程中为防止已建工程被水淹没而受损,故构筑拦水围堰,拦水围堰预留有排水口。与之相邻的王本东的承包地在拦水围堰建成后,由于雨季降水量较大,大量的水经排水口排出,王本东的承包地因地势较低而遭受损害,造成其承包地上种植的棉花及树株淹没死亡。于是王本东将水利工程局、水利水电公司诉至济南市长清区人民法院。长清区人民法院于 2009 年 12 月 31 日做出一审民事判决,认为水利工程局与王本东之间属于侵权法律关系,但双方均存在过错,故根据其过错程度判决水利工程局承担王本东财产损失 70% 的赔偿责任,王本东本人承担 30% 的责任,水利水电公司不承担责任。水利工程局不服一审判决结果,向济南市中级人民法院提起上诉。济南市中级人民法院认为王本东承包地受到损害与水利工程局修筑拦水围堰预留排水口使大量的水灌注到王本东承包地之间没有因果关系,于 2010 年 12 月 5 日做出二审民事判决,撤销济南市长清区人民法院一审民事判决,驳回王本东的诉讼请求。王本东不

① 感谢翟永利同学为该文资料和文字整理付出的努力。

服,向山东省高级人民法院申请再审,山东省高级人民法院再审后于 2014 年 6 月 24 日做出终审判决,撤销济南市中级人民法院二审民事判决书,维持济南市长清区人民法院一审民事判决。本案争议的焦点,一是王本东与水利工程局之间属于相邻关系还是侵权法律关系;二是水利工程局在施工过程中有无过错,王本东所遭受的财产损失与水利工程局的施工行为有无因果关系及原因力的大小和王本东是否有过错,损害发生过程中王本东是否尽到了防止损失扩大的义务;三是造成王本东承包地的财产损失是"天灾"还是"人祸",是不可抗力还是能够避免克服的事件;四是王本东用以主张损失数额所依据的自行委托的评估报告是否可以作为证据使用。

一、王本东与水利工程局之间不具有相邻关系

(一)相邻关系的概念和构成要件

1. 相邻关系的概念

相邻关系是指相互毗邻的不动产所有人或使用人,在充分有效利用财产的基础上,相互之间形成的享有一定权利或承担必要限制义务的一种法定权利义务关系。①

2. 相邻关系的构成要件

(1)相邻关系主体的复数性。相邻关系的主体是两个或两个以上相互毗邻的不动产的所有人或使用人。首先,一个人是不可能构成相邻关系的,只有相互毗邻的不动产分别属于不同的主体所有或使用时,才是构成相邻关系的前提;其次,相邻关系的发生与不动产的地理位置有重要关系,即不同主体所有或使用的不动

---

① 田土城:《民法学》,郑州大学出版社,2011 年版,第 300 页。

产应当是相互毗邻的;最后,相邻关系可以发生在公民与公民之间、法人与法人之间以及公民与法人之间。

(2)相邻人的权利义务具有相对一致性。相邻权利人享有要求对方为自己提供必要方便的权利,相邻义务人负有给予权利人必要便利的义务。换句话说,权利一方享有的权利正是义务一方所承担的义务。

(3)相邻关系的产生具有法定性。相邻关系不是由双方所有人或使用人通过合同设定的,是由法律直接规定的,相邻关系是对所有权或者使用权的限制,其直接关系是与相邻的不动产所有人和使用人之间的利益冲突。我国民法中对相邻关系的规定就是其法定性的表现。

(二)王本东与水利工程局之间不具有相邻关系

1. 王本东与水利工程局不是相互毗邻不动产的所有人或使用人

相邻即相互毗邻,而相互毗邻的概念在这里是广义的,其不仅仅是指两个不动产地理位置上的相互毗邻,还包括权利人在行使所有权和使用权时,其权利涉及范围的相互毗邻。相邻关系中的不动产,包括土地以及建筑物在内的依附于土地的定着物。不动产的所有人或使用人是指享有对不动产的占有、使用、收益和处分的人。在我国,土地的所有人一般属于国家和集体;土地的使用人是指对土地使用权的主体,一般包括国家、集体和个人。本案例中,王本东是承包地的使用人,符合相邻关系的主体要求,但水利工程局只是施工地所有人的承建单位,并没有对该土地的所有权或使用权,所以水利工程局不是施工地的所有人或使用人,施工地的所有人是国家。因此王本东与水利工程局不属于彼此相互毗邻的不动产的所有人或使用人。

2. 王本东与水利工程局之间没有权利义务关系

王本东是承包地的使用人,可以成为相邻关系的主体;但水利工程局只是建设用地的施工单位,不构成相邻关系的主体。并且王本东承包地与水利工程局施工地之间既没有法定的权利义务关系,也没有约定的权利义务关系,所以水利工程局没有权利将大量的水灌注到王本东承包地,王本东也没有承受义务。

3. 王本东与水利工程局之间不符合法定性要件

相邻关系的法定性是指法律直接规定的权利义务关系,案例中王本东承包地与水利工程局施工地之间水的排流不属于相邻排水关系。所谓相邻排水关系,是指相邻一方必须利用相关他方的不动产排水时,他方应当许可。相邻排水关系分为自然排水关系和人工排水关系。人工排水关系也应遵循水的自然流向,低地所有权人或使用权人没有承水义务,所以高处土地所有权人或使用权人必须采取合适措施使人工排水安全经过低地。案例中,水利工程局构筑拦水坝预留排水口是属于人工排水,但因为其不是施工地的所有人或使用人,更没有做到其排水安全通过低地,而是直接淹没低地使用人王本东所种植的作物,造成财产损失,所以水利工程局的排水不属于相邻排水关系,也就不具有相邻关系法定性的要件。

二、王本东与水利工程局之间属于侵权法律关系

(一)侵权责任的概念和构成要件

1. 侵权责任的概念

一般侵权责任的构成要件是指承担一般侵权责任的各种作为必要条件的因素,根据我国《民法通则》第一百零六条和《侵权责任法》第六条的规定,以及四要件说的理论基础,可以总结出侵权责任的构成要件有四个,即加害行为、损害事实、因果关系和主

观过错。①

2. 侵权责任的构成要件

(1)加害行为即违法行为

加害行为是指行为人实施的加害于受害人民事权益的不法行为。② 加害行为的特征是:加害行为是侵权人实施的行为;加害行为在本质上具有不法性;加害行为所侵害的是被侵权人的民事权益。

(2)损害事实即损害结果

损害事实是指受害人一方因他人的加害行为或者物的内在危险性的实现而遭受到人身、财产方面的不利后果。③ 损害后果的特征是:损害是由合法的民事权益所产生的当事人或财产的不利影响;这种损害后果有法律上的可能性,这是必要的和可能的;损害后果应当具有客观真实性和确定性。

(3)加害行为与损害事实之间有因果关系

因果关系是指加害行为与损害后果之间引起与被引起的关系。④ 因果关系的特征是:侵权责任的因果关系是指侵权诉讼中被告行为与原告所受损害之间的因果关系;经因果分析判断,原告所受损害是由被告行为引起的,被告的行为就成为侵权责任的加害行为。

(4)主观过错

过错是行为人在实施加害行为的时候主观上的心理状态,即过失或故意的心理状况。⑤ 过错的特征:过错具有可归责性;过错往往通过一定的行为反映出来;过错分为故意和过失。

---

① 张安民:《侵权行为的构成要件》,《政治与法律》,2012年第12期,第9页。
② 王利明:《侵权责任法研究》,中国人民大学出版社,2010年版,第20页。
③ 李蓓:《侵权法上的损害问题研究》,武汉大学2010年博士论文。
④ 韩强:《法律因果关系理论研究》,北京大学出版社,2008年版,第1页。
⑤ 张新宝:《侵权责任法》,中国人民大学出版社,2013年版,第31页。

(二)水利工程局客观上存在行为的违法性

1. 违法性分析

违法行为即侵权行为的违法性,它实质上是一种法律价值判断。

违法性可分为主观违法和客观违法。主观违法相当于过错,是对加害人主观状态的判断;客观违法就相当于行为违法,是对行为做出法律上的否定性评价。这里的行为违法就是指客观违法。主客观违法的作用在于以明确的方式说明了法律保护和禁止的范围,明确了什么是法律允许的,什么是法律禁止的;另外也将客观违法从侵权责任的构成要件中分离出来,形成四要件说的基础。

侵权行为的违法性属于实质上的违法,所谓实质违法即违反整体的法制秩序精神,违法行为不仅触犯了实体法规范,而且还侵害了法律所保护的权益。实质违法的意义在于它决定了侵权行为所产生的损害后果,为侵权行为提供了类型化依据。

2. 违法行为的判断标准

侵权行为违法性的判断标准分为结果违法说和行为违法说。

(1)结果违法说是以造成损害的实际后果为依据判断行为的违法性的,强调的是实际损害结果与违法行为的密切关系,是将行为的结果和行为本身视为一体的。然而在侵权行为中,损害结果并不必然包含于行为的直接范围内,如果按照结果违法说,就得出行为不成立违法性的结论。结果违法说的好处在于便于操作,只要证明受害人遭受到损害,就可以认定加害人的行为违法,所以结果违法说并不全面。

(2)行为违法说不以结果作为违法性的判断标准,而是行为本身,当行为人的行为不合乎法律的标准,或是没有尽到避免损害他人利益的注意义务时,就构成违法行为。根据行为违法说,可以将违法行为分为三种情形:其一,违反法定义务,包括绝对权的义务人和相对权的第三人违反法定义务;其二,违反保护他人权益的法律;其三,故意违反公序良俗并造成实际损害,公序良俗属于广义上的法,某些行为可能没有违反实体法的规定,但违背公序良俗,也属于违法。行为违法说的好处在于根据行为本身判断是否违法,可以避免因滥用违法性造成侵权行为认定的不规范,就显得更加合理。

3. 水利工程局客观上存在违法行为

水利工程局修筑拦水围堰以及预留的排水缺口说明水利工程局预见其工程可能受到上游来水的损害,但水利工程局为防止积水淹没其已完成的施工工程,在拦水围堰西侧留有排水口,使得雨季的大量积水沿该排水口流入王本东承包地,造成损害的发生。因为水利工程局与王本东之间不属于相邻关系,所以两者之间也就没有相邻排水关系的权利义务。水利工程局不应因其施工需要和保护自身利益而侵害他人合法权益,其有义务采取措施避免给他人财产造成损害,但水利工程局却未采取有效措施避免,对因其过错给王本东造成的损害,根据行为违法说的第二种情形:违反保护他人权益的法律,水利工程局客观上存在违法行为。

(三)王本东种植的作物遭受浸泡死亡是损害结果

1. 损害的形态和分类

损害的形态是指损害的外在表现形式。侵权责任法上的损害形态就是受到侵权法所保护的损害,即可赔偿性损害所表现出来的形态。损害形态的分类是指通过描述性的语言,将损害按照一定的标准进行归类,达到系统化的目的,从而针对不同的损害提供不同的救济方式。其具体分类有以下几种。

(1)财产损失

财产损失是指因其财产或个人财产而遭受的经济损失。财产损失可以是物的实际损失,也可以用金钱的具体数额来衡量实际物质财富的损失。财产损失不应仅限于在完成时所发生的损失,也包括可能获得的财产的收益。另外,财产损失可以分为直接的财产损失和间接的财产损失。直接损失是直接对受害人的财产权利造成的损失,或者是为了救济被侵害的民事权利和权益的必要费用。间接损失是指由于受害人受到侵害,而发生的可得财产利益的损失,即预期收益。一般包括:可得财产的法定或天然孳息;可得的经营利润;可得的收入如工资、奖金等。我国侵权责任法不赞同对预期收益的赔偿。

(2)人身损害

人身损害是指侵害受害人的生命、健康权导致的损害后果。侵害生命权导致的损害后果是被侵权人死亡;侵害健康权导致的损害后果是被侵权人疾病、残疾等。

(3)精神损害

精神损害是指受害人因为他人的侵害而产生的精神方面的痛苦和严重的精神不正常现象。精神损害一般是侵害了受害人的人格权或具有特定感情意义的物才产生的损害后果。

2. 王本东种植的作物遭受浸泡死亡是损害结果

案件事实中王本东承包地种植的作物因为遭受到来自水利工程局施工地的水的灌注造成作物长时间浸泡死亡,作物的损失可以通过金钱的具体数额来衡量,属于财产损失,死亡的作物作为王本东的物质财产,直接受到了减少,这属于损害结果中财产损失的直接损失。所以王本东承包地种植的作物遭受浸泡死亡是损害结果。

(四)水利工程局施工行为与王本东损失之间有因果关系

1. 因果关系学说

(1)条件因果关系说

条件因果关系说认为凡是对于损害后果的发生起重要作用

的条件行为,都是法律上的原因。① 条件因果关系的优点是比较容易使用,在司法实践中容易发现行为和结果之间是否存在因果关系,但也有缺点:一是所有被同等对待的条件,没有区分不同条件之间的不同作用,这样便不能确定各侵权人所应承担责任大小的范围;二是它认为所有为损害结果发生提供条件的要素都是损害事实产生的原因,这样就扩大了责任主体的范围。所以条件因果关系说缺乏一些灵活性,仅适用于一些简单的案件中。

(2)相当因果关系说

相当因果关系说的含义是侵权人必须对以他的不法行为为相当条件的损害负赔偿责任,但对于超过这一范围的损害后果不负责任。② 相当原因须是损害后果发生的必要条件,并且具有极大增加损害后果发生的可能性,即"客观可能性"。冯克里斯认为,一个相当因果关系需要满足两个条件:首先,必要条件的损害,其次是必要的增加数额的损害数额相当大的目标。由此可知,并不是引发某个事件的每一个因素都是原因,只有使这一事件在正常的情况下会导致某种后果发生的条件才是该结果的原因,才会承担责任。

相当因果关系说最先出现于德国,经过一个多世纪的发展和完善,成为大陆法系的通说,具有存在的合理性与研究价值,并且具有以下优势:一,相当因果关系将一个组合的相当大的和有条件的判断,责任范围的合理确定。相当因果关系说,在实际操作要求之间的因果关系,应首先确定造成损害结果的原因,然后借助一般社会经验来判断,并确定损害结果的原因,确定损害赔偿责任的范围。二,相当因果关系说将可能性理论纳入因果关系,更有利于保护受害人的利益。因为可能性的判断取决于一般人的经验与见识,所以在依据相当因果关系说判断某加害行为是否为某损害事实发生的原因时,不要求受害人证明因果的因果要达到确切的程度,只需证明侵权行为增加了损害的可能性,从而减

---

① 韩强:《法律因果关系理论研究》,北京大学出版社,2008 年版,第 36 页。
② 张新宝:《侵权责任法》,中国人民大学出版社,2013 年版,第 28 页。

轻受害人的举证责任。

虽然相当因果关系说有诸多好处，但也有缺点：其一，相当因果关系说的可能性理论容易造成在使用上的不同。这是因为相当因果关系说的可能性理论具有高度的不具体性，即使同样适用相当因果关系说的地区，也可能出现不一样的判决结果。其二，相当因果关系说，缺乏必要的法律价值取向。美国法律哲学家埃德加博登海默，价值判断在法律体系中的作用是它们集成为一个的规范目的来源判断。侵权法上的因果关系属于法律问题，这就要求必须得到公平正义的价值取向，而相当因果关系说并未做出明确规定。其三，相当因果关系说具有一定的局限性和不足之处。因为它不能对所有的侵权案件中其行为和损害结果之间的因果关系进行判断，如多因一果、多因多果等。

2. 因果关系的认定和推定

（1）因果关系的认定

因果关系的认定也叫因果关系的检验，检验方法有三种。

①反正检验法，即提出一个反问句，若是没有前一情况的发生，后一现象也会出现，那么前一情况不是后一现象发生的原因；如果后一现象不会出现，则前一情况可能是后一现象发生的原因。但是也并不排除还有其他相关原因的存在。

②所谓剔除法，其特征是在思维上构建一个虚拟的模式，分列种种可能的条件因素，然后一个一个的剔除，观察结果现象是否会发生。若是某一现象被剔除，而结果现象依然产生，则可认定为被剔除的不是原因。

③所谓代替法，它是从案件事实是在对其行为方式的思考中，通过一个合法的行为来代替加害行为。如果被取代后，损害结果仍然发生，则不是该损害结果发生的原因，反之，就是其原因。

（2）因果关系的推定

侵权责任的举证责任是以"谁主张，谁举证"为原则，"举证责任倒置"为例外,但在特殊情况下,可以推定因果关系存在,即举证责任倒置。我国《侵权责任法》第 66 条规定:在适用举证责任倒置的案件中,如果侵权人不能证明因果关系不存在,则可以推定因果关系存在。

3. 水利工程局施工行为与王本东损失之间有因果关系

根据相当因果关系学说,运用反正检验法验证:水利工程局修筑拦水围堰预留在靠近王本东承包地一侧的排水口是损害发生的必要条件,因为水利工程局已经预见到可能会有大量的水出现,在修筑拦水围堰并留出排水口,就可能导致大量的水灌注到王本东承包地;如果水利工程局修筑拦水围堰不留排水口就可能导致水漫过围堰造成自己的工程损害,水利工程局为了避免自身利益受到损害,而留出排水口,也正是因为水利工程局的行为,使大量的水全部灌入王本东承包地,才造成作物损害的发生,所以水利工程局的施工行为与王本东的损失之间具有因果关系。在本案例中,水利工程局的施工行为并不是王本东损害发生的唯一原因,还有其他因素的影响,所以本案的因果关系形态属于多因一果。

(五)水利工程局主观上有过错

1. 主观过错的分类

过错可分为故意、过失两种。

(1)行为人可以预见到损害后果的发生并希望或放任该结果的发生的心理状态为故意。故意具有可归责性,行为人应当对其故意行为造成的损害承担责任,因为他具有直接追求或间接放任他人合法权益受到损害的恶劣的心态,也在于行为人对于损害的发生具有完全的控制能力和所处的主动地位。故意是一种典型的心理状态,表现为行为人侵害他人权利、违反义务的行为。因此,故意的判断标准为主观标准,即行为人自身是否明知并希望或者放任结果发生的心理状态。

（2）行为人丧失他应有的预见性，叫作过失。过失表现为行为人因疏忽大意或轻信不会发生而未达到应有的注意程度的一种不正常的或不良的心理状态，所以过失可分为疏忽大意的过失和轻信的过失。过失也具有可归责性，因为它是不正当或不良性的心理状态，人们的行为可以预测发生的损害，并未能预测发生的损害。因此，过失的程度取决于它是重大过失，一般过失还是轻微过失，区分不同程度的过失，对实践中的后果的损害承担有重要的意义。

2. 过错的判断标准

过错的判断标准分为主观标准说和客观标准说，我国主要采用的是客观标准，即其是否达到了应当达到的注意程度。应当达到的注意程度，是法律、行政法规、部门或行业规定等所明确要求的，或者是作为一个理性人的行为所要求的。

理性人标准的注意程度是在主观心理上达到一定的注意程度，在客观上按照自己已有的注意程度知道自己的行为。其具体的做法是，一个理性的人在当地和其他类似的条件下实现的程度的关注度和对人的关注度的关注度。如果行为人的注意力要比理性人，也达到了普遍关注的程度，法律不相信人的行为没有过错，相反，没有过错。当然，理性人的注意程度的标准在理论上都是抽象的，只有在实践中才可以具体理解。

3. 水利工程局主观上有过错

在本案例中水利工程局主观上是有过错的，是属于故意，即行为人预见到损害后果的发生并希望或放任该结果的发生的心理状态。在本案例中水利工程局作为一般理性人对于挡水围堰留有排水口在雨季会导致上游来水排至王本东承包地是明知的。在明知该排水口在雨季具有导致王本东所承包的土地作物、鱼池会遭到上游来水侵袭危险的情况下，水利工程局仍为其施工便利和保护其已完成建筑而放任该危险的发生,并导致王本东承包的大片土地被洪水淹没,给王本东造成财产损失。对于该损失的产生,水利工程局明显具有过错,应当承担相应的损害赔偿责任。

综上所述,本案完全符合侵权行为的四个构成要件,所以王本东与水利工程局之间属于侵权法律关系。

三、本案属于侵权法律关系中的建设工程侵权

(一)建设工程侵权的概念、特征和实质

1. 建设工程侵权的概念

所谓建设工程侵权是指建设行为主体在建设工程过程中,由于行为违法,以作为或不作为的方式,造成侵害他人人身和财产权利及其他利益,承担其法律后果的行为。[①]

2. 建设工程侵权的特征

(1)侵权主体的特定性

建设工程侵权的主体一般也就是建设工程的施工方,其中包括发包方、承包方以及分包方,在我国的表现形式是公有制企业。而建设工程侵权的客体则是一般行为人或者其财产,两者是相对固定的。

(2)侵权期间的确定性和侵权种类的多样性

因为建设工程侵权只能发生在建设工程过程中,但可以是在任何阶段,所以建设工程侵权发生的期间也具有确定性。但是在此期间发生的任何阶段也说明其侵权的种类具有多样性,其中主要包括招标投标阶段的侵权,涉及合同关系的侵权,工程设计的

---

① 陈津生:《建设工程全程侵权责任法律适用与案例评析》,中国法制出版社,2012年版,第1页。

侵权,施工阶段的侵权以及环境污染的侵权等等。

（3）侵权方的被动性

建设工程侵权正因为具有不确定性,因此也具有被动性。被动性是指建设工程侵权的发生往往是被侵权的一方提出来的,侵权方在此之前并没有意识到或不知道自己的行为已经发生了侵权,所以建设工程侵权的侵权方是处于被动地位的。

3. 建设工程侵权行为的实质

（1）建设工程侵权行为是一种违法行为

行为的违法性是侵权行为的前提,给他人造成人身与财产损害的行为应当是违反强制性或禁止性规定的行为。如果有损害的后果,但行为是合法的,它不构成侵权。

（2）建设工程侵权侵害的是他人合法权益

侵害行为侵害的对象是绝对权。绝对权是指它的效力,对所有人来说,它对任何人都没有具体的义务。也就是说,任何人都有义务不损害人民的权利来实现自己的权利。建设工程领域主要以侵害他人合法权益的绝对权为主。

（3）建设工程侵权行为是造成他人损害的行为

一般情况下,侵权行为都会造成损害,但不是所有的侵权行为都会造成损害。所以侵权分为名义上的损害赔偿和实质上的损害赔偿。《侵权责任法》第21条规定:侵权行为危及他人人身、财产安全的,被侵权人可以请求侵权人承担停止侵害、排除妨碍、消除危险等侵权责任。由此可见,虽然未造成实质上的损害。但其行为却对他人的人身或财产安全已经构成了威胁,也属于侵权行为。

（二）建设工程侵权发生的原因

建设过程中安全措施防护不符合法定标准导致侵权。这种原因的侵权是最为常见的,如设置的安全防护措施不牢固、不可靠,标志不明显等等,甚至是未设置安全防护措施。在建设过程中施工方法不正确造成施工相邻关系侵权。这种侵权多表现为不按照施工规范施工,对相邻建筑物、构筑物或相邻人其他财产、人身等造成伤害。如未按照规范和施工组织设计的要求,或施工组织设计不当,造成相邻房屋开裂、倾斜甚至倒塌;将施工方法擅自改变导致周围民房因施工振动开裂、奶牛不产奶;施工中因铺设施工便道堵塞河道,造成上游他人人身、财产损害等;建设过程中质量不符合法定标准导致侵权。这类侵权行为多表现为工程质量缺陷导致人员伤亡或财产损害。如建设工程在建项目的倒塌,玻璃幕墙脱落致人伤亡、车辆损毁,或者玻璃幕墙虽未脱落但明显具有脱落的危险,并可能致人身、财产损害。

(三)常见的建设工程侵权类型

建设工程侵权的类型多种多样,在各个阶段都可能发生不同性质的侵权行为,比如招标投标阶段的侵权、涉及合同关系的侵权、工程设计的侵权、施工阶段的侵权以及环境污染的侵权等等,本文案例属于建设工程施工阶段的侵权行为,所以本文仅介绍建设工程施工阶段的侵权行为。

1. 违反安全义务侵权

违反安全义务侵权是指在建设工程过程中施工人违反法律上明确规定的安全保障义务导致他人人身、财产损害的行为。

(1)未尽安全防护设施设备安全保障义务的侵权。这主要是基于责任主体硬件方面违反安全保障义务,如施工现场未设置安全防护网;责任主体对施工人员未按照法定义务提供合格的安全帽;道路施工未按照法律规定设置安全警示标志等。

(2)管理人员未尽安全保障义务。这是基于责任主体软件方面违反侵权保障义务,如管理者未按照法律规定设计制定安全组织方案;对有关施工人员安全教育不到位;未按照法律法规落实安全员巡视制度等造成人身损害或财产损失的侵权行为。

（3）防范制止第三人侵害的未尽安全保障义务。对于他人负有安全保障义务的管理者，在防范和制止他人侵害方面未尽到安全保障义务，造成他人损害的，由构成侵权责任，只不过是承担侵权的补充责任。补充责任是指直接责任人员因其不同的原因造成损害的发生而形成的损害的责任，由直接责任人负责，承担补充责任的责任人在直接责任人无力赔偿、赔偿不足或者下落不明的情况下承担责任，且可以向直接责任人请求追偿。

（4）违反因先前行为而产生的安全保障义务。前三种都是属于负有法定安全保障义务的管理者未尽到安全保障义务的侵权责任，在建设工程中，还有一种因实施了某种在先行为而对他人负有某种保护义务的情况，如果违反，也应当适用侵权责任的规定中不作为的侵权行为，承担侵权责任。

2. 高度危险作业侵权

高度危险作业是指在当前享有的技术水平、设备条件下，即作业者已尽小心谨慎的注意义务，仍然难以避免给他人的人身、财产造成损害的危险作业。建筑工程属于高度危险行业，具有高度危险作业的特点，因此可以直接适用《侵权责任法》第69条、第72条和第73条的规定。高度危险作业侵权责任的构成要件是：存在高度危险作业的行为；存在损害事实；危险作业和损害事实之间有因果关系。

3. 施工质量缺陷侵权

施工质量缺陷侵权可以适用《侵权责任法》第86条的规定：建筑物、构筑物或者其他设施倒塌造成他人损害的，由建设单位与施工单位承担连带责任。建设单位、施工单位赔偿后，有其他责任人的，有权向其他责任人追偿。

施工质量缺陷侵权责任是一种合同责任，但是由于质量不合格给建设单位造成损害，则发生侵权责任和违约责任的竞合。如果质量缺陷只造成施工单位的财产损失，如维修、改造等，应按照合同纠纷处理;如果质量缺陷造成建设单位的人身损害,则应该按照侵权责任处理;若是质量缺陷给建设单位以外的其他主体造成人身、财产损害的,也要承担侵权责任,因为它不以加害人与被损害人之间存在合同关系为条件,可以直接适用《侵权责任法》第86条的规定,承担侵权责任。

4. 施工相邻关系侵权

这里所说的相邻关系侵权并不是民法上所说的相邻关系,只需要从表面上理解其意思,即两个位置上毗邻的建筑物或其他不动产所形成的位置关系,两者之间不存在法定的权利义务,所以也就不具有相邻关系的特征。所以施工相邻关系侵权是指在建设工程中,施工单位在作业过程中或者其已经完成的工程造成相邻他方的人身、财产权利的损害,相邻他方有权请求赔偿,侵权人需要承担侵权责任的行为。其实施工相邻关系侵权只是对被侵权人的范围进行了一些限制,其构成要件和其他侵权基本相同,尽管《侵权责任法》中并没有关于相邻关系侵权的直接规定,但是可以参照其他相关法条进行分析。本文评析的案例就属于建设工程侵权中施工相邻关系的侵权行为。

(四)本案属于侵权法律关系中的建设工程侵权

本文已经分析出王本东与水利工程局之间属于侵权法律关系,建设工程侵权的实质是一般侵权行为在构成要件和责任承担方面的表现,只不过是对侵权主体做出了特别限制,只能是建设工程相关的施工单位。水利工程局作为建设工程的施工单位,符合建设工程侵权特征主体上的要求;经过水利工程局灌注到王本东承包地的水发生在建设工程施工阶段,符合侵权发生期间的确定性要求;造成的损害结果是王本东承包地里的作物死亡即财产损失;水利工程局作为被告被诉至法院则体现出建设工程侵权的侵权一方的被动性。所以王本东与水利工程局之间的侵权法律关系符合建设工程侵权的特征,可以认定本案建设工程侵权。此外,被侵权人王本东承包地与侵权人水利工程局施工地之间属于建设工程侵权中的施工相邻关系侵权。根据施工相邻关系侵权的概念,其构成要件是在侵权行为构成要件上对侵权人与被侵权人的位置关系做出限制,即必须是造成相互毗邻的他人的人身、财产的损害。王本东的承包地与水利工程局的施工地符合施工相邻关系侵权的要件。所以,可以将王本东与水利工程局之间的建设工程侵权法律关系确定为施工相邻关系侵权。

四、王本东的种植损失并非不可抗力造成的

(一)不可抗力的概念和分类

1. 不可抗力的概念

不可抗力属于外来原因的抗辩事由,我国《民法通则》第一百五十三条规定:本法所称的不可抗力是指不能预见、不能避免并不能克服的客观情况。①

所谓不能预见,即不能被预测,是从人的主观认识方面来考虑的。其标准有两个:一是依据现有的技术水平和认知能力不能预见;二是以一般通常人的认识标准来判断是否不能预见。

所谓不能避免与不能克服,避免是指事件不发生,克服是指消除事件的损害后果。这要求事件的发生与造成的损害后果之间具有必然性,当事人主观上已经尽到最大注意,仍不能避免事件的发生,事件发生后尽最大努力仍不能克服事件的损害后果,就有可能是不可抗力。

所谓客观性,是指独立于人的行为之外的事件。客观性这一要件能够有效区分事件是人的行为还是自然现象,也就阻断了行为人的行为与损害后果之间的因果关系。

---

① 王迎文:《侵权责任中不可抗力适用规则研究》,西南政法大学 2013 年硕士论文。

2. 不可抗力的分类

不可抗力是减轻或者不承担违约责任和侵权责任的一般性抗辩事由，可以分为以下三类。

(1)自然原因的不可抗力是指达到一定程度的自然现象，比如地震、洪水、台风等等。判断时应注意到：其一自然现象是当事人根据其自身的认知能力和水平无法合理预知的；其二自然现象的发生具有不可避免性，同时无法克服；其三自然现象的发生总是客观的。

(2)社会原因的不可抗力是指由于社会矛盾激化而构成的不能预见、不能避免并不能克服的客观情况，比如，战争、武装冲突、罢工等等。社会原因的不可抗力也具备三个条件：不可预见性；不可避免并不能克服；原因的社会性。

(3)国家原因的不可抗力是指有时人们无法预见、不能避免并不能克服的国家权力的行使及其后果，国家原因是指因为国家行使行政、司法职能而导致损害的发生或扩大。国家原因的不可抗力仍具有三个条件：一是无法预知国家的行政行为、司法行为；二是国家行为具有强制性不可避免并不能克服；三是原因的国家性。

(二)不可抗力作为侵权责任抗辩事由的效果

不可抗力作为侵权责任抗辩事由的效果是指被告一方以不可抗力作为抗辩事由，所达到的不承担或减轻其侵权责任的后果。[①] 这里可以分为对过错责任的抗辩效果和对无过错责任的抗辩效果。

1. 不可抗力对过错责任的抗辩效果

如果不可抗力是损害发生和扩大的唯一原因，当事人不承担

---

① 张新宝：《侵权责任法》，中国人民大学出版社，2013 年版，第 67 页。

任何民事责任,不可抗力当然成为免责的抗辩事由;如果不可抗力可能是损害发生和扩大的部分原因,主张不可抗力的抗辩事由只能部分减轻行为人的侵权责任,而剩余的部分责任则应按相关当事人的过错进行分担。在不可抗力和被告的过失共同构成损害发生的原因的情况下,应本着"部分原因应当引起部分责任"的原则,令被告按其行为的过错程度及原因大小承担部分责任。

2. 不可抗力对无过错责任的抗辩效果

无过错责任原则不得以不可抗力作为抗辩。我国《民法通则》第一百二十三条和《侵权责任法》第九章规定的情形,原则上不能以不可抗力作为抗辩。

限制不可抗力范围。虽然允许被告以不可抗力作为抗辩事由主张不承担责任或减轻责任,但对不可抗力的范围严加限制。只有属于自然原因的不可抗力才可以作为其抗辩事由。

规定当事人的特别义务。虽然允许被告以不可抗力作为抗辩事由进行辩护,不承担或减轻责任,但对其特殊义务的要求,特别是在避免和减少损失方面做出特殊努力。即被告需要超出一般人的注意义务,才可以主张不可抗力来免责。

唯一原因与部分原因。当不可抗力是损害发生的唯一原因时,如果符合法律规定的其他条件,自然应免责被告的侵权责任;当不可抗力只是损害发生的部分原因,应当根据原因力的大小,适当减轻被告的侵权责任。

(三)王本东的种植损失并非不可抗力造成的

1. 灌注到王本东承包地的水具有可预见性

水利工程局修筑拦水围堰预留排水口,说明水利工程局依据常识就可以预见雨季降水量增大,可能会淹没其建筑,故留出排水口,然而水利工程局为了保护自己的利益,却不顾大量排水可能会导致王本东承包地遭受到损害,其行为带有故意心理,所以经水利工程局灌注到王本东承包地的水不具备不可预见性的要件。

2. 一定程度上可以避免和克服

正是水利工程局预见到大量的水可能会淹没建筑工程,但是却把损害后果转移给王本东,水利工程局避免了损害结果的发生,却使王本东受到了损害,不符合不可避免并不能克服的要件。

3. 水利工程局违反客观性要求

水利工程局将损害后果转移给王本东违背了不可抗力的客观性要件。因为水利工程局的行为属于人为行为,与损害后果之间具备了因果关系。如果不存在水利工程局的施工行为,王本东的损害结果可能就不会出现,所以造成王本东承包地损害结果的因素违反了不可抗力客观性的要求。

综上,王本东的种植损失并非不可抗力造成的。

五、王本东委托鉴定的评估报告有证据效力

(一)证据效力的概念和特征

1. 证据效力的概念

证据效力可以分为证据能力和证明力两个方面。证据能力是指一定的事实材料作为诉讼证据的法律上的资格,所以又称证据资格。[①] 证据能力,是作为民事诉讼证据的前提条件,当事人提供的事实材料只有具备证据能力,才能作为认定案件事实的依据。证据的证明力,是证据证明案件事实的能力。

---

① 江伟:《民事诉讼法》,高等教育出版社,2013年版,第170页。

2. 证据的特征

民事证据效力一般具有三个特征,即客观性、关联性和合法性。

(1)客观性是指民事诉讼证据本身必须是客观真实存在的,而不是虚假和凭空捏造的。

(2)关联性是指证据必须与待证的案件事实存在一定的联系。这一联系可以是直接的联系,也可以是间接的联系,无论是哪种联系,都要符合关联性的要求,所以判断有无关联性的标准是:证据的存在,可以使待证事实的真实或虚假变得更加清晰,从而有利于证明待证事实的真假。

(3)合法性是指证据必须按照法定的程序收集和提供,必须符合法律规定的条件。合法性包括三个方面:收集证据的合法性、合法的证据形式和证据主体的合法性。

(二)王本东委托鉴定的评估报告有证据效力

我国民诉法上的证据的种类分为八种,分别是书证、物证、视听资料、电子数据、证人证言、当事人陈述、鉴定意见和勘验笔录。本案涉及鉴定意见,这里着重介绍鉴定意见。

鉴定意见是指鉴定人员运用专业知识、专门技术对案件中的专门性问题进行分析、鉴别、判断后做出的客观性意见。鉴定意见以鉴定书的形式表现出来,鉴定书的内容包括鉴定对象、鉴定方法、鉴定意见和依据。鉴定意见的特点,是要确定在诉讼中要确定的事实的问题,而且要是一个特殊问题的结论的意见。鉴定意见作用在于正确判断专门技术知识和问题,但是鉴定意见也需要经过质证,才可以作为证据使用。

《最高人民法院关于民事诉讼证据的若干规定》第二十八条规定:一方当事人自行委托有关部门做出的鉴定结论,另一方当事人有证据足以反驳并申请重新鉴定的,人民法院应予准许。首先,这是从法律层面上确定了自行委托鉴定的存在;其次,只有在对方当事人有证据足以反驳的情况下,才需要重新鉴定,说明如果对方当事人没有证据反驳,自行委托鉴定的鉴定意见是可以作为证据使用的。在本案例中王本东用以主张损失数额所依据的评估报告是自己委托鉴定结构进行鉴定的,评估报告的结果属于证据种类中的鉴定意见,水利工程局主张该评估报告不具有真实性,但是却没有足够证据证明,那么就不需要重新进行鉴定,尽管在二审时做出评估报告的鉴定机构已经被注销,但是评估报告的结论仍具有效力,所以王本东用以主张损失数额所依据的评估报告具有证据效力。

六、对一审、二审和再审判决的评析

本案一审中认定王本东与水利工程局之间是侵权法律关系是正确的。一审判决被侵权人王本东承担百分之三十的责任,侵权人水利工程局承担百分之七十的责任,从判决结果上看,被侵权人王本东胜诉,但其也承担了次要责任,说明在侵权造成的损害结果被侵权人王本东没有尽到防止损害扩大的义务,存在过错需要承担责任。侵权人水利工程局承担主要责任,说明在侵权过程中水利工程局的施工行为与造成的损害后果之间具有因果关系,水利工程局主张造成损害结果的发生原因归结于不可抗力因素不成立。一审判决根据侵权人与被侵权人的过错程度,来划分双方应当承担的责任,所以一审判决合情合理。

本案二审的判决是撤销一审判决,驳回被侵权人王本东的诉讼请求。从判决结果上看,说明二审认为侵权人水利工程局的加害行为与被侵权人王本东的财产损害后果之间没有因果关系。其损失发生的主要原因是,王本东其承包地的地形低洼,排水能力低下,再加上不可抗力的自然灾害以及其自身疏于防范以及措施不当,最终造成损害结果的发生,所以二审法院判决两者之间没有因果关系。二审的结果与一审的结果完全不同,说明法院在认定侵权责任构成要件的因果关系上有巨大差异,这确实也是实务中存在的问题,不同的法院、不同的法官就可能做出不同的判决结果。但不可否认的是,如果判决的差异过大,甚至完全相反,其中就有可能不仅仅是法律可以解决的问题了。

本案再审的结果是撤销二审判决,维持一审判决。说明再审在认定因果关系是否成立是与一审一致的,均认为水利工程局的施工行为与王本东的损害结果之间具有因果关系,在确定因果关系的基础上,根据案件事实和证据,做出维持一审判决撤销二审判决的结果。

结语

通过王本东诉水利工程局、水利水电公司侵权损害赔偿案的分析,能够帮助我们理解相邻关系与侵权法律关系在适用范围上的不同,不可抗力的适用条件及抗辩效果。本文根据侵权的类型将本案确定为建设工程侵权,并总结了建设工程侵权的概念和特征。最后运用上述法学理论知识对本案的判决结果进行了评析,一审按双方当事人过错程度承担损害赔偿责任的观点是正确的,二审否认水利工程局施工行为与王本东损害之间的因果关系是违背日常生活经验法则的,再审维持一审判决的理由是合法的和适当的。

军企公司诉忆众公司买卖合同纠纷案评析[①]

引言

2010 年 6 月 10 日,新疆军企山工机械有限公司(以下简称军企公司)与新疆忆众商品混凝土有限公司(以下简称忆众公司)签订了《机械销售合同(分期)》,合同约定忆众公司从军企公司购买山工装载机一台,出厂编号为 6794,机械单价为 407000 元。合同第五条约定,货款总金额为 407000 元,忆众公司保证按计划还清:2010 年 7 月 10 日前付款 200000 元,2010 年 8 月 10 日前将剩余货款一次性付清。合同第七条违约责任第一款约定如果忆众公司不能按期付款,只要出现任何一期未按期付款时即为违约,军企公司有权收回机械,因此引起的经济损失及法律后果全部由忆众公司承担;第七条第二款双方约定违约金为合同总金额的30%。合同签订后,军企公司向忆众公司交付了合同约定的装载机。2010 年 12 月 1 日至 2011 年 11 月 8 日,军企公司给忆众公司出具 3 张收据,证明收到忆众公司用混凝土抵三台机械款573340 元,其中冲抵本案诉争的装载机款 128040 元。截止军企公司起诉止,忆众公司尚欠装载机款 278960 元。另外,2010 年 3月 20 日前,军企公司与忆众公司签订过《机械销售合同(分期)》这份合同,其中合同内容约定忆众公司从军企公司购买山工装载机两台,总共价款 650000 元。之后,双方又签订了补充协议,约

① 感谢王彦同学为该文资料和文字整理付出的努力。

定忆众公司按照军企公司要求供应其生产的混凝土冲抵设备款。军企公司与忆众公司均认可该合同已经履行完毕。另外，2010年6月8日至8月1日，忆众公司给伊犁建设有限公司和新疆军企机构工程有限公司何春红供应混凝土价值253920元，并且有105张送货发票证明。

军企公司诉称，2010年6月10日，双方当事人签订了《机械销售合同（分期）》，合同中约定忆众公司从军企公司处购买装载机一台，总机价407000元。截至2011年11月8日忆众公司付了128040元，余款281960元，经军企公司多次索要无果后，故起诉至法院要求判令忆众公司支付剩余货款281960元、支付违约金56392元，并承担本案的诉讼费用。

忆众公司辩称，军企公司的诉求不属实，双方当事人总共签订过两份机械买卖合同，并且双方还签订过补充协议，协议约定用忆众公司的混凝土价款来折抵要付给军企公司的机械价款，两份合同的总价款是1057000元，而第三方使用忆众公司的混凝土并将混凝土的货款支付给军企公司，冲抵忆众公司的购机价款778040元，后剩余281960元，这其中由于混凝土的使用人何春红是军企公司介绍给忆众公司的，而何春红使用的价值253920元混凝土在军企公司与何春红结算时没有折抵忆众公司的机械款，故责任不在忆众公司。通过上述算账后，忆众公司实际欠军企公司装载机货款25040元。本案争议的焦点主要有，一是忆众公司应否承担违约责任；二是忆众公司主张的抵销行为能否成立。

一、违约责任

（一）违约责任的概念

违约责任指的是合同当事人受合同约束，合同在当事人未全面、合格履行合同的法定及约定义务，需要承担法律责任的一种法律机制，也是为保障债权实现及债务履行所产生的办法。这里的违约责任仅指实际违约责任,是相对预期违约责任来讲。它是指当事人违反合同义务依法应该承担的法律责任。[①] 违反合同的法定与约定义务是违约责任产生的前提,而违约责任则是合同义务履行过程中其中的一种结果。关于合同的约定义务概念大家比较熟悉,但合同的法定义务知之甚少。由于主客观受限的原因,任何合同均无法直接对所有已发生与未发生情形通过约定达到囊括,所以既有《合同法》对合同当事人有全面、合格、诚实信用履行合同义务的概括式的法定义务规定,又有合同未约定或约定不明确时如何履行合同的明释式的法定义务规定。同时,如《物权法》《担保法》等其他法律对相应合同行为,如法定附随义务做出规定:不动产担保应当办理抵押登记、不动产买卖应当办理产权变更登记的相应法定要求。可见,约束合同当事人行为的,除约定义务外,还有法定义务。

(二)违约责任的特征

(1)违约责任,是违反有效合同构成的责任。未成立的合同、无效合同、被撤销的合同以及效力未定的合同(可追认的合同),未被追认时均不产生违约责任。

(2)违约责任具有相对性。违约责任只能在特定的当事人之间即合同关系的当事人之间发生,合同关系以外的人,不负违约责任,合同当事人也不对其承担违约责任。

(3)违约责任是一种财产责任,不是人身责任,现代合同制度只强制违约者用其财产来弥补因其违约给对方所造成的财产损失,而不对违约者进行人身惩罚,因此任何人对违约者都不能实行人身限制,更不能对违约者采取扣留或关押的强制手段,否则就是侵权,甚至是犯罪行为。

(4)违约责任具有补偿性和一定的任意性。违约责任以补偿守约方因违约行为所受损失为主要目的,以损害赔偿为主要责任

---

① 田土城:《债权法论》,郑州大学出版社,2011年版,第416页。

形式,故具有补偿性质。同时,违约责任可以由当事人在法律规定的范围内约定,具有一定的任意性。合同法第114条第一款规定:当事人可以约定一方违约时应当根据违约情况向对方支付一定数额的违约金,也可以约定因违约产生的损失赔偿额的计算方法。

(5)违约责任制度,是公利救济的体现。违约责任具有强行性。

(三)违约责任的构成要件

1.有违约行为

违约行为的最基本分类有两种:一种是不履行;另一种是履行不符合约定。①不履行可以分为拒绝履行与履行不能。拒绝履行是能够履行而不履行,是故意毁约的行为,自然构成违约责任;履行不能又分为自始履行不能和嗣后履行不能。自始履行不能构成缔约责任,不构成违约责任。其又分为法律不能和事实不能。自始法律不能(如标的物为禁止流转物),合同无效。自始事实不能(如作为标的物的特定物不存在),合同不成立。而嗣后履行不能也分为法律不能和事实不能。如合同订立之后、履行之前,标的物被禁止流通,这属于法律不能,违约人可以免责。再如订立合同之后,特定标的物意外灭失,出卖人无法交付,这属于事实不能。嗣后履行事实不能是否构成违约责任,要具体问题具体分析。如果标的物是因不可抗力灭失,出卖人免责。如果承揽人转产,以致不能交付工作成果,则应当承担违约责任。②履行不符合约定可以分为延迟履行、瑕疵履行。延迟履行是指时间上的履行不当。当事人约定延迟履行违约金的,违约人应当向对方支付违约金。延迟履行的违约金与其他违约金一样,可以根据《合同法》第114条第2款的规定予以调整。而瑕疵履行主要指标的物的质量不符合要求,也可以指履行的数量、规格、方法、起点、时间等不符合要求。

2. 无免责事由,未按合同履行,但有免责事由则不承担违约责任;未按合同履行无免责事由则要承担违约责任。有无免责事由,由违约人举证

(1)不可抗力

"本法所称不可抗力,是指不能预见,不能避免并不能克服的客观情况"(《合同法》第 117 条第 2 款)。简言之,不可抗力是当事人不可抗拒的外来力量,是不受当事人意志左右、支配的自然现象和社会现象。不可抗力是主要的法定免责事由。[①]《合同法》第 117 条第 1 款规定:"因不可抗力不能履行合同的,根据不可抗力的影响,部分或者全部免除责任,但法律另有规定的除外。当事人延迟履行后发生不可抗力的,不能免除责任。"不可抗力导致合同全部不能履行的,全部免责;导致合同部分不能履行的,就该部分不能履行免责;导致合同不能如期履行的,就延迟免责。

(2)相对人(被违约人)有过错

相对人有过错,是指相对人对损害的发生有故意或者过失。如《合同法》第 302 条规定:"承运人应当对运输过程中旅客的伤亡承担损害赔偿责任,但伤亡是旅客自身健康原因造成的或者承运人证明伤亡是旅客故意,重大过失造成的除外,"再如,《合同法》第 311 条规定:"承运人对运输过程中货物的损毁、灭失承担损害赔偿责任,但承运人证明货物的损毁、灭失是因不可抗力、货物本身的自然性质或者合理损耗以及托运人、收货人的过错造成的,不承担损害赔偿责任。"

相对人有过错,未履行义务的一方可以免责。还有一种情况:违约人应当承担违约责任,但是可以因为相对人的过错而减轻责任。[②] 这种规则被称为"过错相抵"。《民法通则》第 131 条规定:"受害人对于损害的发生也有过错的,可以减轻侵害人的民事责任。"该条规定不仅适用于侵权责任,也适用于违约责任。

[①] 隋彭生:《合同法》,中国人民大学出版社,2013 年版,第 91 页。

[②] 韩世远:《合同法学》,高等教育出版社,2010 年版,第 89 页。

（3）免责条款

免责条款，是当事人在合同中预先确定的免除违约责任的条款。约定免责事由属于当事人意思自治范畴。但约定免责的条款应当根据《合同法》第53条的规定判断其效力："合同中的下列免责条款无效：（一）造成对方人身伤害的；（二）因故意或者重大过失造成对方财产损失的。"

（四）违约责任的归责原则

违约责任的归责原则，是指在违约行为发生后，确定违约责任是否成立以及由谁承担责任应遵循的准则或依据，也是贯穿于整个违约责任制度并对责任规范起着统帅作用的立法指导方针。① 归责原则具有法定性，是由国家通过立法方式确定的。我国《合同法》第107条规定："当事人一方不履行合同义务或者履行合同义务不符合约定的，应当承担继续履行、采取补救措施或者赔偿损失等违约责任。"而我国合同法是以严格责任原则作为违约责任的归责原则的，即除非存在法定的免责事由，违约方不论在主观上是否具有过错，均应对其违约行为承担违约责任。当然，我国《合同法》在坚持严格责任为一般归责原则的同时，也承认过错责任原则的例外适用，这在有关赠与合同、运输合同、保管合同、委托合同中都有明确的体现。以下具体分析严格责任原则和过错责任原则。

1. 严格责任原则

严格责任原则规定于合同法总则104条，是合同法规定的主要归责原则特点：①严格责任制强调违约方的违约行为与违约结果之间的因果关系。也就是说，违约强调违约方的违约行为与违约结果之间的因果关系。也就是说，违约后果是由违约行为引起的，不管其主观上有无过错，都要承担违约责任。②严格责任制并不以违约方有无过错为构成要件，只要违反合同约定，就要承

---

① 田土城：《债权法论》，郑州大学出版社，2011年版，第462页。

担责任。当然,这种责任并非完全没有限制,如果当事人能够举出约定或者法定的免责事由,仍可以不承担责任。③严格责任是一种法定责任而非当事人约定的责任。④严格责任的本旨在于合理补充守约人的损失,并不体现过错责任原则下的惩罚性,即使违约的发生是非因当事人的事由引起的,也要根据公平原则分担损失。

2. 过错责任原则

过错责任原则是指合同当事人违反合同义务且存在过错时才承担违约责任。这一原则仅在少数合同关系中适用。如合同分则中规定的赠与合同、无偿保管合同、无偿委托合同以及客运合同中旅客伤亡、行礼损坏的赔偿规定等条文均明确规定了过错责任原则。但为体现公平、公正,保护各方利益,合同法也明确规定对于货运合同、居间合同、客运合同等,如果损失是由于相对方过错造成的,违约方可以免于承担责任。

(五)违约形态

我国《合同法》上的违约行为形态有两种,即预期违约与实际违约。《合同法》第107条、108条对两种违约形态作了具体规定。这两种违约行为形态都是合同生效后的违约行为,都应当承担违约责任。

1. 预期违约

预期违约又称先期违约,是指在履行期限到来之前一方无正当理由而明确表示或以其行为表明其在履行期到来后将不履行合同。预期违约是英美法系合同法的一种违约理论。预期违约的形态有两种,即拒绝履行和推定不能履行,分别构成明示先期违约和默示先期违约。①明示先期违约:一方明确肯定的向另一方做出违约的表示;不履行合同的主要义务;不履行合同义务无正当理由。②默示先期违约:一方具有丧失或可能丧失履行债务能力的情形;另一方有确凿的证据证明对方具有上述情形;一方不愿提供适当的履约担保。

英美合同法理论认为,合同在当事人对自身权利、义务综合考量基础上成立并生效后,便对合同当事人双方都产生了约束力,在法律上也即产生了强制管制力和执行力,受法律保护,任何对这种约束力的触犯或违反,都将构成违约,受到司法的干涉和制裁。拒绝履行和推定不履行这两种行为就是对合同成立的基础对价形成了动摇和否定,并有可能在将来导致合同的根本违反。因此,法律将拒绝履行和推定不履行的行为,作为一方当事人以中止或解除合同的权利,有利于在损失尚未形成或损失未扩大时,及时采取措施减少损失,或从合同中解脱出来,另订补救性合同,实现债权人的利益。这一理论被英国判例法所确认,并由美国《统一商法典》予以进一步发展,后又被《联合国国际货物销售合同公约》所吸收。

我国《合同法》面对市场经济发展的实际需要,吸取国外立法经验,认识到在产生期前履约危险的情况下,如仍强迫负先为给付义务一方履行义务,有悖于公平原则,尽管法律规定有违约责任制度且规定了预期违约责任,但诉讼或仲裁程序较为复杂,且陷负先给付义务一方于不利地位。因此在未造成实际违约前赋予负先为给付一方当事人以不安抗辩权,是较为理想的制度,故在条文中规定了不安抗辩权制度。依不安抗辩权制度,在后履行一方当事人财产状况恶化时,应先履行一方当事人可以主张不安抗辩权,在对方未履行对待给付或提供担保前中止自己债务的履行。在对方提供担保之后,不安抗辩权即归于消灭。①

2. 实际违约

(1)拒绝履行

拒绝履行是指在履行期限到来之后,债务人能够履行债务却

① 参见董铁中:《论违约责任》,载《经济管理者》,2015年第13期,第202～203页。

在无抗辩事由的情形下拒不履行的行为。它的构成要件是：一是须有合法的存在；二是债务人是向债权人拒不履行合同义务；三是拒绝履行是在履行期限到来后做出的；四是拒绝履行合同义务无正当理由。

（2）迟延履行

债务人迟延：是指债务人能够履行，但在履行期限届满时却未履行债务的现象。构成债务人迟延需要四个条件：存在合法有效债务；债务已届履行期限；债务人有能力履行；债务人未履行。债权人迟延：是指债权人对于债务人的履行，未接收或未给债务人履行提供必要的条件。债权人迟延的构成，须具备以下要件：一是债务内容的实现以债权人受领或其他协助为必要；二是债务人依债务本旨提供了履行；三是债权人受领拒绝或受领不能。

（3）不适当履行

不适当履行即当事人有履行合同义务的行为但其履行违反了法律的规定或者合同的约定。合同履行原则之一即是全面履行，要求当事人正确适当的履行合同义务。如果当事人没有按照合同约定的质量、数量、时间、地点、方式等履行义务，就构成了不适当履行。

（4）根本违约

根本违约是指义务人违反合同中重要的、根本性的条款即条件条款而构成的违约，受害人据此可以诉请赔偿，并有权要求解除合同。构成根本违约必须符合两个条件：一方面，违约的后果使受害人受到损害，实际上剥夺了他订立合同应该或者可以得到的利益，实施此种利益乃是当事人订立合同的目的和宗旨。另一方面，违约方能够预见一个具有完全行为能力的正常人处于相同情况下也会发生根本违约的结果。也就是说，如果违约人及一个正常人在此情况下不能预见到违约行为的严重后果，便不构成根本违约。

(六)违约责任的承担方式

违约责任的承担方式就是违约方应当承担的法律责任。我国《合同法》规定违约责任的承担方式主要有：

1. 实际履行

实际履行义称为继续履行,是指当债务人不履行合同义务或履行合同不符合约定条件时,债权人可以请求人民法院或仲裁机构强制债务人实际履行合同义务。实际履行意味着当事人不得以其他方式代替合同义务的履行,即使违约方依约定支付了违约金,也不能免除义务,还应当继续履行。我国合同法所使用的强制实际履行概念是广义的,包括强制违约方按合同规定交付标的物、提供劳务、提供工作成果、支付价款、修理、重作、更换、强制给付等。对于金钱债务,我国《合同法》第 109 条规定:"当事人一方未支付价款或者报酬的,对方可以要求其支付价款或者报酬。"即只要违约相对方请求,违约方就应该支付价款或者报酬,继续履行合同义务。

实际履行的构成要件:第一,必须有违约行为,即当事人一方不履行债务或者履行债务不符合合同约定;第二,必须有非违约方请求违约方继续履行合同债务的行为;第三,必须是违约方能够继续履行合同。如果法律上或者事实上不能履行或者债务标的不适宜继续履行的,不能适用继续履行。

2. 采取补救措施

采取补救措施主要适用于当事人交付的标的物质量不符合约定的情形。是当合同一方当事人履行合同有瑕疵时,通常要求违约方采取补救措施的方式,承担违约责任。补救措施是违约方根据法律规定或者当事人的要求,采取有针对性的措施以减少或弥补给对方造成的损失。我国《合同法》第 111 条规定:"对于质量不符合约定的,受损害方根据合同标的性质和实际损失情况,可以要求违约方采取相应的补救措施,以达到合同目的。"对违约责任没有约定或者约定不明确,依照本法第 61 条的规定仍不能确定的,受损害方根据标的的性质以及损失的大小,可以合理选择要求对方承担更换、重作、修理、退货、减少价款或者报酬等违约责任。如果受损害方在要求违约方采取合理的补救措施后,若仍有其他损失,还有权要求违约方赔偿损失。

3. 赔偿损失

赔偿损失是违约方以支付金钱的方式弥补相对方因违约行为所减少的财产或丧失的利益。我国《合同法》第 112 条规定:"当事人一方不履行合同义务或者履行合同义务不符合约定的,在履行义务或者采取补救措施后,对方还有其他损失的,应当赔偿损失。"所以赔偿损失是承担违约责任的基本形式。违约金与赔偿金,两者一般不得并用。

赔偿损失是世界各国所一致认可的也是最重要的一种违约救济方法。赔偿损失这一违约责任的适用必须有实际损失的发生,且违约行为与该损失之间存在因果关系。对赔偿损失,合同法规定损失赔偿额应当相当于因违约所造成的损失,包括合同履行后可以获得的利益。同时,赔偿损失的规定也应遵守合理预见原则,即受到的赔偿金额不得超过违约方在订立合同时预见到或者应当预见到的因违反合同可能造成的损失。

违约赔偿责任的构成要件因其适用归责原则的不同而有所不同,在适用过错责任原则时以过错为必要条件,在适用无过错责任原则时不以过错为要件。[1] 但无论适用何种归责原则,其共同构成要件为:第一,有违约行为的存在;第二,受害人受到损害;第三,违约行为和损害事实之间有因果关系。

---

① 余延满:《合同法原论》,武汉大学出版社,1999 年版,第 546 页。

损害赔偿的范围可由法律直接规定,也可由当事人自己决定。我国《合同法》第 113 条规定:"当事人一方不履行合同义务或者履行合同义务不符合约定,给对方造成损失的,损失赔偿额应当相当于因违约所造成的损失,包括合同履行后可以获得的利益,但不得超过违反合同一方订立合同时预见到或者应当预见到的因违反合同可能造成的损失。"

4. 违约金

违约金是指按照当事人的约定或者法律的规定,一方当事人违约时应当向对方支付的一定数额的货币。支付违约金是承担违约责任的一种较为普遍的方式,既充分尊重当事人的自愿,又保障了相对的公平。

我国合同法中的违约金既是一种违约责任形式,也是保证双方当事人履行合同而设定的一种担保。违约金的惩罚性表现为:它可以与损害赔偿规定并存;在违约尚未造成损害时非违约方亦可要求支付违约金(如双方约定违约金系补偿性的,则非违约方须证明损害已发生);支付违约金并不免除履行合同的责任。

5. 定金罚则

当事人可以约定定金,定金按担保法规定执行,定金的担保作用主要体现在双倍定金罚则的适用上。对于定金与违约金、赔偿金的并用或并罚问题,应该作具体的分析,不宜笼统地做出规定,应该区分定金的不同性质。在适用定金罚则时,应注重将违约责任的范围与违约行为所造成的损害相匹配,避免形成重复惩罚。也就是说,当违约方承担违约责任时,定金应算入赔偿金额中,而且违约方承担的包含定金的赔偿金额总额不应超过违约所带来的实际损失以及可得利益的损失。否则,在承担赔偿责任时,定金应予返还。

二、违约金

(一)违约金的概念

违约金是合同当事人预定的,一方不履行合同或履行合同不符合约定条件时,应给付另一方当事人一定数额的货币。[①] 支付违约金是承担违约责任的一种较为普遍的方式,既充分尊重当事人的自愿,又保障了相对公平。《合同法》第 107 条规定:当事人一方不履行合同义务或者履行合同义务不符合约定的,应当承担继续履行、采取补救措施或者赔偿损失等违约责任。经济合同法第 31 条规定:当事人一方违反经济合同时,应向对方支付违约金。如果由于违约已给对方造成的损失超过违约金的,还应进行赔偿,补偿违约金不足的部分。对方要求继续履行合同的,应继续履行。

(二)违约金的性质

对于违约金的性质,根据我国《合同法》第 114 条的规定,违约金具有补偿和惩罚的性质。补偿性违约金被看作是预定的损害赔偿,在功能上主要是为了弥补违约后一方所遭受的损失,在设定此类违约金时,当事人双方预先估计违约可能发生的损失数额,并且在一方违约以后,另一方可以直接获得预先的违约金数额,以弥补其遭受的损害。此中违约金的运用,使当事人免除了事后计算损害赔偿额的麻烦以及举证困难,只要有实际损失和违约行为就可以要求支付违约金。因此,在适用上有较大的方便。惩罚性违约金是指对债务人的违约行为实行惩罚,以确保合同债务得以履行的违约金。惩罚性的认定基本上以违约金能否排斥强制履行或损害赔偿来判断。在适用时不要求有实际损失,只要

---

① 隋彭生:《合同法》,中国人民大学出版社,2013 年版,第 97 页。

有违约行为,即可要求支付违约金。惩罚性违约金旨在对违约行为的惩罚,因此不能代替损害赔偿作用,受害人除了请求支付惩罚性违约金以外,还可以要求赔偿损失。

违约金责任的成立应以合同关系的有效存在为前提条件,而违约金责任成立的构成要件是违约行为的存在。一般说来,任何违约行为都可能导致违约金的支付,但是,当事人在合同中仅就某种具体的特定违约行为规定了违约金,那么,只有发生该特定违约行为才导致违约金的支付。

(三)违约金的种类

根据违约金针对的违约类型,可以有不同分类,主要有以下三种。

1. 不履行合同的违约金

不履行合同的违约金,是指当事人没有给付主债务应当支付的违约金,这种违约金一般是按合同标的额的一定比例计算。当合同部分未履行时,按未履行的部分计算。

2. 逾期履行的违约金

逾期履行,是指当事人延迟给付主债务,逾期履行的违约金一般是按延迟的日期(天数等)计算的违约金。逾期履行有逾期付款和逾期交付标的物、逾期交付工作成果等。逾期交付标的物应当支付的违约金,按逾期付款的违约金执行。逾期履行也是履行,因此,不履行违约金与逾期履行违约金不能并用。

3. 瑕疵履行的违约金

瑕疵履行的违约金,是指当事人履行的质量不符合要求而约定支付的违约金。瑕疵履行的违约金不能与实际履行并用,因为被违约人接受了履行,并从违约金中得到了损失的补偿。

(四)违约金的调整

1. 违约金调整概述

在承认违约金的基本性质是补偿性的基础上,我国《合同法》授予法院、仲裁机关提高或降低违约金的权力。变动违约金数额,是使违约金与违约产生的损失大体相当。当违约金过低时,提高违约金,有利于保护被违约人的利益,使其能够得到适当的补偿。当违约金过高时,降低违约金,使其减弱了惩罚性,降低了违约人的成本。《合同法解释(二)》第27条规定:"当事人通过反诉或者抗辩的方式,请求人民法院依照合同法第一百一十四条第二款的规定调整违约金的,人民法院应予支持。"第28条规定:"当事人依照合同法第一百一十四条第二款的规定,请求人民法院增加违约金的,增加后的违约金数额以不超过实际损失额为限。增加违约金以后,当事人又请求对方赔偿损失的,人民法院不予支持。"第29条规定:"当事人主张约定的违约金过高请求予以适当减少的,人民法院应当以实际损失为基础,兼顾合同的履行情况、当事人的过错程度以及预期利益等综合因素,根据公平原则和诚实信用原则予以衡量,并做出裁决。当事人约定的违约金超过造成损失的百分之三十的,一般可以认定为合同法第一百一十四条第二款规定的'过分高于造成的损失'。"

(1)请求变更违约金的,可以是反诉的原告,也可以是本诉的被告。

(2)增加的违约金以实际损失额为限。违约金的可调整性,就说明其与赔偿金不能合并适用。

(3)"过分高于造成的损失",是指违约金超过了损失的30%。

2. 免责抗辩及违约金调整释明

《买卖合同解释》第27条规定:"买卖合同当事人一方以对方违约为由主张支付违约金,对方以合同不成立、合同未生效、合同无效或者不构成违约等为由进行免责抗辩而未主张调整过高的违约金的,人民法院应当就法院若不支持免责抗辩,当事人是否需要主张调整违约金进行释明。一审法院认为免责抗辩成立且未予释明,二审法院认为应当判决支付违约金的,可以直接释明并改判。"其他合同违约金的调整应参照买卖合同的规定。

(1)法院的释明,只是告知当事人有调整违约金的机会及调整的规则,而不是做出结论。

(2)过去被告经常处于两难的境地,若否认违约条款的效力(一般是通过否认合同的效力来否认违约条款的效力),可能会丧失请求降低过高违约金的权利或机会。根据上述《买卖合同解释》第 27 条,则可以放心地先主张无效等免责抗辩,即先主张免责抗辩;后主张违约金调整。对两种主张要分别提供不同的证据。

(3)一审法院认为被告的免责抗辩成立,就不会对是否需要主张调整违约金进行释明,而直接判决原告对违约金的请求不予支持。二审法院认为应当判决支付违约金的,应当在释明之后改判。也就是说,在二审,被告仍有请求调低违约金的机会,仍有就此主张举证的机会。"直接释明"的意思,是不以一审法院未释明为由发回重审,而由二审法院自己释明。

三、抵销

(一)抵销的概念与特征

抵销是双方当事人互负债务时,一方通知对方以其债权充当债务的清偿或者双方协商以债权充当债务的清偿,以使双方的债务在对等数额内消灭的行为。[1]

抵销符合形成权的特征,具有形成权的性质。

---

[1] 隋彭生:《合同法》,中国人民大学出版社,2013 年版,第 81 页。

(二)抵销的类型

抵销依其产生的根据不同,可分为法定抵销与合意抵销两种。还有一种特殊的破产抵销。

法定抵销由法律规定其构成要件,当要件具备时,依当事人一方的意思表示即可发生抵销的效力。依当事人一方的意思表示即可发生抵销效力的权利,称为抵销权,属于形成权,行使的方式是向债务人发出抵销通知。《合同法》第 99 条规定:"当事人互负到期债务,该债务的标的物种类、品质相同的,任何一方可以将自己的债务与对方的债务抵销,但依照法律规定或者按照合同性质不得抵销的除外。当事人主张抵销的,应当通知对方。通知自到达对方时生效。抵销不得附条件或者附期限。"

合意抵销是指按照当事人双方协商一致将各自的债务抵销。合意抵销,实际上是当事人订立以抵销债务为内容的合同,故合意抵销适用于合同成立,生效的一般条件。它重视当事人的意思自由,可不受法律规定的构成要件的限制。当符合法定条件时,当事人一方可以行使抵销权,当事人互负债务,但标的物种类、品质不同时,当事人可以协商一致。当事人订立的这种合同叫作抵销合同,其成立应依民法关于意思表示的一般规定。

破产抵销,是指破产债权人在破产宣告前对破产人主张的抵销。我国《企业破产法》第 33 条规定:"债权人在破产申请受理前对债务人负有债务的,可以向管理人主张抵销。"根据这一规定,债权人在破产宣告前对破产人负有债务的,无论是否已到清偿期限,无论债务标的、给付种类是否相同,均可在破产清算前相互抵销。破产抵销与前述法定抵销具有如下区别:①当事人不同。破产抵销的抵销权人仅限于破产债权人,而法定抵销无此限制,互负债务的双方当事人均可主张。②债务性质不同。破产抵销中的债务,必须为破产债权人于破产宣告前对破产人所负的债务,而法定抵销对可抵销债务的形成时间并无限制。③抵销条件不同。破产抵销权的行使,不受债的种类和履行期限的限制,而法定抵销以债务标的种类相同和两者均已到期为条件。

(三)法定抵销的构成要件

1. 积极要件

(1)须有主动债权与被动债权合法有效存在。法定抵销权的行使以按对等数额使双方债权消灭为目的,故以双方债权必须合法有效存在。

(2)两个债权对双方当事人而言具有相互对立性。双方债权的相互性是指主动债权的债权人必须是被动债权的债务人,被动债权的债权人必须是主动债权的债务人,这种相互对立性应当在法定抵销权成立时已存在。这也意味着一方当事人只能以自己对对方当事人享有的债权,与对方当事人对自己享有的债权进行法定抵销,而不能脱离此种对立性进行法定抵销。

(3)双方债务的标的物种类、品质相同。双方互负债务,必须标的物的种类、品质相同,才可进行法定抵销。如果标的物的种类、品质不同允许法定抵销,一是债务各有其不同的经济目的,法定抵销很可能使其目的落空;二是债务互异其经济价值,法定抵销难免公平。

(4)主动债权已届清偿期。一般情况下,在债权清偿期届至时,债权人才可以请求债务人清偿债务,若未届清偿期就允许法定抵销,则无异于在清偿期前强制债务人清偿,债务人的期限利益荡然无存。因此,应要求债务清偿期届至。

2. 消极要件

(1)法律规定不得抵销之债。一是代位权诉讼胜诉后,债务人对次债务人所负新的债务或到期债务,不得与之前次债务人对债务人所负的债务进行法定抵销。二是禁止强制执行之债。禁止强制执行之债又称禁止扣押之债,是指以债务人及其家属赖以生存的必要财产为标的之债,主要包括以抚恤金、退休金和其他生存必需品为给付标的之债。很多国家和地区对禁止强制执行之债不得进行法定抵销都做出了规定。三是次债务人在债务人债权被扣押之后取得的债权。债务人债权被扣押之后,次债务人才取得对债务人债权的,不得与扣押之前其对债务人的债务抵销。

(2)依合同性质不得抵销之债。一是以相互提供劳务或交付智力成果为标的的合同。合同双方当事人享有相互提供劳务或交付智力成果的债权时,此类债权必须实际履行,如不经双方当事人实际履行,合同目的就无法实现。如果允许双方当事人的债权进行法定抵销,则通常债权人将被剥夺其达债权经济的目的之机会。二是以不作为为标的的合同。合同双方当事人都享有以互不竞争之不作为为内容的债权,如果允许双方当事人享有法定抵销权,实际上也使设定不作为的当事人的合同最初目的不能达成。三是以特定债权人为基础或以特定技能方能完成债务的合同。如甲、乙互写著作,双方报酬相同。虽然甲乙互负同种类的债务,报酬也相同,但由于双方各自的债务标的因书法模式不同而各具特定性。如果允许二人所享债权进行法定抵销,则会使合同目的不能达成。

(3)依当事人约定不得抵销之债。合同当事人双方完全可根据合同自由原则,在合同订立之时或事后达成补充协议,做出禁止法定抵销的约定,只要该约定合法有效,即可排除双方当事人的法定抵销权。[①]

(四)抵销的效力

抵销行使的效力是指在具备法定或者约定的抵销构成要件的情况下,当事人通过行使抵销权而发生的效果。抵销行使的效果与抵销成立要件满足的效果不同。所谓抵销的行使效果是指在抵销权成立要件满足的情况下,通过当事人实际行使抵销权所

---

① 参见尹霞:《抵销制度研究》,华东政法学院 2007 年硕士论文。

发生的后果。具体来说,抵销的行使后果主要表现在以下几个方面。

(1)抵销权的行使,使债务人和受让人之间的债权、债务关系按照双方能够相互抵销的同等数额而消灭,受让人在被抵销的债权范围内,不能再向债务人主张权利,如果抵销后,就原债务进行清偿,因债务已经不存在,清偿人可以以不当得利为由请求返还。抵销的意思表示做出以后,将发生双方债权债务的消灭,因抵销的债务消灭,不得发生恢复原状的后果。

(2)抵销权的行使是使双方在同等数额内所负的债务发生消灭。对于未被抵销的部分,债权人仍然有权向债务人请求清偿,因此,并不是说,凡是进行抵销就必然导致债权债务的全部消灭,其只是在双方的同等数额导致互付的债务消灭,在双方所付的债务并不完全相等的情况下,并不发生债权债务的完全消灭,而只是部分消灭。

(3)一旦行使抵销权,则将从抵销权发生之时起产生溯及既往的效力。

四、忆众公司是否应承担违约责任

责任是违反义务的后果,违约责任是违反有效合同约定义务的后果,是指当事人违反合同义务依法应该承担的法律责任。以下从违约责任的构成要件来具体分析忆众公司是否应该承担违约责任,另从违约责任的承担方式之一违约金方面来分析忆众公司如何承担其违约责任。

(一)忆众公司存在违约行为

违约行为是构成违约责任的首要条件,无违约行为即无违约责任。从违约责任的第一个构成要件违约行为来分析忆众公司是否存在违约行为。在此案件中,一审原告军企公司向乌鲁木齐市头屯河区人民法院起诉称,2010 年 6 月 10 日,双方当事人签订

《机械销售合同(分期)》,合同约定忆众公司从军企公司处购买装载机一台,总机价407000元。截至2011年11月8日忆众公司付了128040元,余款281960元,经军企公司多次索要无果。故向法院起诉忆众公司,要求忆众公司支付剩余货款,并支付违约金56392元。经乌鲁木齐市头屯河区人民法院一审查明,2010年6月10日,军企公司与忆众公司签订了《机械销售合同(分期)》,合同约定忆众公司从军企公司处购买山工装载机一台,机械单价为407000元,出厂编号为6794,合同中第五条约定,贷款总金额为407000元,忆众公司保证按计划还请:2010年7月10日前付款200000元,2010年8月10日前将剩余货款一次性付清。合同第七条违约责任第一款约定如果忆众公司不能按期付款,只要出现任何一期未按期付款时,即为违约,军企公司有权收回机械,因此引起的经济损失及法律后果全部由忆众公司承担。双方在合同中约定2010年7月10日前付款200000元,2010年8月10日前将剩余货款一次性付清,但忆众公司截止到2011年11月8日仅付款128040元,剩余货款军企公司多次索要无果,因此忆众公司没有按期付款给军企公司,存在违约行为,且忆众公司的行为属于违约行为中的履行不符合约定中的迟延履行,以及后来的不履行中的拒绝履行。

1. 军企公司与忆众公司签订的合同有效

违约责任是违反有效合同构成的责任。因此,首先要确定军企公司和忆众公司双方所签订的合同是否是有效合同。此案中,经查明,军企公司与忆众公司于2010年6月10日所签订的《机械销售合同(分期)》,此合同是在双方当事人平等自愿,协商一致的基础上签订的,是双方的真实意思表示,且合同中的内容不违反法律、行政法规的强制性规定,是依法成立的合同,且对双方当事人具有法律约束力,属于有效合同。

2. 忆众公司违反了合同的履行义务

军企公司和忆众公司依法签订的合同,具有法律效力,对双方当事人具有法律约束力,双方均应依照合同中所约定的履行各自的义务,否则应承担相应的违约责任。合同签订后,军企公司按约定向忆众公司交付了合同约定的装载机一台,但忆众公司并未按合同所约定的期限向军企公司支付价款,因此,忆众公司违反了合同中约定的应履行的义务,其行为已构成违约,应当承担相应的违约责任。

(二)忆众公司没有免责事由

从违约责任的第二个构成要件无免责事由来看,如果一方当事人未按合同所约定的履行义务,但有免责事由,则不承担违约责任;反之,若无免责事由,就应当承担违约责任。免责事由分为法定的免责事由和约定的免责事由。

首先从法定的免责事由不可抗力方面来论述。《合同法》第117条第1款规定:"因不可抗力不能履行合同的,根据不可抗力的影响,部分或者全部免除责任,但法律另有规定的除外。当事人迟延履行后发生不可抗力的,不能免除责任。"且第2款规定:"本法所称不可抗力,是指不能预见、不能避免并不能克服的客观情况",是当事人不可抗拒的外来力量,是不受当事人意志左右、支配的自然现象和社会现象。不可抗力是主要的法定免责事由。但在本案中,并不存在不可抗力使忆众公司不履行合同中的义务。所以不存在此免责事由。

若相对人(被违约人)有过错,未履行义务的一方可以免责,也属于免责事由之一。相对人有过错,是指相对人对损害的发生有故意或者过失。如《合同法》第302条规定:"承运人应当对运输过程中旅客的伤亡承担损害赔偿责任,但伤亡是旅客自身健康原因造成的或者承运人证明伤亡是旅客故意,重大过失造成的除外,"再如,《合同法》第311条规定:"承运人对运输过程中货物的损毁、灭失承担损害赔偿责任,但承运人证明货物的损毁、灭失是因不可抗力、货物本身的自然性质或者合理损耗以及托运人、收货人的过错造成的,不承担损害赔偿责任。"但在此案中,相对人军企公司并没有过错,不存在此免责事由,所以忆众公司不能免责。

再次,从合同中的内容来看,是否约定免责条款。免责条款,是当事人在合同中预先确定的免除违约责任的条款,属于约定的免责事由,是当事人意思自治的范畴。从本案所涉及的军企公司和忆众公司签订的《机械销售合同(分期)》的内容看,双方并未约定免责条款,并且在此合同第七条违约责任第一款约定如果忆众公司不能按期付款,只要出现任何一期未按期付款时,即为违约。军企公司有权收回机械,因此引起的经济损失及法律后果全部由忆众公司承担。

综上所述可知,忆众公司没有免责事由,应当承担违约责任。

(三)忆众公司应当承担支付违约金的违约责任

1. 双方当事人约定了违约金

通过上述分析可知,忆众公司应当承担其违约责任。双方当事人在合同第七条第一款中约定若忆众公司没有按期付款,只要出现任何一期未按期付款时,即为违约。军企公司有权收回机械,因此引起的经济损失及法律后果全部由忆众公司承担。另在第二款中双方约定违约金为合同总金额的 30%。因此双方当事人事先约定了以违约金的方式来作为一方违约责任的承担方式。

2. 合同有效违约金条款有效

违约金责任的成立应以合同关系的有效存在为前提条件。此案件中,军企公司和忆众公司在双方平等自愿,协商一致的基础上签订的合同,是双方真实意思表示,内容不违反法律、行政法规的强制性规定,属于有效合同。依法成立的合同,具有法律效力。因此,此合同中所约定的违约金条款也是有效的。

3. 军企公司主动调低违约金数额合法

《合同法》第 114 条规定:"当事人可以约定一方违约时应当

根据违约情况向对方支付一定数额的违约金,也可以约定因违约产生的损失赔偿额的计算方法。约定的违约金低于造成的损失的,当事人可以请求人民法院或者仲裁机构予以增加;约定的违约金过分高于造成的损失的,当事人可以请求人民法院或者仲裁机构予以适当减少。当事人就迟延履行约定违约金的,违约方支付违约金后,还应当履行债务。"另外在违约金的调整方面,《合同法解释(二)》第27条规定:"当事人通过反诉或者抗辩的方式,请求人民法院依照合同法第一百一十四条第二款的规定调整违约金的,人民法院应予支持。"第29条规定:"当事人主张约定的违约金过高请求予以适当减少的,人民法院应当以实际损失为基础,兼顾合同的履行情况、当事人的过错程度以及预期利益等综合因素,根据公平原则和诚实信用原则予以衡量,并做出裁决。当事人约定的违约金超过造成损失的百分之三十的,一般可以认定为合同法第一百一十四条第二款规定的'过分高于造成的损失'。"在本案中,最终判定忆众公司承担违约责任,向军企公司支付双方在合同中所约定的"违约金为合同总金额的30%"的违约金数额。而军企公司在诉讼中,主动下调违约金基数,从合同总金额下调至欠款总额,放弃了部分违约金,是合法的,法院予以支持。

五、忆众公司不具备行使抵销权的条件

(一)忆众公司与军企公司主张的债权的标的物种类、品质相同

从抵销的要件之一债务的标的物种类,品质相同来看,只有双方的标的物种类,品质相同,才可以进行抵销。如果债务的标的物种类、品质不相同,说明履行的要求、目的不同,同时依一方的意思无法确定可供抵销的债务数额,因此不能采用法定抵销的方式。如需抵销,只能双方协商一致才能达到抵销的效果。而本案中,军企公司向忆众公司索要的购车款,其标的物为金钱;而忆

众公司给第三方伊犁建设有限公司及何春红提供的混凝土,所主张的债权的标的物也是金钱。因此,忆众公司与军企公司主张的债权的标的物种类、品质相同。

(二)忆众公司主张的债权已届清偿期

一般情况下,在债权清偿期届至时,债权人才可以请求债务人清偿债务,若未届清偿期就允许法定抵销,则无异于在清偿期前强制债务人清偿,债务人的期限利益荡然无存。因此,应要求债务清偿期届至。而本案中,忆众公司主张的关于其提供的混凝土的债权已届清偿期。

(三)军企公司对忆众公司享有债权但忆众公司对军企公司并不享有债权

本案中,忆众公司从军企公司处购买了装载机,并签订了买卖合同,军企公司向忆众公司交付合同约定的装载机,而忆众公司未还清机械款,因此,军企公司对忆众公司享有债权。但另一方面,忆众公司却并不对军企公司享有债权。忆众公司给第三方伊犁建设有限公司及何春红提供的混凝土,故忆众公司只对第三方伊犁建设有限公司及何春红享有债权。

(四)军企公司与忆众公司的债权债务并不具有相互对立性

两个债权对双方当事人而言具有相互对立性才能主张抵销。双方债权的相互性是指主动债权的债权人必须是被动债权的债务人,被动债权的债权人必须是主动债权的债务人,这种相互对立性应当在法定抵销权成立时已存在。这也意味着一方当事人只能以自己对对方当事人享有的债权,与对方当事人对自己享有的债权进行法定抵销,而不能脱离此种对立性进行法定抵销。而本案中的被告军企公司是主动债权的债权人,不是被动债权忆众公司的债务人,忆众公司只是第三方伊犁建设有限公司及何春红的主动债权人,因此,军企公司与忆众公司的债权债务并不具有相互对立性,所以不能抵销。

（五）双方没有约定可以用何春红欠忆众公司的混凝土价款抵销忆众公司欠军企公司的机械款

军企公司与忆众公司于 2010 年 3 月 20 日前签订的购买两台装载机的合同，随后签订的《补充协议》约定忆众公司按军企公司要求供应混凝土以冲抵该两台装载机款，同时约定若忆众公司向军企公司供应的混凝土总价款超出设备款，军企公司应按市场价格支付混凝土款。而双方当事人于 2010 年 6 月 10 日签订了涉案装载机的销售合同后，并未签订协议约定可以用混凝土折抵涉案装载机款，忆众公司也未提供充分证据证实双方当事人曾口头约定可以混凝土款折抵涉案装载机款。因此，军企公司和忆众公司在合同中没有约定可以用何春红欠忆众公司的混凝土价款抵销忆众公司欠军企公司的机械款，所以忆众公司不能主张抵销。

结语

随着我国市场经济的不断发展，关于买卖合同中出现的违约现象特别普遍，由此产生的一系列纠纷也不少，虽然处在社会主义加强法治建设的时代，但是仍然存在很多的法律纠纷问题。本论文通过对军企公司诉忆众公司买卖合同纠纷一案的论述分析，可以看出由于忆众公司未按合同约定期限向军企公司支付价款，其行为构成违约，则应当承担相应的违约责任。关于向第三方供应的价值 253920 元混凝土能否折抵军企公司涉案装载机款的问题，经法院查明，军企公司与忆众公司于 2010 年 3 月 20 日前签订的购买两台装载机的合同，随后签订的《补充协议》约定忆众公司按军企公司要求供应混凝土以冲抵该两台装载机款，同时约定若忆众公司向军企公司供应的混凝土总价款超出设备款，军企公司应按市场价格支付混凝土款。而从本案所争议的双方当事人于 2010 年 6 月 10 日签订的涉案装载机的销售合同，之后并未签订任何协议约定可以用混凝土折抵涉案装载机款，忆众公司也未提供充分证据证实双方当事人曾口头约定可以用混凝土款折抵涉案装载机款,而忆众公司提供的 105 张送货发票证明,用以证明收货单位伊犁建设有限责任公司和新疆军企机械工程有限公司何春红,均是军企公司的施工单位,但同时不能举证证明送货发票证明所涉货款可折抵其应付购车款,所以忆众公司不能主张抵销。综上所述,忆众公司的上诉请求不能成立,一审法院认定事实清楚,适用法律正确,一审的判决应予维持。该案判决公平合理,维护了当事人的合法权益。

圣亚达公司诉永道公司房屋
买卖合同纠纷案评析[①]

引言

2011 年 6 月 30 日,青岛圣亚达投资有限公司(以下简称圣亚达公司)与青岛永道国际贸易有限公司(以下简称永道公司)签订《购房协议》一份。协议约定,永道公司将其所有的八套房产出售给圣亚达公司,总价款 36428070 元。同日圣亚达公司按约定支付永道公司购房定金 8803070 元。合同履行过程中,永道公司就其与圣亚达公司的八套房产与开发商进行诉讼未了,永道公司根本不可能按协议约定向圣亚达公司履行合同义务,永道公司的违约行为已经导致圣亚达公司不能实现订立合同的根本目的。圣亚达公司向法院起诉永道公司,请求法院判令解除双方签订的《购房协议》,双倍返还购房定金,并承担律师费用。永道公司辩称,圣亚达公司在购买涉案房屋时明知永道公司尚未取得房产证,双方的购房协议中可以体现出来。圣亚达公司存在逾期付款的违约行为,按照约定,应当向永道公司承担违约责任。永道公司因该房产的所有权争议已经与案外人审理终结,具备向圣亚达公司交付房屋的条件。圣亚达公司要求解除合同、双倍返还定金没有法律依据,请求法院驳回。永道公司反诉称,按照圣亚达公司与永道公司 2011 年 6 月 30 日签订的《购房合同》,圣亚达公司应于 2011 年 12 月 31 日之前付清全部房款,逾期应承担约定的

---

① 感谢陈美宏同学为该文资料和文字整理付出的努力。

违约责任。圣亚达公司至今未足额支付购房款项,应承担逾期付款违约金和继续履行合同的违约责任。请求继续履行《购房协议》,要求圣亚达公司支付逾期付款违约金,并要求圣亚达公司支付律师费用。圣亚达公司针对永道公司的反诉辩称,永道公司的请求无事实及法律依据,应当予以驳回。圣亚达公司已经履行了交付定金的义务,因为永道公司的原因,致使合同无法履行。故永道公司应当承担违约责任,而不是圣亚达公司承担。第三人汤景波述称,2011 年 6 月 30 日,圣亚达公司与永道公司签订一份《购房协议》,圣亚达公司于 2013 年 11 月 20 日将其与永道公司《购房协议》中的全部合同权利转让给汤景波,依据民事诉讼法相关规定,汤景波有独立的请求权,有权申请参加诉讼。汤景波请求解除圣亚达公司与永道公司签订的《购房协议》,永道公司应向汤景波支付购房并双倍返还其定金。汤景波同时对永道公司的反诉辩称,其反诉请求无事实及法律依据,请求依法驳回。圣亚达公司对汤景波的主张表示,圣亚达公司的债权依法转让给汤景波,也依法履行了对永道公司的通知义务,汤景波可以直接向永道公司主张权利。永道公司对汤景波的主张表示,汤景波参加诉讼无事实及法律依据。

该案经青岛市市南区人民法院于 2013 年 12 月 30 日做出(2013)南民初字第 11129 号一审民事判决:解除圣亚达公司与永道公司签订的《购房协议》;永道公司退还圣亚达公司购房款 8803070 元;永道公司给付圣亚达公司定金 7285614 元;永道公司支付圣亚达公司律师费 320000 元;圣亚达公司支付永道公司违约金 5525000 元;圣亚达公司支付永道公司律师费 350000 元;上述二、三、四、五、六项折抵,永道公司应支付给圣亚达公司共计 10533684 元,该款项,永道公司于判决生效之日起 10 日内给付汤景波;驳回永道公司的其他诉讼请求。永道公司与汤景波不服向青岛市中级人民法院提出上诉,青岛市中级人民法院于 2014 年 8 月 20 日做出(2014)青民一终字第 789 号民事判决,驳回上诉,维持原判。永道公司不服二审判决,向山东省高级人民法院申请再审,山东省高级人民法院于 2015 年 10 月 9 日做出再审判决,维持青岛市中级人民法院(2014)青民一终字第 789 号民事判决。本案的争议焦点有二:一是《购房协议》中的违约方及其责任认定;二是债权转让协议的效力及其认定。

一、圣亚达公司和永道公司均有抗辩权和违约行为

(一)不安抗辩权的概念及构成要件

不安抗辩权是指在双务合同中,先履行合同义务的一方当事人发现后履行义务的当事人发生了丧失或者可能丧失履行合同义务的能力,可以暂时中止履行合同义务。该抗辩权只是一种暂时的防御性的权利,如果对方当事人能够提供担保,则先履行合同义务的一方不得拒绝自己的履行。不安抗辩权的目的就是要保护先履行一方的信赖利益,从而维护交易公平与安全。不安抗辩权的构成要件为:

1. 须双方互负债务

在单务合同中,因为一方只享有权利而不需要履行义务,自然没有认为对方不能履行义务为拒绝履行自己义务情形的存在,所以不适用不安抗辩权。因此不安抗辩权只能适用于双务合同,也就是双方互负债务的情形。

2. 须双方当事人履行具有先后顺序

不安抗辩权的适用是因为先履行义务的一方认为对方可能不履行合同,为了避免自己的风险而采取的措施。如果双方有义务同时履行义务,则先履行义务一方的不安抗辩自然也就不存在,只是在同时履行时因为对方不能履行,可以援引同时履行抗辩权从而拒绝自己的履行。

3. 后履行义务的一方财产条件恶化,导致有难为对待给付的危险

在正常的合同履行中,先履行合同义务的一方当事人应当遵守自己的合同义务,也就是需要先行提出给付,先履行义务的一方之所以可以中止或者拒绝自己的履行,就是因为对方财产条件恶化,使得自己履行后很难从后履行义务的一方得到对待给付,为了避免自己遭受此种风险而援引不安抗辩权。若不存在该种情形,则先履行义务的一方有义务在对方没有履行时履行自己的合同义务,不安抗辩权之所以会存在,是因为在合同履行前时,后履行义务的当事人发生了不能履行的危险,如果此时还强行要求先履行义务一方当事人为履行合同义务做出准备,则无异于让其承受巨大的负担,甚至强制其自冒风险。所以,应当允许先履行义务的一方当事人进行自我的保护,在对方未提出给付或者担保时拒绝履行自己的义务,此项制度体现了公平的原则,保护了交易安全,在大陆法系中有较多的适用。

4. 先履行一方有合同解除权

在先履行一方行使不安抗辩权时,若对方不能提供履约担保,先履行一方有无合同解除权?从《德国民法典》《法国民法典》来看,它们仅规定先履行一方在对方提供担保前,只能中止履行而不能解除合同。但对对方不能提出履约担保时,先履行一方可否解除合同并无规定,因而引起了许多民法学者的争论。德国判例与学说一般认为,行使不安抗辩权并不使当事人陷于延迟,但也不使其取得解除合同的权利。但也有学者主张,如果相对人反复拒绝提出给付或拒绝提供担保,悖于诚实信用原则,经过相当时期后,先履行一方应可以解除合同。还有一些学者主张,先履行一方可以确定一个相当的期限,催告相对人为对待给付或提出担保,在期限经过以后,可以解除合同。我国合同法对这一问题做出了明确的规定,即先履行一方中止履行后,对方在合理期限

内未恢复履行能力,也未提供适当担保的,可以解除合同。

(二)《合同法》规定的不安抗辩权

《合同法》第 68 条规定:"应当先履行债务的当事人,有确切证据证明对方有下列情形之一的,可以中止履行:(一)经营状况严重恶化;(二)转移财产、抽逃资金,以逃避债务;(三)丧失商业信誉;(四)有丧失或者可能丧失履行债务能力的其他情形。当事人没有确切证据中止履行的,应承担违约责任。"即提出主张的一方应该提出足够的证据证明对方经营状况严重恶化;转移财产,抽逃资金,以逃避债务;丧失商业信誉;有丧失或者可能丧失履行债务能力的其他情形,在有足够的证据证明上述事项时先履行义务的一方可以中止履行。《合同法》第 69 条规定,当事人依照本法第六十八条的规定中止履行的,应当及时通知对方。对方提供适当担保时,应当恢复履行。中止履行后,对方在合理期限内未恢复履行能力并且未提供适当担保的,中止履行的一方可以解除合同。但该规定并没有对合理期限、适当担保做出明确规定,这在实践中如何解释和判断存在一定困难。有学者认为,合同法没有对提供适当担保的"合理期限"进行具体的规定,而只是给予泛泛的概念,这在实践操作中容易产生纠纷,影响到债权人法律救济权的行使,甚至会使立法的本意遭到曲解、破坏。[①] 但是,现实生活中的情况复杂多变,每一个合同涉到各个方面更是千差万别,如果合同法对提供担保的期限做出统一而固定的规定并不合理。不安抗辩权的行使条件:

(1)通知,我国《合同法》第 68 条规定"当事人依照本法第 68 条的规定中止履行的,应当及时通知对方。"可见,虽然行使不安抗辩权是先履行义务一方的单方行为,但法律规定其行使权利时必须及时通知对方。法律之所以这样规定,是为了平衡双方当事人之间的利益。不安抗辩权是为了保障先履行义务一方的利益

---

① 吴伟智:《试论不安抗辩权与预期违约》,《荆楚学术》,2002 年第 8 期,第 22 页。

而设立的,但是如果先履行一方任意行使,在不通知后履行一方的情况下停止履行合同,则后履行一方对此无从知悉,也不可能采取相应措施,其利益就可能受到损害。若先履行方能及时通知后履行一方,则后履行一方可能提供担保或是采取积极措施恢复履行能力,这样可以使不安抗辩权消灭,从而最终促成合同目的的实现,这与合同法鼓励交易的原则也是相符的。

先履行义务一方在履行通知义务时,有两个方面需要注意。首先,通知应当采用书面形式,而不应采用口头形式,这样便于以后证据的搜集,避免口说无凭。通知的内容应当包括先履行方搜集的后履行方丧失或可能丧失履行债务能力的证据,说明先履行方据此证据决定停止履行行为,告知后履行方在一定期限内可担保或采取其他措施,以及后履行方不提供担保时将会采取的进一步措施等。其次,对于"及时通知"中"及时"的标准具体是什么,传统大陆法系国家或地区未有相关规定,我国《合同法》对此也未涉及。不安抗辩权是为保障先履行方的利益而设立的,是否行使不安抗辩权也是先履行方的个人意愿,先履行方何时行使权利并不应强求,但是,一旦先履行方决定行使不安抗辩权,则其应当尽可能早地通知对方,而不能无限制地随意拖延,因为不安抗辩权的行使对后履行方也有影响,关系到后履行方之后采取相关措施。[①]

(2)举证,《合同法》第68条规定"应当先履行债务的当事人,有确切证据证明对方有下列情形之一的,可以中止履行。"从法律的这条规定可以看出先履行义务一方行使不安抗辩权负有举证责任。举证的内容是后履行义务一方丧失或者可能丧失履行债务能力的情形。并且,根据我国法律规定,先履行义务方的举证必须达到"确切"的程度,如果没有"确切"的证据先履行义务方就中止履行合同,在其履行期限到来后可能就要承担违约责任。我国《合同法》中关于先履行方的举证责任问题参照了传统大陆法

---

① 高海军:《论不安抗辩权》,山东大学2005年硕士论文。

系国家或地区不安抗辩权制度的规定,但标准与传统大陆法系国家或地区的要求是不同的。在传统大陆法系国家或地区,抗辩人只要证明对方的"财产显形减少"到令人以为将不能履行债务的就可以行使不安抗辩权,无须证明"财产显形减少"的直接原因,传统大陆法系国家或地区允许当事人有较高程度的主观判断,属于主观标准,其举证责任较轻。而我国《合同法》规定先履行方必须有"确切证据"证明对方有法律规定的四种情形时,才能主张行使不安抗辩权,这是一种客观标准,举证责任相对来说要重得多。

(三)先履行抗辩权的概念和构成要件

我国《合同法》第 67 条之规定在我国学说上被称为先履行抗辩权制度(亦有称之为后履行抗辩权)[①]先行履行抗辩权是指双务合同中义务在后履行的当事人,在对方先行履行的当事人对待未给付或给付不符合约定时拒绝自己的给付的权利。按照我国《合同法》第 67 条之规定,先履行抗辩权的构成要件主要包括以下几点。

1. 双方当事人必须互相负有债务,并且有先后履行顺序

这是对行使先行履行抗辩权主体状态的认定,如甲乙双方订立合同约定由甲方于同年 10 月 1 日提供原材料给乙方,乙方在收货后十日内付清款项。甲方履行在先,乙方履行在后。如果当事人之间没有互负债务,一方只享受权利,另一方只负有债务,或者当事人虽互负债务,但合同中规定同时履行债务,那么,任何一方的当事人就无权行使先行履行抗辩权。

2. 享有抗辩权的一方是在后履行债务的一方当事人

这是对行使先行履行抗辩权主体资格的确认,这说明在前履行债务的当事人不具有该项权利的资格。

---

① 王利明:《违约责任论》,中国政法大学出版社,2005 年版,第 87 页。

3. 先行抗辩权的行使是在后履行的期限到来时

这是行使先行履行抗辩权的时间条件。如果一方没有按期履行义务,一方就无权要求另一方履行义务。由于一方的违约行为引起另一方运用法律手段行使抗辩权,拒绝自己履行的合同义务,而且,另一方的行为会受到法律的确认和保护。

4. 必须是在先履行的一方当事人未履行债务,或履行不符合约定

这是产生先行履行抗辩权的背景状况,这个条件表明先行履行抗辩权,只能在先履行义务的当事人违约的情况下,为了保护后履行债务的当事人利益时而行使的一项权利。如果在先履行债务人按约履行了义务,该抗辩权就归于消失,在后履行的债务人就必须履行自己的给付,否则,应承担逾期的违约责任。

(四)圣亚达公司行使不安抗辩权的条件不成就构成违约

圣亚达公司主张永道公司与三杰公司正在就涉案房屋进行诉讼,故而行使不安抗辩权,中止履行合同义务,不存在逾期付款的违约行为。不安抗辩权的行使需要具备以下要件。

(1)须双方互负债务,圣亚达公司与永道公司在 2011 年 6 月 30 日签订《购房协议》一份,约定永道公司将其所有的八套房产出售给圣亚达公司,总价款 36428070 元。因此圣亚达公司与永道公司互相负有债务,具备双务合同之要件。

(2)须双方当事人履行具有先后顺序,该双务合同具有先后履行顺序,具备先后顺序之条件。

(3)圣亚达公司在履行期限届至时,没有证据证明永道公司不能履行合同义务,不具备不安之状况。圣亚达公司的最后一期付款义务截止日期为 2011 年 12 月 30 日,而永道公司与三杰公司起诉发生在 2012 年 5 月,即圣亚达公司并无证据证明在付款期届满前,永道公司具有无法履行合同的情形。因此圣亚达公司

不具备不安之状况。

（4）圣亚达公司在中止履行先合同义务时，没有及时通知永道公司，没有履行及时通知义务。法律规定当事人一方行使不安抗辩权中止合同履行的，应当及时通知对方，而圣亚达公司并未提交证据证明其就不安抗辩权的行使通知了永道公司即没有及时履行通知义务。

综上圣亚达公司行使不安抗辩权的条件不完备，其行为不符合不安抗辩权的构成要件，不发生不安抗辩权的法律效果。圣亚达公司的行为已经违反合同约定，应承担违约责任。

（五）永道公司行使先履行抗辩权的条件不成就构成违约

永道公司与汤景波不服一审判决提起上诉，在上诉中永道公司提出圣亚达公司未能按时履行付款义务，永道公司根据法律规定具有行使先履行抗辩权，不存在违约情况的主张。行使先履行抗辩权需要具备以下要件。

（1）永道公司与圣亚达公司互负债务，并有先后履行顺序，具备双务合同之要件。

（2）永道公司是后履行债务的一方当事人，具备行使先履行抗辩权的主体资格。

（3）永道公司履行合同义务的期限已届至，具备了履行期限条件。

（4）圣亚达公司没有完全履行合同义务，具备了先义务没履行要件。

综上可知，永道公司虽然满足了行使先履行抗辩权的构成要件，但永道公司并不能因此而证明自己没有构成违约。因为永道公司违反了目的要件，永道公司已无法履行约定义务，事实履行不能，构成根本违约。

根据圣亚达公司与永道公司于 2011 年 6 月 30 日签订的《购房协议》的约定，永道公司应当与三杰公司就涉案房屋签订合同、以确保其与圣亚达公司《购房协议》的顺利履行。而永道公司根据该协议的约定与案外人三杰公司就涉案房屋签订合同后,其与三杰公司又对合同产生争议并提起诉讼,根据该案的终审判决,永道公司与圣亚达公司已不可能按该《购房协议》约定的方式履行。即以一手交易的优惠方式购买《购房协议》中的八处房屋,导致合同的根本目的不能实现。永道公司违反了目的要件,永道公司已无法履行约定义务,从而事实履行不能,构成违约。因此二审法院认为根据永道公司与三杰公司签订合同的履行情况及诉讼情况,永道公司实际存在不能按其与圣亚达公司《购房协议》的约定履行义务的情况,应当承担违约责任,符合法律规定。

二、定金的适用合法

(一)定金概念及构成要件

1. 定金概念和种类

定金制度是世界各国商法普遍予以认可的一项债权担保制度。我国现行法律也分别在《中华人民共和国民法通则》《中华人民共和国担保法》《中华人民共和国合同法》等法律、法规中,明文规定了定金制度。但由于我国法律条文关于定金的规定比较概括,在司法实践中对具体案件的处理会产生不同的结果。"定金,乃是一缔约人向他缔约人,因缔结契约及确保契约履行所为之给付。"亦有学者认为"定金者,乃以确保契约之履行为目的,由当事人之一方交付他方之金钱或其他代替物也。"所谓定金,是指合同当事人为确保合同的履行,依据法律和合同的规定,由一方当事人向对方当事人事先按合同标的额的一定比例预先给付金钱。"定金制度的产生有其必然性,因为相对于其他担保方式(抵押、质押等)有其独特的性质,即它的双倍惩罚性,这样严格限制的规定可以大大减少违约事件的发生,对债的顺利实现起到不可或缺的作用"①定金主要适用于合同债务,当事人在订立具体合同时出于不同的需要,往往会在约定定金条款时附加相应的条件或限制,因实践中定金条款的不同应用,所以定金可分为以下几类。

(1)立约定金。所谓设立定金是为担保合同订立。交付定金的一方无正当理由拒绝订立合同时,丧失定金;收取定金的一方无正当理由拒绝订立合同时,双倍返还定金。

(2)成约定金。所谓成约定金是指交付定金作为合同成立或生效要件的。自交付定金时起认定合同成立,虽然交付定金的一方未支付定金,但主合同已履行主要部分或者全部履行完,不会影响到主合同的成立和生效;合同进入履行阶段后,成约定金予以返还或作为合同给付的一部分。

(3)证约定金,所谓证约定金是指以定金的交付作为合同成立的证明,此类定金不是合同成立的条件,而仅仅是以证明合同成立为目的。因为定金合同是为保证主合同履行而设立担保的从合同,从合同是以主合同的存在为前提的,定金合同又是实践合同,交付定金和收受定金的事实足以证明主合同的存在。特别是口头合同,在当事人是否存在合同发生争议时,主张合同存在的当事人一方举出交付和收受定金的事实就可以证明当事人双方存在合同。只要定金关系确立了,在定金所担保下的债权、债务关系一旦不能实现,没有履行义务的一方当事人就应当承受定金罚则的不利后果。

(4)违约定金。所谓违约定金是指不履行合同义务是交付定金的一方,而接受定金的一方没收定金。不履行合同义务是接受定金的一方,应当双倍返还定金。《中华人民共和国民法通则》第89条第3款规定:"当事人一方在法律范围内可以向对方给付定金,债务人履行债务后,定金应当充抵价款或收回。给付方不履行债务的,无权要求返还定金,接受定金的一方不履行债务的应

---

① 李君:《论定金制度》,《知识经济》,2011年第4期,第14页。

当双倍返还定金。"《中华人民共和国担保法》第89条规定："当事人可以约定一方向对方交付定金作为债的担保。债务人履行债务后,定金应当抵作价款或收回。给付定金的一方不履行约定债务的,无权要求返还定金,收受定金的一方不履行约定的债务的,应当双倍返还定金。"《中华人民共和国合同法》第116条规定:"当事人既约定违约金,又约定定金的,一方违约时,对方可选择适用违约金或定金条款。"如果当事人选择了定金条款来约束并保证合同的履行。那么此时定金的角色已经改变,它已变成实际意义上的金钱,充当了违约金的角色。定金罚则通过其运作过程的描述体现了定金的性质,其中最核心的条件规定就是"不履行约定的债务",不履行是违反合同约定的方式的一种,即带有违约色彩。我国法律规定的定金罚则是以不履行约定债务为前提的,它不仅适用给付定金方,而且也适用收受定金方,这样其调整的对象是双方所表现的意志,是合意而不是单方意志,即双方为合同实现所承诺。上述法律条文虽然表述不同,但其核心内容反映了定金的基本性质是违约定金。

(5)解约定金,所谓解约定金是为行使合同解除权而付出的代价。关于解约定金,可作为合同所附的解除条件,抛弃定金而解除合同,是交付定金一方的权利,而接受定金的当事人也可以双倍返还定金来解除合同。"持这种观点的人认为,我国现行法律规定的定金的性质应为解除定金,因为只有当事人一方不履行合同导致解除合同关系时,才受失去或双倍返还定金罚则的制裁。如果合同关系不解除,双方都要受原合同的约束,当然存在继续履行的问题,若双方继续履行合同,那就不称其为不履行了,而只能认为是不适当履行或迟延履行,在此情况下,定金仍可收回或抵作价款。需要补充的是,单纯认定我国法律上规定的定金为解除定金似乎欠妥,但若以法律未明确指明而否定我国定金具有解除定金的作用,更是不可取的,因为法律也同时未规定我国定金不视为解除定金。准确地说,根据定金罚则,我国定金客观上起着解约定金的作用"。①

2. 定金合同的构成要件

定金合同是合同当事人在订立主合同时,为了保证主合同的履行,签订从合同约定一方当事人预先支付给对方一定数额的货币,债务人履行债务后,定金应当收回或者抵作价款的一种担保合同。根据我国法律规定,定金合同属于从合同、要式合同、实践合同。同时,定金合同具有定金罚则的效力。定金合同的成立,除应具备当事人意思表示真实等合同成立的一般要件外,还应当具备以下特殊要件。

(1)定金合同以主合同的有效成立为其成立的必要前提。主合同有效成立,才能够给定金合同的成立提供前提条件。主合同不成立,或者虽成立但欠缺生效要件而未能生效,尽管定金合同因双方当事人的要约、承诺而达成一致,但因主合同的不成立,定金合同也不能成立。

(2)定金合同须以定金的交付为成立要件。如前所述,定金合同是实践性合同,应依定金的交付而产生定金法律关系。如果定金没有交付,即使订有定金合同或合同中存在定金条款,也不成立。

(3)定金合同须以货币为标的且不能超过法定限额。以定金为担保的债权,应当以金钱为标的,即为请求支付价款或酬金的债权,因而决定了定金合同的标的只能是货币,且《担保法》第91条规定,定金的数额不得超过主合同标的额的 20%,超过的部分无效。

3. 定金罚则的适用条件

所谓定金罚则,就是给付定金的一方不履行约定的债务的,无权要求返还定金;收受定金的一方不履行约定的债务的,应当

---

① 吴访非、唐日梅:《论定金的性质及其适用》,《沈阳教育学院学报》,2004 年第 4 期,第 139 页。

双倍返还定金。由于违约定金是生活中最常见的定金形式,《担保法》及其司法解释对此作了专门规定,明确了违约定金罚则的适用条件。①必须有违约行为的存在。违约行为的存在,是适用定金罚则的前提。违约行为是指不按合同约定履行债务的行为,其表现形式是多种多样的,但这里所说的违约行为是指根本违约行为,即指致使合同目的落空的违约行为,包括不能履行、迟延履行及不完全履行等多种形态。②必须有合同目的落空的事实。合同目的落空即合同目的不能实现,是适用定金罚则的基本条件。这里的合同目的仅指主合同的直接目的和主要目的。③违约行为与合同目的落空之间有因果关系。违约行为或合同目的落空,并不必然导致定金罚则的适用,只有二者同时具备且存在因果关系时方可适用,即只有因违约行为致使合同目的不能实现时,才能适用定金罚则。

(二)永道公司符合定金适用条件

圣亚达公司在诉讼中请求永道公司返还圣亚达公司支付的购房定金8803070元,后圣亚达公司增加诉讼请求,要求永道公司双倍返还定金7285614元。法院最终判决永道公司返还圣亚达公司购房款8803070元,定金7285614元。根据定金罚则的适用条件分析如下:①圣亚达公司与永道公司签订《购房协议》合同成立有效,满足了主合同有效成立要件。②2011年6月30日,圣亚达公司与永道公司签订《购房协议》一份,约定永道公司将其所有的八套房产出售给圣亚达公司,同日圣亚达公司按约定支付永道公司定金8803070元。因此圣亚达公司已交付了定金,满足了实践性要物性的条件。③合同的总价款为36428070元。按照最高人民法院关于适用《担保法》若干问题的解释第一百二十一条之规定,当事人约定的定金数额超过主合同标的额百分之二十的,超过的部分,人民法院不予支持。本案定金的最高数额应为7285614元,超出部分不能认定为定金。圣亚达公司向永道公司交付了金钱,但超过了法定数额,满足了标的为货币要求。但超过部分不能算作定金。故永道公司应另行向圣亚达公司支付定金 7285614 元。④永道公司存在违约行为,且不能实现合同目的。综上定金罚则条件已完全具备,对永道公司适用定金罚则是正确的。

三、圣亚达公司与永道公司签订的《购房协议》符合解除条件

(一)合同解除的概念及法律特征

合同解除,是在经济合同有效成立后,依当事人双方的协议,或者当法定或约定的解除条件具备时,依当事人一方或双方的意思表示,使合同关系自始消灭或向将来消灭的行为。① 根据合同法的一般规定,合同签订生效后,双方当事人应严格按照合同的约定履行自己的义务,但在出现某些特定的因素导致合同目的的实现已经成为不可能时,法律例外地授予当事人合同解除的权利。合同解除既可以是单方法律行为,又可以是双方法律行为,是合同有效成立后,当具备解除条件时,因当事人一方或双方的意思表示而使合同关系自始消灭或向将来消灭的一种行为。② 合同解除的法律特征主要体现为以下几点。

1. 合同解除源于有效成立的合同

合同一经成立生效,当事人就应受其约束,不能随意解除合同,当合同履行发生障碍,导致失去合同目的实现的可能时,当事人可以通过解除合同的方式提前终止双方的权利义务。行使合同解除权的前提必须是合同已经有效成立,合同成立尚未生效阶段能否产生解除权,学术界有不同的观点。但通说认为,"已经成立尚未生效的合同对当事人没有发生效力,通常不发生违约等问

---

① 赵晖:《简论不安抗辩权的司法适用》,《法制与社会》,2011 年第 3 期,第 34 页。
② 王利明、崔建远:《合同法新论》,中国政法大学出版社,2002 年版,第 438 页。

题,因此无从提出解除。"

2. 合同解除必须符合法律规定的限制性条件

这种法律强制性的限制,有助于保障正常的经济活动秩序,避免滥用解除对合同效力稳定性的破坏。对合同解除的限制可以分为法律规定的和当事人约定的两类。法定解除包括一般的法定解除条件(《合同法》第94条)第94条明确规定:有下列情形之一的,当事人可以解除合同:①因不可抗力致使不能实现合同目的的;②在履行期届满之前,当事人一方明确表示或者以自己的行为表明不履行主要债务的;③当事人一方迟延履行主要债务,经催告后在合理期限内仍未履行的;④当事人一方迟延履行或者有其他违约行为导致不能实现合同目的的;⑤法律规定的其他情形。我国合同法没有明确规定"根本违约"或"重大违约"等,和特别的法定解除条件(《合同法》第164条、第219条)。

3. 合同解除必须有解除行为

日本等国家的民法采用的是不以体现当事人的意志为必要的自动解除方式,我国《合同法》并未采取这种方式。当具备合同解除的条件时,是否解除合同交由享有解除权的一方当事人选择,如果选择解除合同,须以通知合同相对方的方式而做出。这种法律行为的做出使合同解除的时间节点是自通知到达对方时。这个节点非常重要,例如违约方违反约定使用合同标的物的行为,在合同解除前称为违约行为,该行为延续到合同解除后便成为一种侵权行为。实践中在合同违约涉及双方利益重大时,守约方为了在诉讼中便于举证,通常会对通知的送达进行公证。因发生情事变更解除合同是一种例外,不是依据当事人的行为而是由法院根据具体情况确定是否解除。

4. 合同解除后合同中约定的权利义务当然终止

合同权利义务终止是否意味着合同关系的消灭,学说上对解除合同后合同关系的存废问题上存在争议。"在当事人有约定的情况下,只要这种约定没有损害国家利益和社会公共利益,就应尊重当事人的这种约定;当事人若没有特别约定,合同解除的效力应依据《合同法》第 97 条的规定而具体确定。"我国合同法第 97 条规定:"合同解除后,尚未履行的,终止履行;已经履行的,根据履行情况和合同性质,当事人可以要求恢复原状、采取其他补救措施,并有权要求赔偿损失。"①

(二)圣亚达公司与永道公司签订的《购房协议》应当解除

圣亚达公司主张永道公司的违约行为已经导致其不能实现订立合同的根本目的,请求解除双方签订的《购房协议》;永道公司反诉称圣亚达公司未足额支付购房款项,应承担支付逾期违约金和继续履行合同的违约责任,请求圣亚达公司与永道公司继续履行已签订的《购房协议》。纵观本案的《购房协议》符合合同解除的法律要件:其一,圣亚达公司与永道公司签订的《购房协议》合法有效。其二,合同目的不能实现。2011 年 6 月 30 日,圣亚达公司(乙方)与永道公司(甲方)签订《购房协议》一份,协议约定甲方将其拥有的青岛三杰房地产开发有限公司开发的八套网店房以 3642.807 万元(不含税)的价格销售给乙方。乙方在六个月内交足房款后,甲方根据协议由三杰公司和乙方协助甲方撤销网签合同,然后由三杰公司直接把甲方所购买的房产交给乙方。由此可知,圣亚达签订《购房协议》的根本目的是以一手房交易的优惠方式购买八处房屋。协议履行过程中,2012 年 5 月永道公司起诉三杰公司,要求履行三杰公司与永道公司就上述八处房产签订的房屋买卖合同,协助永道公司办理涉案房屋的过户手续。2013 年 10 月终审判决令三杰公司协助永道公司办理涉案 8 处房屋的房产过户手续,该判决与圣亚达公司、永道公司签订的《购房协议》中约定的,由三杰公司和永道公司先行解除网签后向圣亚达公司

---

① 李永军:《合同法》,法律出版社,2004 年版,第 631 页。

交付房屋的约定不一致,而由此产生的相关税费差距巨大,因此永道公司已违反合同约定。圣亚达公司请求解除合同,符合《合同法》第九十四条的法定解除条件即当事人一方迟延履行或者有其他违约行为导致不能实现合同目的的。其三,有解除行为。圣亚达公司在起诉中提出解除合同,通过法院将起诉状送达给永道公司,等于行使了解除行为。合同解除后合同权利义务终止履行,违约方将承担违约责任。综上可知圣亚达公司与永道公司签订的《购房协议》应当解除。

四、圣亚达公司转让给汤景波的债权合法有效

(一)债权转让的概念及法律特征

债权转让,是在不改变债的内容的前提下,债权人将债权转让给第三人的一种法律制度。[①] 债权转让仅存在于合同当中,即合同权利的让与,指合同一方将合同的权利全部或部分地转让给合同以外的第三人。

债权转让的法律特征有三个:首先,债权转让不改变债权的实质,由债权人将债权转让给第三人。因而在债权转让合同中,合同主体仅仅限制于债权人与第三人双方协商约定,而不包括承担还款义务的债务人。其次,债权转让既可以是全部的转让,也可以是部分的转让。在债权全部转让时,原合同关系消灭,而发生了一个新的合同关系。而部分转让的合同约定中,受让人(也就是第三人)会作为新的债权人,参与原债务合同关系,并在法律地位上与原债权人享有同等权利。最后,转让合同的标的具体为具有可转让特性的某种债权。

(二)债权转让的构成要件

债权转让的目的就是使原债权人脱离原有债的关系,而由受

---

① 裴丽萍:《论债权让与的若干基本问题》,《中国法学》,1995年第6期,第71页。

让人取代原债权人的法律地位,成为该债权的真正权利人。但是,这一目的可能会因为某些事由而部分或全部无效:其一,让与本身可能有瑕疵,它可能自始无效或被一方当事人宣布撤销;其二,尽管当事人之间的协议是合法有效的,但欲让与的债权可能在本质上是不能让与的;其三,可能会因缺少必要的形式要件,使得尽管让与在让与人和受让人之间仍然有效,但无法对债务人或其他第三人发生效力;其四,债权转让的让与人可能没有处分权①。故有必要确定债权转让的构成要件。债权转让,即债权因一定行为而移转之事实。引起债权转让的事由是原债权人与债权受让人订立债权转让合同,而要确认债权转让合同是否已经生效,笔者认为应围绕债权转让合同的生效要件来做出判断。②

1. 须存在有效的债权且该债权转让不得增加债务人负担

债权转让实质上是以债权债务合同中债权人依法所享有的债务权利,以之为标的,债权人与第三人之间达成的基于债权转让的新合同契约。作为有效合同的一种,债权转让合同必须依法订立,且具有相应的法律效力。如果没有合法的债权,该"债权转让"合同便会因标的不合法而导致无效,更不可能有有效的合同债权可以转让。由于债权转让关系到债务人利益,对于债务人而言,债权转让仅仅是债务履行的对象发生了改变,而债务的质和量并不因此而变,所以转让人在转让债权时,不得影响债务人原有的债务情况。在债权转让关系中不得增加债务人的既有义务,如因债权转让使得债务人的债务增多,债务人可对此提出抗辩。

2. 须有有效的债权转让协议

债权转让是转让人同受让人以双方之间的债权转移为标的所达成的一份新的合同,即相当于转让人因为一个原因行为同原

---

① 袁正英:《债权转让制度研究》,武汉大学 2011 年硕士论文。

② 安翊青、张骏:《债权转让通知法律效力辨析》,《政治与法律》,2010 年第 11 期,第 148 页。

受让人签订了一份新的协议,必须以平等协商为基础达成共识,是基于平等法律地位的一种民事法律关系,因此必须符合民事法律的相关规定,即合同生效的要件是以协议双方达成合意为标志,不以订立书面合同为必要。

3. 债权须具有可转让性

债权转让的法律实质是债权的有效转移,即转让协议的标的必须是具有可转让资格的债务权利。《中华人民共和国合同法》第 79 条对债权转让进行了明确又具体的规定和限制,明确提出了债权转让关系中的标的物必须是依法享有自由转移或者有条件转移的合法债权,而不包括依法或按照原债务合同约定的不得进行转让的债务权利。对这一表述要从以下方面进行理解:首先,合同中双方当事人明确约定不得转让的债务权利。该类权利本身具有转让的资格,只是当事人之间有约定限制该项债权的转让。但是从合同关系的本质内容来看,这种约定的约束力只是局限于原债务合同双方当事人,并不能对抗原合同以外的第三人。就是说原债务合同中约定不得转让的债权,债务人无权不得转让协议的约定,仍然可以转让债权。原债务人仅能就债权人的权利转让行为提起违约抗辩,向债权人主张违约责任,但这是另一个法律关系了;其次,相关法律明确规定不具备转让条件的债权不得转让。法律规定不得转让的债权,在我国主要指民事单行法律、行政法规中所规定的不得转让的债权。《合同法》第 272 条规定,承包人不可以将全部工程直接转包给第三人,或者对建设工程进行分解以分包名义转包给他人。《担保法》第六十一条最高额抵押的主合同债权不可转让。最后,依据合同性质不得转让的债权不能转让。同类型的不可转让的债权中,还有关于个人信任关系发生的类型。比如雇佣、租赁、委托等等合同发生的债权,如果进行转让,很可能造成债权人利益的损失。还有部分是专门设定的债权。例如专向特定人讲授外语的合同债权,如果发生转让,那么当事人就无法得到其预期想要得到的外语教学服务。

4. 债权转让形式合法且内容不损害公共利益

此处所指合法,是债权转让的内容与形式不得与相关法律相抵触。《民法通则》第五十六条规定,对于民事法律行为的形式,可以是书面形式、口头形式以及其他形式。《合同法》第 87 条规定,法律、行政法规对转让权利要求办理批准或者登记的,按照法规内容来进行,否则债权转让行为无效。《城市私有房屋管理条例》规定,私有房屋的买卖、赠与等行为,一定要采取书面形式来确认,此类材料必须交由房管机关进行合法性的审查,再登记过户。再有《专利法》规定,当事人在进行专利申请权和专利权的转让行为中,一定要制定书面合同,并且经过主管部门批准核实,国家专利局同样要进行登记与公布。然而对于此类书面合同,王泽鉴教授的《民法概论》中,认为当事人的同意就代表债权转让契约的成立,书面合同不是必要手续。即该契约经双方口头约定即可成立。具体债权转让不能损害社会公共利益。除上述要件以外,债权转让要对债务人生效,必须还得通知债务人。

(三)圣亚达公司转让《购房协议》中债权效力的评析

圣亚达公司于 2013 年 10 月 30 日与汤景波签订《债权转让协议》,内容为"经对账,青岛圣亚达投资有限公司截至 2013 年 10 月 30 日共欠汤景波本金 8000000(捌佰万元整),未包括利息和违约金损失款项。因圣亚达公司于 2011 年 6 月 30 日与青岛永道国际贸易有限公司签订了一份购房协议,约定永道公司出售给圣亚达公司八套房屋共计 36428070 元,圣亚达公司已经支付定金 8803070 元,但永道公司未履行协议,圣亚达公司已经向法院起诉永道公司要求返还定金并承担违约责任。现圣亚达公司将上述购房协议的全部权力转让给汤景波(包括诉讼请求的全部数额),本协议签订后,青岛圣亚达投资有限公司与汤景波之间的债权债务全部了结。"

该债权转让协议具备了有效要件。其一,转让的《购房协议》

是合法有效并且没有增加合同当事人永道公司的债务负担;其二,《债权转让协议》是圣亚达公司和汤景波在平等协商的基础上签订的合同,双方当事人的意思表示真实;其三,该债权转让的履行标的物为货币,具有可转让性;其四,该债权转让形式合法且内容不违反法律的强制性规定,不损害社会公共利益,转让协议合法有效;其五,《债权转让协议》签订之后,2013 年 11 月 20 日圣亚达公司向永道公司送达了债权转让通知,即圣亚达公司履行了债权转让的通知义务。综上所述,圣亚达公司转让给汤景波的债权符合法律规定的债权转让的构成要件,债权转让行为合法有效。

结语

圣亚达公司诉永道公司房屋买卖纠纷一案,结合不安抗辩权和先履行抗辩权的构成要件、定金罚则的适用、合同解除的法律特征和违约责任的构成,及债权转让要件的分析,法院认定圣亚达公司和永道公司均存在违约行为的认定是正确的,判决各自承担违约责任的评价符合法律规定。法院认定圣亚达公司与汤景波的《债权转让协议》合法有效的评判正确。对于违约责任的认定和债权转让效力的认定符合法律规定,判决适当合法。

程亚辉诉甘肃四建、孙学华买卖
合同纠纷案评析①

引言

2011 年 11 月 26 日,程亚辉(新疆焦煤(集团)有限责任公司退休职工)与甘肃第四建设集团有限责任公司(以下简称甘肃四建)的项目经理孙学华签订一份《砂石料及水泥买卖协议》。协议约定,程亚辉按当月的最低市场价格向甘肃四建的工地供应砂石料和水泥。孙学华每月以网银的方式支付货款。协议签订后程亚辉即开始履行合同。截至 2013 年 4 月 14 日甘肃四建项目部累计拖欠货款 903791 元。程亚辉诉至乌鲁木齐市达坂城区人民法院,请求判令甘肃四建及孙学华共同支付货款 903791 元及利息 28109 元,并承担 2013 年 7 月 1 日至 2013 年 9 月 8 日的违约金 361516 元。程亚辉诉甘肃四建、孙学华买卖合同纠纷一案,2013 年 12 月 10 日乌鲁木齐市达坂城区人民法院做出(2013)达民一初字第 102 号民事判决,判决孙学华支付程亚辉货款 903791元和违约金 12866.64 元。一审宣判后,程亚辉不服,向乌鲁木齐市中级人民法院提起上诉。2014 年 8 月 12 日,乌鲁木齐市中级人民法院做出(2014)乌中民二终字第 214 号民事判决,驳回上诉,维持原判。二审判决后,程亚辉仍不服,向新疆维吾尔自治区高级人民法院申请再审。2015 年 2 月 11 日,新疆维吾尔自治区高级人民法院做出(2015)新审二民提字第 342 号民事判决,撤销

---

① 感谢张曼同学为该文资料和文字整理付出的努力。

乌鲁木齐市中级人民法院(2014)乌中民二终字第 214 号民事判决及乌鲁木齐市达坂城区人民法院(2013)达民一初字第 102 号民事判决,改判甘肃四建向程亚辉支付货款 903791 元及违约金 12866.64 元,驳回程亚辉的其他诉讼请求。本案争议焦点主要有:一是程亚辉与孙学华签订的《砂石料水泥买卖协议》是否成立;二是程亚辉与孙学华签订的《砂石料水泥买卖协议》是否有效;三是孙学华以甘肃四建项目部名义对外与陈亚辉签订的《砂石料水泥买卖协议》是否构成表见代理;四是程亚辉诉请违约金及违约金的金额是否合理。

一、合同的成立及构成要件

(一)合同成立的概念

合同的成立是指订约当事人就合同的主要条款达成合意。合同成立是指合同关系事实上已经存在,合同内容已经固定,缔约阶段已经完成的一种合同状态。我国《民法通则》第 85 条规定:"合同是当事人之间设定、变更、终止民事关系的协议。"《合同法》第 2 条规定:"本法所称合同是平等主体的自然人、法人、其他组织之间设立、变更、终止民事权利义务关系的协议。"合同的成立意味着各方当事人的意思表示一致。《合同法》"合同的订立"章节中规定了要约承诺规则,同时又规定"承诺生效时合同成立",实际上是以"合同成立"概念取代了"合同订立"的概念。一般情形下,伴随着要约承诺阶段的结束合同即为订立,合同的订立也就是合同的成立。但是,合同的订立与合同的成立并非一一对应关系。以下两种情形合同的订立并非合同的成立:首先,对于要物合同、要式合同、须签订确认书的合同以及当事人约定其他成立要件的合同,合同的订立仅仅构成合同成立的第一步。合同的订立仅仅具备了合同成立的一般构成要件,合同能否成立,还须视物的交付,公证、签证等形式之具备以及其他特殊成立要件是否完备而定。其次,对于当事人缺位、当事人无行为能力、不合意、缺乏订约目的等情形下所订立的合同,合同的订立并不意味着合同一定能够成立。因此,合同的订立与合同的成立明显有别。①

我国《合同法》第 12 条规定:"合同的内容由当事人约定,一般包括以下条款:(1)当事人的名称或姓名和住址;(2)标的;(3)数量;(4)质量;(5)价款或者报酬;(6)履行期限、地点和方式;(7)违约责任;(8)解决争议的方法。"值得注意的是上述条款并不是每一个合同所必须包括的主要条款。各种合同因性质不同,所应具备的主要条款也应该是不一样的。例如价款是买卖合同的必要条款,但对无偿合同来说并不需要此类条款。为了准确认定合同的主要条款,需要法院在实践中根据特定合同的性质而具体认定。合同的成立涉及了合同是否存在,未成立的合同便谈不上履行问题,更无所谓合同的变更、终止以及解释等;合同的成立还是区分合同责任与缔约过失的根本标志。在合同成立以前,合同关系尚不存在,故出于一方的过失而造成的对另一方信赖利益损失则属于缔约过失而并非合同责任;此外,合同成立的时间又是确定合同生效时间的基本标准。

(二)合同成立的条件

一般认为,合同的成立必须具备三个要件。

要有合同的当事人。订约主体应为双方或多方当事人。合同的订立是双方或多方法律行为,只有一方当事人就谈不上合意问题,因而也就根本不能成立合同。

合同的订立须经过具备法律规定的要约与承诺两个阶段。合同法第 13 条规定:"当事人订立合同,采取要约、承诺方式。"要约,是当事人一方向对方发出的希望与对方订立合同的意思表示。发出要约的一方称要约人,接受要约的一方称受要约人。承

---

① 章正璋:《对我国现行立法合同成立与生效范式的反思》,《学术界》,2013 年第 1 期,第 141~142 页。

诺是指对要约接受的一种意思表示。要约和承诺作为合同订立必须经过的两个阶段，是合同订立的一般程序，也是合同成立必须具备的基本规则。

合同当事人须对合同的主要条款达成合意。合同成立的根本标志即在于当事人的意思表示一致，即所谓合同当事人达成了合意。其实就是指合同的当事人必须就合同的主要条款业已做出了一致的意思表示。反过来说，凡对合同的主要条款意思表示不一致者，或虽经协议却尚未合意者，自然不能产生合同成立的效果。[①]

关于合同的一般成立要件，目前大陆法系的德国、瑞士、荷兰、意大利、希腊等国学界大多认为意思表示一致是合同成立的核心要件，而行为人与标的（内容）是合同成立的扩展要件。中国、日本以及我国台湾地区学界则大多认为合同的成立要件包括行为人、意思表示和标的这三项内容（三要件说）。三要件说也为我国司法实践所采纳，最高人民法院关于适用《中华人民共和国合同法》若干问题的解释（二）第1条规定："当事人对合同是否成立存在争议，人民法院能够确定当事人名称或者姓名、标的和数量的，一般应当认定合同成立。但法律另有规定或者当事人另有约定的除外。"显然，司法实践中以行为人、意思表示和标的三项要素作为判断合同是否成立的一般要件。[②]

除了合同的一般成立要件以外，基于合同的性质和内容的不同，还可以有其他特别成立要件。特别成立要件是指按照法律规定或者当事人特别约定，合同成立应特别具备的条件，如对于实践合同而言，就要以实际交付标的物为其成立要件；[③]对要式合同来说则须以完成一定的形式要件为其成立要件。

---

① 赵君琪：《论合同的成立与生效》，《新西部》，2011年第9期，第94页。
② 韩世远：《合同法总论》，法律出版社，2008年版，第117页。
③ 韩世远：《合同法学》，高等教育出版社2010年版，第136页。

（三）程亚辉与孙学华签订供货协议及还款协议成立

合同的当事人自不待言，即签订合同的程亚辉与甘肃四建、孙学华。

协议经过了要约承诺两个阶段。合同的订立具备有法律所规定的要约与承诺的过程，程亚辉作为砂石料及水泥供应商向甘肃四建的项目经理孙学华提出要约，即程亚辉按当月的最低市场价格向甘肃四建的工地供应砂石料和水泥，孙学华每月以网银的方式向程亚辉付款。程亚辉将要约内容以《砂石料及水泥买卖协议》为载体向甘肃四建提出，甘肃四建项目经理孙学华给予了承诺。《砂石料及水泥买卖协议》经过了要约承诺，双方意思表示一致合同成立。

双方就合同的内容在完全自愿的条件下达成了一致。双方约定程亚辉按当月的最低市场价格向甘肃四建的工地供应砂石料和水泥，孙学华每月以网银的方式付款，是双方在平等自愿基础上达成的协议，是双方真实的意思表示。

二、合同有效及构成要件

（一）合同有效的概念

所谓有效合同，是指依照法律的规定成立并在当事人之间产生法律约束力的合同。合同有效是指已成立的合同符合或者不违反法律的规定，获得了法律的肯定性评价，能够产生合同当事人预期的法律效果，对当事人具有法律拘束力。这种法律拘束力表现为任何一方当事人不能单方面废止一个有效成立的合同。合同是否有效是代表国家意志的法律，对体现个人意志的合同审查和干预，当法律给予其肯定性评价时合同有效，有效的合同受法律保护。至于一个有效成立的合同是否已产生当事人预期的法律效果，则要看具体的合同类型，大部分有效成立的合同，一经法律认可同时产生当事人所预期的法律效果,从而发生合同履行效力,但有些合同虽已有效成立但离法律效果的产生或合同的生效尚有一定距离。① 一般来说,合同双方当事人订立合同所追求的合同目的的实现依赖于合同的有效,只有合同有效,双方当事人通过实际的履行,才能实现其经济利益的满足。因此,合同的双方当事人一般情况下都会依照国家法律的有关规定来订立合同,确定合同内容。依法成立的合同具有法律约束力,有效合同是合同的常态。

(二)合同有效的构成要件

合同有效的要件是指合同能够按行为人意思表示的内容产生法律效果所应具备的条件。《合同法》未直接规定合同有效的要件,只规定了合同无效的原因。但是我们从现有法律的一些规定还是可以归纳出作为一个有效合同所应具有的共同特征。《民法通则》第 55 条明确规定了民事法律行为应该具备的条件,即民事行为的有效要件。根据《民法通则》第 55 条对"民事法律行为"所规定的条件来看,主要应具有以下条件:1. 行为人具有相应的民事行为能力;2. 意思表示真实;3. 不违反法律或者社会公共利益。依据一般法与特别法的关系,《民法通则》关于民事行为的规定,对于合同(双方民事行为)自然也应适用。因此,合同有效应具备以下三个要件②。

1. 合同主体须具有相应的民事行为能力

合同主体具有相应的民事行为能力的要件,又称为合同主体适格。有效合同作为一种民事法律行为,以合同主体的意思表示为基本要素,以产生一定的法律效果为合同目的。这就要求合同主体必须具有健全的理智,能够正确理解自己的行为性质和后

---

① 参见张晓远:《试论合同有效与合同生效》,《成都教育学院学报》,2003 年第 3 期,第 12～13 页。

② 参见魏振瀛:《民法》(第 5 版),北京大学出版社,2013 年版,第 147～148 页。

果,独立地表达自己的意思。即具有订立具体合同相应的民事行为能力。就自然人而言,18周岁以上的成年人和16周岁以上的被视为成年人的未成年人,只要不属于不能辨认自己行为的精神病人,都具有完全民事行为能力,具备订立合同的资格。10周岁以上的未成年人和不能完全辨认自己行为的精神病人是限制民事行为能力人。根据《合同法》第47条的规定,限制民事行为能力人可以订立纯获利益的合同或者与其年龄、智力、精神健康状态相适应的合同。订立其他合同须由其法定代理人代为实施,或者征得其法定代理人同意后才能实施。不满10周岁的未成年人和不能辨认自己行为的精神病人是无民事行为能力人,只能成为纯获法律上的利益而不承担法律义务的合同主体,订立其他合同只能由其法定代理人代理进行。

2. 意思表示真实

合同是双方民事行为,本质上是一种合意,即合同双方当事人意思表示一致,合同即成立。但成立的合同若成为有效合同还须要求合同主体的意思表示真实。所谓意思表示真实是指合同主体内心的效果意思与外部表达相一致。在判断意思表示是否真实表达内心的效果意思时,现代各国一般采用以表示主义为主,兼顾意思主义的折中主义,即根据具体情况既要考虑当事人的外部表达,也要考虑当事人的内心真意。在当事人受到欺诈、胁迫、乘人之危或重大误解等法律规定的情况下,尊重当事人的内心真意,可以由人民法院或仲裁机关依法撤销该行为。除此之外,一般以当事人的外部表达为准,来认定其真实意思。

3. 不违反法律和社会公共利益

不违反法律和社会公共利益,是指合同目的和合同内容诸事项不得违反法律和社会公共利益。这一条件又称为合法性要件,是合同有效的根本性要件。民事行为要取得法律效力必须符合法律的规定,否则只能成为无效民事行为。合同不违反法律是指不得违反全国人大及其常委会制定的法律和国务院制定的行政法规的强制性规定。至于任意性规定,合同当事人可以通过实施合法的行为改变这些规范的内容。合同不违反社会公共利益是指不得违反不特定多数人的利益,包括国家、社会和个人利益在内,及促进国家社会生存发展不可欠缺的合理秩序。

(三)合同有效的法律效果

有效合同是符合上述全部有效要件的合同,具备有效要件的合同自成立时起便具有法律约束力。有效合同的法律约束力体现在以下几个方面。

(1)双方当事人应承担相应的法律义务,已成立的有效合同在具备生效要件而生效之后,在合同双方当事人之间产生履行合同的效力,即合同所确定的权利义务开始发生。当事人取得请求对方当事人履行合同义务的请求权或者应对方当事人请求履行合同的义务。合同当事人对有效合同的第二项法律约束力的违反,固然要承担违约责任,对第一项法律约束力的违反,同样也应该承担违约责任。

(2)双方当事人不得擅自变更或解除合同,合同任一当事人片面废约都是禁止的。我国台湾学者王泽鉴先生曾指出:"所谓契约之拘束力(受契约之拘束),系指除当事人同意外或有解除原因外,不容一方任意反悔请求解约、无故撤销。易言之,即当事人一方不能片面废止契约。"

(3)合同受国家强制力保障

法律、行政法规规定应当办理批准、登记等手续生效的,依照其规定。在这里需要补充说明,合同成立与合同有效是不同的概念。[①] 合同成立后才涉及合同有无法律效力,从何时发生法律效力的问题。签订合同时,当事人的意思表示一致合同即告成立,但已成立的合同如果缺乏合同有效的要件,则合同虽然成立,也

[①] 参见岳昌茂:《论合同有效与生效的区分》,《中国校外教育》,2008年第8期,第390页。

属于无效合同。所以,合同成立是合同有效的基础,已订立的合同必须符合合同的有效要件,才有法律效力。通常听说的依法成立的合同,是指完全符合合同有效要件的合同。合同生效的时间合同有效,是对合同性质的判断,表明合同是否有必要履行。但有效合同从什么时候开始发生法律效力,则必须通过合同生效时间予以确认。合同生效时间有以下几种情况:一是合同成立时即发生法律效力,如一般的合同签字盖章后即成立生效;二是合同中有特别约定,如约定条件、期限、交付定金等,则条件成就或者期限到来,或交付定金时,合同生效;三是法律规定或当事人约定要经过鉴证、公证、登记或批准后才能生效的合同,经上述程序后,合同生效。合同效力终止的时间合同效力终止,有以下几种情况:一是合同全部履行;二是合同依法解除;三是当事人双方通过协商达成变更合同有效期或终止合同的协议。

合同如果成立后生效,则会在合同当事人之间产生法律约束力。我国《合同法》第 8 条规定,依法成立的合同对当事人具有法律约束力,当事人应当按照约定履行自己的义务,不得擅自变更或者解除合同。而且依法成立的合同,受法律保护。如果一方当事人不履行合同义务,另一方当事人可依照本条规定及合同的具体要求对方履行或承担违约责任。由于目前我国还没有建立起第三人侵害债权制度,所以如果第三人侵害合同债权时,另一方当事人只能依据《合同法》第 121 条的规定要求违约方承担违约责任,当事人一方和第三人之间的纠纷,依照法律规定或者按照约定解决。也就是说根据合同的相对性原则和现有的法律规定,有效合同的法律约束力仅限于合同当事人之间,对当事人之外的第三人并无法律约束力,没有为守约方或受害方提供更加全面、有力的保护,有待合同法的进一步的修改和完善。

(四)程亚辉与孙学华之间签订的供货协议与还款协议有效

1. 签订合同的当事人都具有民事行为能力

《砂石料及水泥买卖协议》是由程亚辉与孙学华签订的,程亚辉生于 1960 年 7 月份,孙学华生于 1965 年 9 月份,双方当事人均已达到从事民事行为能力的年龄。孙学华是甘肃四建的项目经理,程亚辉系新疆焦煤集团有限责任公司退休职工,双方当事人均没有精神障碍,都是完全民事行为能力人,符合从事民事法律行为的主体要件。

2. 双方当事人意思表示真实

真实意思表示需具备三个要素,即目的意思、表示行为和效果意思。目的意思是双方当事人订立合同的目的即内容,程亚辉作为砂石料及水泥的供应商,孙学华系甘肃四建的项目经理即甘肃四建的委托代理人,孙学华的意思表示即是甘肃四建的意思表示。程亚辉出卖砂石料和水泥,孙学华代理甘肃四建接收货物并支付货款,双方权利义务关系明确,符合目的意思的要素要求。程亚辉向孙学华用明示的方式表达了要约意思,孙学华也用明示的方式表达了接受要约的承诺,双方意思表示真实,表达方式合理。双方都愿意受合同约束的效果意思明显。综上,双方当事人所签订的协议是双方真实意思的表示。

3. 双方签订的协议没有违反法律的强制性规定

法无禁止即自由,根据《合同法》第五十二条之规定,具有下列情形之一的合同无效:(一)一方以欺诈、胁迫的手段订立合同,损害国家利益;(二)恶意串通,损害国家、集体或者第三人利益;(三)以合法形式掩盖非法目的;(四)损害社会公共利益;(五)违反法律、行政法规的强制性规定。程亚辉与孙学华签订的合同,双方没有采用欺诈、胁迫的手段,也没有恶意串通,损害国家、集体或第三人利益,也不具有其他非法的目的,合同内容不损害社会公共利益,也没有违反其他法律和行政法规的强制性规定。程亚辉与孙学华签订的《砂石料及水泥买卖协议》符合合同有效的三个构成要件,合同已经成立即有效。

三、表见代理构成要件及法律效果

(一)表见代理的概念及特征

表见代理制度是基于被代理人的过失或被代理人与无权代理人之间存在特殊关系,使相对人有理由相信无权代理人享有代理权而与之为民事法律行为,代理行为的后果由被代理人承担的一种特殊的无权代理。表见代理实质上是无权代理,是广义无权代理的一种。若无权代理行为均由被代理人追认决定其效力的话,会给善意第三人造成损害,因此,在表见的情形之下,规定由被代理人承担表见代理行为的法律后果,更有利于保护善意第三人的利益,维护交易安全,并以此加强代理制度的可信度。简言之,即本无代理权,但表面上却足以令人相信其有代理权而按有权代理对待的行为。

表见代理制度始见于 1900 年的《德国民法典》,后为日本、瑞士、台湾等大陆法系国家或地区所接受。普通法虽无表见代理的概念,但有与之同一实质的"不容否认代理"制度。我国《民法通则》规定了有权代理和无权代理的法律后果,但对表见代理制度未作规定,《中华人民共和国合同法》以前的三个合同法对表见代理制度也未作规定。表见代理制度是《中华人民共和国合同法》规定的一项重要制度。[①]《合同法》第 49 条规定"行为人没有代理权、超越代理权或者代理权终止后以被代理人名义订立合同,相对人有理由相信行为人有代理权的,该代理行为有效",这是我国立法第一次规定了表见代理制度,从而进一步完善了民法通则确立的无权代理制度。

从本质上讲,表见代理是一种无权代理、假代理,不具备有权代理、真代理的实质特征,即欠缺代理权,但具备代理行为的表面

---

① 尹田:《我国新合同法中的表见代理制度评析》,《现代法学》,2000 年第 5 期,第 114 页。

特征。① 表见代理的特征表现为:

行为人实施无权代理行为,即行为人没有代理权、超越代理权或者代理权终止后仍以被代理人名义订立合同。

相对人依据一定事实,相信或认为行为人具有代理权,在此认识基础上与行为人签订合同。相对人依据的事实包括两个方面:其一是被代理人的行为,如被代理人知道行为人以本人名义订立合同而不作否认表示;其二是相对人有正当的客观理由,如行为人持有单位的业务介绍信、合同专用章或者盖有公章的空白合同书等。

相对人主观上善意、无过失。既然属于一种无权代理,本应由无权代理人自食其果方为允当。然而不容忽视的是,由于被代理人的作为和不作为,制造了代理权存在的表面现象,并且引起了善意相对人的信赖,后者的利益关系到市场交易安全的问题。"相对人可以基于表见代理对被代理人主张代理的结果"因此设立表见代理制度的目的在于保护合同相对人的利益,维护交易安全,依诚实信用原则使怠于履行其注意义务的本人直接承受没有代理权、超越代理权或者代理权终止后仍为代理行为而签订的合同的责任。

(二)表见代理的构成要件

表见代理的构成要件包括一般要件和特别要件。

表见代理属于广义的无权代理,但仍然需要具备代理的一般要件,即:(1)无权代理人须以被代理人的名义进行民事活动,能够证明自己接受了被代理人的委托,为被代理人代行民事事务;(2)行为人一般具有相应民事行为能力,一般应是完全行为能力人,限制民事行为能力人以及无民事行为能力人所为的行为,一般是无效的民事行为,一般不能成立代理行为,也就不能构成表

---

① 单建国:《表见代理的构成、特征及法律后果》,《商品混凝土》,2006 年第 1 期,第 58～60 页。

见代理;(3)无权代理人所为的民事行为应向相对人为意思表示。[1]

构成表见代理除了需要具备上述的代理的一般要件外,还需具备特别要件[2]。

1. 须行为人无代理权

成立表见代理的第一要件是行为人无代理权。所说无代理权是指实施代理行为时无代理权或者对于所实施的代理行为无代理权。如果代理人拥有代理权,则属于有代理权,不发生表见代理的问题。

2. 须有使相对人相信行为人具有代理权的事实或理由

这是成立表见代理的客观要件。这一要件是以行为人与被代理人之间存在某种事实上或者法律上的联系为基础的。这种联系是否存在或者是否足以使相对人相信行为人有代理权,应依一般交易情况而定。通常情况下,行为人持有被代理人发出的证明文件,如被代理人的介绍信、盖有合同专用章或者盖有公章的空白合同书,或者有被代理人向相对人所作法人授予代理权的通知或者公告,这些证明文件构成认定表见代理的客观依据。对上述客观依据,依《合同法》第49条的规定,相对人负有举证责任。在我国司法实践中,盗用他人的介绍信、合同专用章或者盖有公章的空白合同书签订合同的,一般不认定为表见代理,但被代理人应负举证责任,如不能举证则构成表见代理。对于借用他人介绍信、合同专用章或者盖有公章的空白合同书签订的合同,一般不认定为表见代理,由出借人与借用人对无效合同的法律后果负连带责任。

---

① 参见王晓晨:《表见代理构成要件和类型区分》,《南开法律评论》,2015年第00期,第27～34页。

② 参见杨代雄:《表见代理的特别构成要件》,《法学》,2013年第2期,第60～70页。

3. 须相对人为善意且无过失

这是表见代理成立的主观要件,即相对人不知行为人所为的行为系无权代理行为。如果相对人出于恶意,即明知他人为无权代理,仍与其实施民事行为,就失去了法律保护的必要,故表见代理不能成立。《民法通则》第 66 条第 4 款规定,相对人知道行为人没有代理权、超越代理权或者代理权已经终止还与行为人实施民事行为给他人造成损害的,由相对人和行为人负连带责任。

4. 须行为人与相对人之间的民事行为具备民事行为的有效要件

表见代理发生有权代理的法律效力,因此,表见代理应具备民事行为成立的有效要件,即不得违反法律或者社会公共利益等。如果不具备民事行为的有效要件,则不成立表见代理。在构成表见代理的情况中,相对人相信行为人具有代理权,往往与本人具有过失有关,但表见代理的成立不以本人主观上有过失为必要要件,即使本人没有过失,只要客观上有使相对人相信行为人有代理权的依据,即可构成表见代理。①

(三)表见代理的法律后果

表见代理依法产生有权代理的法律效力,即无权代理人与相对人之间实施的民事法律行为对于被代理人具有法律约束力,被代理人与相对人之间产生、变更或消灭相应的法律关系。表见代理是指代理人虽然没有代理权,但是表面上、客观上具有使无过失的相对人相信他为有权代理人的正当理由的情况,且相对人主观上为善意且无过失,因而可以向被代理人主张代理的效力。表见代理是一种无权代理行为,是一种没有代理权的代理,它具备代理行为的表象却欠缺代理权的行为。但是,由于相对人有足够

---

① 王浩:《表见代理中的本人可归责性问题研究》,《法学论坛》,2014 年第 3 期,第 109～115 页。

的理由相信代理关系的存在,被代理人不得以无权代理为由,否认代理行为所产生的法律后果,被代理人仍然要承担相应的责任。我国《合同法》第 49 条规定:"行为人没有代理权、超越代理权或者代理权终止后以被代理人名义订立合同,相对人有理由相信行为人有代理权的,该代理行为有效。"表见代理具体法律后果主要有以下几点[1]。

1. 表见代理体现着当事人无过错条件下的选择

表见代理是指代理人没有代理权,但相对人有充分理由相信代理人有代理权,在这种情况下,相对人与代理人发生的法律行为的结果由本人承担。在表见代理的情况下,第三人必须是善意无过错的,对这一点无论是理论界还是实务界是没有争议的。

2. 表见代理是对当事人利益的法律衡平,进一步维护社会公平和正义

有的学者认为,表见代理是为了保障财产的动态安全;也有的学者认为表见代理既为了保障财产的动态安全,也为了保障财产的静态安全。

3. 表见代理是效率重于公平的体现

从表见代理的规定来看,尽管相对人有充分理由相信代理人代表本人,但实际上并不代表本人。在代理人不代表本人,本人不同意接受代理人的行为结果,而本人又无过错的情况下,让本人对代理人的行为后果负责,实质是对本人意志的一种强制。但是,另一方面,表见代理制度的建构,很大程度是因为在表见代理所设定的情况下,代理人的财产和信誉已不足以保护善意相对人的利益,本人如果不对代理人的行为负责,善意无过错相对人的

---

① 参见季秀平:《关于表见代理理解与适用的几个疑难问题》,《学习论坛》,2012年第 12 期,第 75~76 页。

权益就无法保护,财产权益势必遭到损失。因此,表见代理是在保护无过错的本人权益还是保护善意相对人的权益的两难情况下所做出的艰难选择。从两者权益的法律价值来看,不保护本人的权益仅仅是一个民事主体的损失(有的情况下还不一定有损失,如由本人与相对人全面履行一个代理人和相对人签订的一个合同),而不保护善意相对人的权益,不仅仅是影响一个善意相对人的权益问题,将影响民事主体参与市场活动的信心、改变市场主体的数量、降低市场的活动、扰乱市场的秩序、降低市场经济的效率。[①]

(四)孙学华的行为构成表见代理

根据我国《合同法》第49条对表见代理的规定:"行为人没有代理权,超越代理权或者代理权终止后以被代理人名义订立合同,相对人有理由相信行为人有代理权的,该代理行为有效。"根据该条规定,表见代理是指代理人虽然没有代理权,但因某种表面现象,足以使善意第三人相信代理人对本人有代理权而与代理人为法律行为,由此产生的法律效果依法直接归本人承担的代理。

成立表见代理的第一要件是行为人无代理权。在本案件中,孙学华与程亚辉签订的供货协议,供应砂石料和水泥适用于甘肃四建的建筑项目。孙学华作为甘肃四建的项目经理本身是无代理权的,需要四建公司法定代表人的授权。程亚辉在与孙学华签订的《砂石款水泥买卖合同》落款为工程项目部,由于孙学华并没有得到甘肃四建公司法定代表人的授权,孙学华实际并没有代理权。

须有使相对人相信行为人具有代理权的事实或理由。孙学华系甘肃四建的项目经理,第一,孙学华与程亚辉之间的合同行为是经过经营者的授权,孙学华与甘肃四建之间存在的是有雇佣

---

① 参见叶金强:《表见代理构成中的本人归责性要件—方法论角度的再思考》,《西北政法大学学报》,2010年第5期,第42~44页。

关系。第二,签署合同的这个行为是发生在工作时间、工作场所。第三,从案件来看,虽然合同上没有加盖甘肃四建的公章,但是作为孙学华本人是没有必要购买大量的建筑材料的,当时双方是以甘肃四建与程亚辉之间的名义和身份签署的。第四,从行为与职务的联系,行为的内容是符合工作需要,符合甘肃四建雇用者的目的,在为法人谋利。因此,孙学华在案件中与程亚辉之间是合同签署,是符合职务行为的。程亚辉有理由相信孙学华有权代表甘肃四建购买砂石料及水泥。

须相对人为善意且无过失。程亚辉作为砂石料及水泥供应商向甘肃四建的项目提供砂石料及水泥。孙学华系甘肃四建的项目经理,与其签订买卖协议。双方约定同意达成了供销关系,都属善意无过失。

签订合同的当事人之间的民事行为具备民事行为的有效要件。《砂石料及水泥买卖协议》是由程亚辉与孙学华签订的,程亚辉生于1960年7月份,孙学华生于1965年9月份,双方当事人均已达到从事民事行为能力的年龄。孙学华是甘肃四建的项目经理,程亚辉系新疆焦煤集团有限责任公司退休职工,双方当事人均没有精神障碍,都是完全民事行为能力人,符合从事民事法律行为的主体要件。所以,综上所述,孙学华与程亚辉签订《砂石料水泥买卖合同》的行为构成表见代理。

四、违约金的概念及适用条件

(一)违约金的概念及特征

违约金是指按照当事人的约定或者法律直接规定,一方当事人违约的,应向另一方支付的金钱。违约金的标准是金钱,但当事人也可以约定违约金的标的物为金钱以外的其他财产。违约金具有担保债务履行的功效,又具有惩罚违约人和补偿无过错一方当事人所受损失的效果,因此有的国家将其作为合同担保的措施之一,有的国家将其作为违反合同的责任承担方式。① 当事人完全不履行或不适当履行债务时,必须按约定给付对方的一定数额的金钱或者金钱以外的其他财产。违约金是合同经济方式的一种,也是对违约的一种经济制裁。违约金的设立,是为了保证债的履行,即使对方没有遭受任何财产损失,也要按法律或合同的规定给付违约金。由于违约金是当事人通过约定而预先确定,并且违约金在弥补守约方损失的同时,还具有对违约方的惩罚作用,因此,违约金具有担保属性。违约金既是一种责任形式,又是一种独特的担保合同履行的方式。在合同中约定了违约金,那么拟违约的一方就会衡量其违约的后果,如果约定了明显具有惩罚性的违约金,尤其是违约金超过了因违约而带来的利益时,任何一个理智的人都会在权衡利弊后选择继续履行合同。因此,违约金具有担保属性,且惩罚性越强,担保效力越强。

我国《合同法》中违约金的性质主要是补偿性的,有限度地体现惩罚性。我国《合同法》对违约金的规定强调违约金补偿性的理念,同时有限地承认违约金的惩罚性。一方面,违约金的支付数额是"根据违约情况"确定的,即违约金的约定应当估计到一方违约而可能给另一方造成的损失,而不得约定与原来的损失不相称的违约金数额。另一方面,如果当事人约定的违约金的数额低于违约造成的损失的,当事人可以请求人民法院或仲裁机构予以适当增加,以使违约金与实际损失大体相当。② 这明显体现了违约金的补偿性,将违约金作为一种违约救济措施,既保护债权人的利益,又激励当事人积极大胆从事交易活动和经济流转。同时《合同法》第 114 条第 2 款又规定:"……约定的违约金过分高于实际损失的,当事人可请求人民法院或者仲裁机构予以适当减少。"即一般高于实际损失则无权请求减少,这一方面是为了免除当事人举证的烦琐,另一方面表明法律允许违约金在一定程度上

---

① 参见王利民:《违约责任论》,中国政法大学出版社,2000 年版,第 643 页。

② 王晨、付朝阳:《我国现行违约金制度解析与完善》,《河北科技大学学报(社会科学版)》,2009 年第 2 期,第 55~56 页。

大于损失,显然大于部分具有对违约方的惩罚性。[①]

(二)违约金的适用条件

1. 当事人协商原则

约定违约金是指支付条件或数额由当事人在合同中约定的违约金。约定违约金体现了《合同法》第 4 条的规定即合同自由原则。合同自由原则是合同法的精髓和灵魂,反映了商品经济的运行规律,同时也是当事人意思自治原则的具体体现。我国原《工矿产品购销合同条例》和《农副产品购销合同条例》曾分别规定了法定违约金的情形,但那是计划经济时期的需要。随着社会主义市场经济的发展,依当事人的约定成为违约金条款适用的原则。我国新的《合同法》借鉴各国法律规定,规定了约定违约金,而没有规定法定违约金。此外,我国《合同法》第 116 条规定:"当事人既约定违约金,又约定定金的,一方违约时,对方可以选择适用违约金或定金条款。"可见,依我国法律的规定,当事人对违约金与定金的救济权利可以任选其一,体现了以当事人的意思自治原则。

但是这并不否认法定违约金和裁定违约金的存在。从违约金的职能及违约金的赔偿性质可以看出,国家也对违约金条款予以干预,即合同法第 114 条第 2 款中所规定的内容。因为目前还有许多当事人由于法律知识浅薄,在签订合同时,经常出现没有对违约金进行任何约定的情况,一方违约后,违约金及其具体数额或比率无法认定。特别是,在当前对于大多数当事人不懂得怎样签订合同和不知晓合同内容包括的主要条款时,公权力的介入是必然的也是必要的。

[①] 参见韩世远:《违约金的理论问题——以合同法第 114 条为中心的解释轮》,《法学研究》,2003 年第 4 期,第 19 页。

2. 赔偿性为主,惩罚性为辅

从目前我国法律的规定来看,虽然没有明确规定违约金的法律性质,但还是可以推断出:当违约金比守约方所受到的损失少(或相当)时,该违约金只具有赔偿功能;当违约金高于守约方所受到的损失时,高出的部分具有惩罚功能,此时的违约金兼有赔偿和惩罚的双重功能。但是,在承认违约金具有双重性质的同时,应强调违约金的赔偿性。按照经济分析法学派的理论,当事人在事前对风险做出充分的估计并作合理的分配,是成本最小的分配方式,而契约自由与效率是合同法的内在价值。违约金制度设计的价值目标应为:通过设定违约金,以预防违约行为的发生,维护正常的交易秩序。正如美国《合同法重述》第 2 版第 355 条下的官方评论所指:"合同救济制度的核心是补偿而不是惩罚。"当因违约造成的实际损失被弥补之后,也就无须过分强调违约金的惩罚性。当然,强调违约金的赔偿性不能完全否认违约金所具有的惩罚性,违约金制度的特殊性在于它的约定性,当事人可以约定的私的惩罚,这是其与其他民事制度的根本区别。

3. 当事人申请调整违约金数额

立法不可能对每一合同分别确定一个违约金标准,那既是不实际的,也是徒劳的。立法也不可能为各类合同以及纷繁复杂的违约情形确定同样的违约金计算标准,那同样既不符合实际,也不公平。允许当事人自由约定违约金是合同意思自治原则的体现。作为违约方,其在订立违约金条款时自愿接受该违约金条款的约定,一旦其违约,只要约定的违约金对社会公共利益没有危害性,应当严格按照约定,有效保护非违约方的利益,坚持"有约定从约定"的原则。但过分的合同自由,也会带来不适当的结果,会使违约金条款异化成为一方压榨另一方的工具。因而,对于违约金的数额,不应当完全放任。再者,违约金的数额与实际损失额应大体一致,这是商品交换等价原则的要求在法律责任上的反映,是合同正义的内容之一,是合同法追求的理想之一。既然如此,违约金的数额过高或过低时予以调整,就有其根据。根据《合同法》的相关规定,"当约定的违约金过分高于造成的损失,应当事人的申请,法院得予以调整"。人民法院的民事审理活动应受当事人请求范围的限制,表现在违约金问题上,即只有当事人申请调整违约金数额时,人民法院才可以进行调整。当然,也有个别例外情况。如当事人约定的违约金具有赌博性质、恐吓对方的情形,因而违背社会公德;或约定的违约金明显有悖于公平合理原则。对此情形,法院可主动予以调整,以维护经济正常运转。

4. 过错适用例外原则

其一,如果当事人约定违约金的成立以一方当事人有过错为要件的,依其约定;其二,我国合同法违约责任,以无过错责任为一般归责原则,以过错责任为特别归责原则。在合同法分则以及单行法规中特别规定违约责任为过错责任的场合,违约金责任的成立应当要求过错要件;其三,在适用惩罚性违约金时,原则上也要以实际的损失为依据,但是可以根据过错的程度适当地减轻或增加违约金的数额。[①]

(三)本案适用违约金是正确的

《合同法》第 114 条第 1 款规定:当事人可以约定一方违约时应当根据违约情况向对方支付一定数额的违约金,也可以约定因违约产生的损失赔偿额的计算方法。所以,违约金具有惩罚性的特征,它不以非违约方遭受损失为前提。一般来说合同违约金上限是不超过实际损失的 30%,但是如果过高或者过低是可以请求法院给予减少或者增加的。《合同法》第 114 条第 2 款规定:约定的违约金低于造成的损失,当事人可以请求法院予以增加;约定的违约金过分高于造成的损失,当事人可以请求法院适当减少。

---

① 参见韩世远:《违约金的理论问题——以合同法第 114 条为中心的解释论》,《法学研究》,2003 年第 4 期,第 20~22 页。

但是违约金是当事人双方在订约时对一方违约后可能造成的损失的一种预先估算，与违约后守约方的实际损失不可能完全相符，故此可交由法官自由裁量。法律规定预定违约金，除了给当事人施加心理压力外，也避免了违约后损失计算的麻烦和当事人证明损失大小的麻烦，使当事人能迅速确定自己应当承担的具体责任。当事人如需要法院增加违约金额或者当违约金过分高于损失时，则需承担证明损失大小的责任。[①]

程亚辉要求支付违约金的请求具有合同上的依据，但当事人之间的对账单、还款协议等交易凭证均未涉及逾期付款责任，程亚辉根据对账单、还款协议主张欠款时请求甘肃四建公司支付逾期付款违约金的，根据最高人民法院《关于逾期付款违约金应当按照何种标准计算问题的批复》解释，及《最高人民法院关于审理买卖合同案件适用法律问题的解释》第二十四条之规定，人民法院应予支持。程亚辉要求支付违约金的请求合法有据。程亚辉要求支付利息的请求，在合同当事人仅约定违约金的情况下，根据意思自治原则，守约方应优先适用违约金，而不能主张损害赔偿。程亚辉的该诉讼请求人民法院不予支持也是合理的。关于"违约则每日按所欠货款总额的5‰支付违约金"的约定，根据《最高人民法院关于适用〈中华人民共和国合同法〉若干问题的解释（二）》第二十八条、第二十九条之规定，逾期付款违约金低于逾期付款损失的，当事人可以要求增加，逾期付款违约金高于逾期付款造成损失的30%的，一般可以认定为逾期违约金过高，人民法院可以自由裁量确定。根据程亚辉所诉逾期80天的请求，参照中国人民银行同期同类贷款基准利率（年利率5.6%）上浮30%计算为12866.64元合理适当。

---

① 丁海俊：《违约金的性质和功能新论》，《西南政法大学》，2005年第3期，第82页。

刘春生诉苏杨东、新绿地公司、福星惠誉公司人身损害赔偿案评析①

引言

湖北福星惠誉学府置业有限公司（以下简称福星公司）开发建设位于武昌区沙湖的福星惠誉水岸星城，福星公司将其中的 G17 栋的玻璃装饰工程承包给武汉新绿地园林工程有限责任公司（简称新绿地公司），在施工过程中新绿地公司再次将该工程的劳务分包给无资质的苏杨东。2010 年 1 月 13 日经人介绍苏杨东雇请刘春生及其他几个工人安装 G17 栋地下车库入口处地面钢结构上的雨棚玻璃，1 月 17 日上午 11 时许，刘春生在安装玻璃时从钢结构上面掉下来致身体多处骨折，刘春生为此花去医疗费用 102379.65 元。苏杨东在支付了 80000 元的医疗费用后，拒绝继续支付医疗费用。刘春生伤情后经鉴定为五级伤残、后期医疗费 30000 元、劳动能力完全丧失、务工损失为 365 日、护理时间为 180 日。后因赔偿事宜与三被告协商未果，刘春生诉至法院，请求三被告连带赔偿各项经济损失合计 374404 元。该案经武汉市武昌区人民法院一审审理后，于 2011 年 10 月 20 日做出（2011）武区民初字第 00381 号民事判决书，刘春生不服，向湖北省武汉市中级人民法院提起上诉。2012 年 4 月 6 日，湖北省武汉市中级人民法院做出（2012）鄂武汉中民二终字第 00142 号民事判决。宣判后，刘春生仍不服，向湖北省武汉市中级人民法院申请再审。

① 感谢闫露同学为该文资料收集和文字处理所付出的努力。

武汉市中级人民法院于 2013 年 8 月 26 日做出(2013)鄂武汉中民申字第 00160 号民事裁定,驳回了刘春生的再审申请。刘春生仍不服,向湖北省人民检察院提出申诉。湖北省人民检察院认为判决确有错误,向湖北省高级人民法院提出抗诉。湖北省高级人民法院于 2014 年 8 月 18 日做出(2014)鄂监二抗再终字第 00023 号民事判决书。该案争议焦点主要是:一、苏杨东雇请刘春生就地下车库入口处钢结构上的玻璃装饰工程进行施工,刘春生与苏杨东之间形成的是承揽法律关系还是劳务雇佣法律关系;二、新绿地公司作为承包人将其承包的玻璃装饰工程分包给没有资质的苏杨东,新绿地公司是否应当对苏杨东的雇员的人身伤害承担赔偿责任;三、福星公司作为承建方和发包人是否应当对承包人非法分包的分包人的雇员人身损害承担赔偿责任;四、苏杨东、新绿地公司和福星公司是否应当对刘春生的损失负连带赔偿责任。

一、刘春生与苏杨东之间是属于劳务雇佣关系还是承揽法律关系

(一)承揽合同的概念和特征

1. 承揽合同的概念

承揽合同具有悠久的历史,最早出现于手工业发达的中世纪的古罗马法中,该法规定:"所谓承揽就是劳务结果的租赁。"①关于承揽合同的立法,我国比西方法制发展较为完备的国家晚了近两个世纪。一方面借鉴了大陆法系关于承揽合同的立法和理论模式方面的惯例规定,延承了它们在立法技术、法理精神、合同设计等方面的成熟经验,另一方面根据我国社会主义法治建设的实情,对承揽合同进行了系统的改造和优化,使之更适应我国司法

---

① 柳春雨:《雇佣与承揽合同的性质界定及侵权责任承担》,《经济研究导刊》,2011 年第 7 期,第 23 页。

实践的需求。根据我国《合同法》第二百五十一条第一款规定："承揽合同是承揽人按照定作人的要求完成工作，交付工作成果，定作人给付报酬的合同"。承揽合同中关于承揽工作的种类也通过列举的方式做出了规定，《合同法》二百五十一条第二款规定："承揽包括加工、定作、修理、复制、测试、检验等工作"。承揽人完成的工作成果被称为定作物，承揽活动在人们的生产、生活中不可或缺，诸如加工、定作、修理、印刷等，都与人们的生产、生活息息相关，所以承揽合同是现实社会生活中广泛存在的合同类型。

2. 承揽合同的法律特征

（1）承揽合同的主体既可以是法人、自然人，也可以是其他组织，还可能会出现辅助承揽人完成工作的第三人。

（2）承揽合同的目的是完成并交付一定的工作。承揽合同订立的目的是定作人能够取得承揽人完成的一定工作成果。承揽人在完成工作的过程中虽然也需要提供劳务，但劳务过程的本身对定作人没有意义，定作人只是需要合同约定的劳动结果。如果承揽人只具有提供劳务的过程，却不能交付劳动成果，是不能满足定作人的需要的。

（3）承揽合同的标的具有特定性。一般而言，承揽合同的标的（即承揽人按照定作人的要求完成并交付的工作成果）不是通过市场能够任意购买的，而是由承揽人完成的、满足定作人特殊要求的工作成果。无论是何种形态，都只能满足定作人签订承揽合同的特殊需求，对于合同之外的其他人是没有意义的，所以说承揽合同的标的具有特定性。

（4）承揽人应以自己的风险独立完成工作任务，但当事人另有约定的除外。定作人基于对承揽人的设备、技术和能力的看重，而选择承揽人按照自己的要求完成工作、交付工作成果。所以，承揽人应承担取得该工作成果可能的风险，对工作成果的完成负全部责任。如果合同中没有特殊规定，一定情况下承揽人不得将其承揽的主体工作交付或转让给他人完成。除了承揽工作中的一些辅助性工作,在必要的情况下可以交给第三人完成,但承揽人应当就该第三人完成的工作成果向定作人负责。

(5)承揽合同是双务、有偿、诺成、不要式合同。定作人有请求承揽人交付工作成果的权利和支付报酬的义务,承揽人有交付工作成果的义务和请求给付报酬的权利。承揽合同的订立,只须双方意思表达一致即可成立,对于合同的形式法律没有作要求。

(6)定作人有随时解除合同的权利。在承揽合同中,承揽标的是定作人所需求的工作成果,倘若定作人在承揽人完成劳务的过程中不再需要此承揽标的,承揽人即使按照合同完成劳务取得成果也不再有任何意义,所以法律赋予承揽合同的定作人任意解除权。但是由于承揽人是否完成劳务没有一个清晰的界限,所以此项规定也带来一系列的问题,可能使承揽人利用此任意解除权逃避违约责任。

(二)雇佣合同的概念和特征

1. 雇佣合同的概念

雇佣合同最早也出现于罗马法。在罗马法中,把劳务和物件提供给他人有偿使用,称之为租赁,具体分为三种:对物的租赁、对劳务的租赁和对劳动物的租赁。[①] 后来物的租赁演变为现代法意义上的对财产的租赁,对劳务的租赁发展为现代法中的雇佣合同,而对劳动物的租赁即是现代法中承揽合同的雏形。对于雇佣活动我国法律没有进行明确的规定,但雇佣关系和雇佣合同作为一种社会普遍存在的现象,使得对雇佣关系的调整成为我国法律必须面对的问题。在司法实践中,一般视此类社会关系为平等主体之间的民事行为,适用民法来调整。我国在制定统一的《合同法》时,试图对此做明确的规定,但最终由于各种原因没有通过。2003年12月4日最高人民法院审判委员会第1299次会议通过

---

① 赵勇峰,刘妍:《论劳务合同的类型》,《黑龙江省政法管理干部学院学报》,2008年第1期,第73页。

《最高人民法院关于审理人身损害赔偿案件适用法律若干问题的解释》第九条规定:"雇员在从事雇佣活动中遭受人身损害,雇主应当承担赔偿责任,雇佣关系以外的第三人造成雇员人身损害的,赔偿权利人可以请求第三人承担赔偿责任,也可以请求雇主承担赔偿责任。雇主承担赔偿责任后,可以向第三人追偿。"这是中国国内法律初次对雇佣做出的初略规定。① 该司法解释规定了雇主的责任,我们可以将雇佣合同定义为受雇人向雇主提供劳务,雇主支付报酬的合同。

2. 雇佣合同的法律特征

雇佣合同作为合同的一种,理所当然地具有合同所具有的一般特征。我国《合同法》第 2 条规定:合同是指平等主体之间设立、变更、终止民事权利义务关系的协议。雇佣合同属民事合同,以各方当事人的平等、自愿为基础,是双方意思表达一致的产物。雇用合同的特征主要有:

(1)主体的个人性。雇佣合同的主体可以是法人或者其他非法人组织,也可以是自然人。辨析雇佣关系的主体特征对于区分用人单位责任和雇主责任至关重要。《最高人民法院关于审理人身损害赔偿案件应用法律若干问题的解释》和《侵权责任法》都对用人单位责任和雇主责任做了区分,因此在司法实践中认定雇佣关系的主体特征就可以区分是劳动合同关系还是雇佣合同关系。在我国,雇佣合同关系的雇佣人必须是个人、家庭、农村承包经营户等,而提供劳务的一方只能是个人。

(2)主体间在签订合同时具有平等性,合同签订完成后具有管理与被管理的关系。与承揽合同、运输合同相同,雇佣合同的签订以各方当事人的平等、自愿为要件。一旦合同签订成功,雇佣合同中的雇佣人与雇主之间便形成了特定的管理与被管理、监督与被监督的关系,也就是隶属性关系,即雇佣人应当在雇主的

---

① 廖妍:《论狭义雇佣关系》,《企业家天地》,2008 年 11 月中旬刊,第 82 页。

指示和监管下完成劳务。

(3)合同标的具有特殊性。王泽鉴先生指出,雇佣以供给劳务本身为目的。[①] 所以,即便是受雇人提供的劳务没有达到雇主想要的结果,雇主也应当支付劳务报酬,这就是雇佣合同与加工承揽合同的主要区别。

(4)履行期限的随意性。雇佣合同的履行期限是不定期限的。除法律有强制性规定以外,雇佣合同的双方当事人可以根据自己的主观意愿来决定雇佣合同的履行期限。可以是特定时间、特定地点的一次性服劳务,也可以是不特定期限内的服劳务。而劳动合同一般不表现为单次提供劳务,而是固定期限和无固定期限提供劳务。

(5)雇佣合同是双务、有偿、诺成、不要式合同。在雇佣合同中,受雇人必须为雇主提供劳务,雇主则必须为受雇人支付相应的劳务报酬。雇佣合同的订立,只须双方意思表达一致即可成立。我国大部分的雇佣合同都是不要式合同,法律有特别规定的除外。

雇佣合同的这些特征在司法实践中能够确定雇佣关系成立与否,是要求雇主承担其责任的前提和基础。

(三)刘春生与苏杨东之间符合劳务雇佣关系的构成要件

雇主责任是一种替代责任,是雇员就执行雇主交付的工作,违法地给他人造成损害时,应由雇主负担的赔偿责任。[②] 雇佣关系在大多国家和地区的法律中均有规定,但是可能由于我国的社会性质,认为雇佣带有剥削的意思,所以,我国法律没有对雇佣关系做出规定,只在最高人民法院的司法解释中少有涉及,但也是一些原则性的规定。在司法实践中,雇佣关系形态各异、错综复杂,雇佣关系的界定给法院的审判工作带来很大的困难。

雇佣关系是指受雇人在一定或不特定的期间内,从事雇主授

---

① 王泽鉴:《民法债编通则》,台湾三民书局,1993年第1版,第415页。
② 何立志:《雇主责任制度研究》,《中国政法学院学报》,2006年第3期,第2页。

权或指示范围内的生产经营活动或其他劳务活动,雇主接受雇工提供的劳务并按约定给付报酬的权利义务关系。① 由此可以看出雇佣关系就是"一方提供劳务,另一方给付报酬"的社会关系。不管多么复杂的事物,只要我们把握其中的内在联系,就能够帮助我们很好地理解。我国最高院《关于审理人身损害赔偿案件适用法律的若干问题的解释》第 9 条第 2 款规定"从事雇佣活动,是指从事雇主授权或指示范围内的生产经营活动或者其他劳务活动"。国际劳工组织在其报告中对雇佣关系做了这样的规定,"不管在具体国家的具体定义是什么,雇佣关系是一个总的概念,指的是一个人,称之为雇员经常被称为工人,和另一个人,称之为雇主,之间所建立的法律关系,雇员为了获取报酬而根据一定的条件向雇主提供劳动或者服务"。② 认定雇佣关系是否存在往往从以下几个方面进行考察:一是双方是否有雇佣合同包括口头合同,二是受雇人是否获得报酬,三是受雇人是否以提供劳务为内容,四是受雇人是否受雇佣人的控制、指挥和监督。③ 本案中,刘春生按照苏杨东的要求,受其控制、指挥和监督,进行建筑工程的加工,为其提供劳务,苏杨东按约定付给刘春生报酬。符合雇佣关系的构成要件,所以刘春生与苏杨东之间构成劳务雇佣关系。

(四)刘春生与苏杨东之间形不成承揽法律关系

我国《合同法》明确规定了承揽关系,即承揽关系是承揽人按照定作人的要求完成工作,交付工作成果,定作人给付报酬的权

---

① 王世理:《试论雇佣关系与承揽关系的联系与区别》,《中国律师与法学家》,2007 年第 1 期,第 2 页。

② 黄松有主编:《关于审理人身损害赔偿案件适用法律若干问题的解释》的理解与适用,人民法院出版社,2004 年版,第 158~163 页。

③ 黄松有主编:《最高人民法院人身损害赔偿司法解释的理解与适用》,人民法院出版社,2004 年版,第 159~160 页。

利义务关系。① 承揽关系是一种典型的完成工作的法律关系。判断一个法律关系是否为承揽法律关系,从形式要件和实质要件两个方面来考察。

1. 形式要件

承揽法律关系的形式要件是指在判定一个法律关系是否为承揽法律关系时,要从形式上看双方当事人是否订立了书面或口头的承揽合同,看工作成果与报酬是否成为交易对价。如果双方当事人约定:承揽人按照定作人的要求交付工作成果,定作人支付报酬,则可视为双方存在承揽关系。

2. 实质要件

承揽法律关系的实质要件包含以下几个方面。

首先,要看双方的权利义务是否为一方提供工作成果,而不是劳务本身,另一方支付报酬。其次,要看一方完成工作成果的过程是否是独立进行的,并不需要接受另一方的控制、指挥和监督。一方是否独立完成工作成果,是承揽法律关系与雇佣法律关系的主要区别。最后,要看一方是否对另一方完成的工作成果事先约定了某种要求,而不是对另一方完成工作成果的过程事先约定了要求,并且要看另一方是否按照事先的这种要求完成并交付工作成果。

本案中,刘春生受苏杨东雇请,在苏杨东的指挥和监督下为其提供劳务,而不是工作成果,并由苏杨东支付相应报酬。很显然不符合承揽法律关系的构成,所以刘春生与苏杨东之间形不成承揽法律关系。

---

① 唐德华、孙秀君:《合同法及司法解释审判实务》,人民法院出版社,2004 年版,第 950 页。

二、新绿地公司是否应当对刘春生的人身损害承担赔偿责任

(一)新绿地公司作为承包人非法分包具有过错

《房屋建筑和市政基础设施工程施工分包管理办法》第 14 条规定:"禁止将承包的工程进行转包。不履行合同约定,将其承包的全部工程发包给他人,或者将其承包的全部工程肢解后以分包的名义分别发包给他人的,属于转包行为。"非法分包是指承包单位在承包建设工程之后不履行合同约定,直接将其承包的全部建设工程肢解后以分包的名义转包给他人。[①] 由于转包很容易致使不具有相应资质的承包者进行工程建设,从而造成工程质量低下、建设市场混乱,所以我国相关法律、行政法规都对非法分包作了相应的规定予以禁止。所以,新绿地公司作为承包人非法分包具有过错。

(二)新绿地公司作为总承包人应当对其分包业务承担责任

根据《合同法》和《建筑法》的相关规定,明确禁止承包单位将建筑工程违法分包。《合同法》第 272 条规定:"发包人不得将应当由一个承包人完成的建设工程肢解成若干部分分包给承包人""禁止承包人将工程分包给不具备相应资质条件的单位"。《建筑法》第 24 条也规定了禁止将建筑工程肢解发包,禁止违法分包建设工程。《最高人民法院关于审理建设工程施工合同纠纷案件适用法律问题的解释》第 4 条也明确地规定了建设工程违法分包行为是无效的,换句话说,违法分包的建设工程合同是无效的合同。《合同法》第 58 条规定,合同无效或被撤销后,因该合同取得的财产应当予以返还;不能返还或者没有必要返还的,应当折价补偿。

---

① 何兴:《工程建设领域非法转包、违法分包的法律界定与现实鉴别》,《建筑经济》,2010 年第 6 期,第 173 页。

有过错的一方应当赔偿对方因此所受到的损失;双方都有过错的,应当各自承担相应的责任。当出现非法转包或违法分包的情形时,人民法院可以根据《民法通则》的相关规定,收缴当事人已经取得的非法所得。发包人可以要求解除劳务分包合同,并要求非法转包人或再分包人承担违约责任或赔偿责任。所以,新绿地公司作为总承包人应当对其分包业务承担责任。

(三)新绿地公司监管不力与刘春生损害之间有因果关系

依据《建筑法》第 45 条和《建设工程安全生产管理条例》第二十四条的规定,总承包人应对施工现场的安全生产负总责。这就要求总承包人严格履行安全管理责任。但由于新绿地公司的监管不力,疏于管理,而造成分包人苏杨东雇佣刘春生从事玻璃安装的过程中,因安全措施不够而造成刘春生从钢结构上面掉下来,致头部颅骨骨折、右锁骨骨折、左第一掌骨骨折。在此过程中,新绿地公司没有尽到安全管理责任,因此,新绿地公司的监管不力与刘春生损害之间有因果关系。

(四)新绿地公司将建筑玻璃装饰工程分包给没有资质的苏杨东具有违法性

近年来,我国建筑行业飞速发展,"违法分包"的现象在建筑工程施工过程中屡见不鲜。承包人为了追求不正当的利益,往往将承包的建筑工程进行再分包,因此建筑工程施工合同纠纷问题与安全质量问题浮出水面。我国相关法律法规对"违法分包"作了明确规定。如《建筑法》第二十九条规定,合法分包应具备四个条件:①可以将承包工程中的部分工程进行分包,但实行施工总承包的,建筑工程主体结构的施工必须由总承包单位自行完成;②分包单位应当具有相应的资质条件;③除总承包合同约定的分包外,其他分包须经建设单位认可;④禁止分包单位将其承包的工程再分包。凡违反上述条件之一的,应定为违法分包。违法分包,指违反国家法律法规(建筑法、合同法、质量管理条例、安全管理条例等)对建筑工程进行分包的行为。2000 年 1 月 30 日国务院发布的《建设工程质量管理条例》第78条第三款规定了违法分包行为的几种情形。

(1)总承包单位将建设工程分包给不具备相应资质条件的单位的。

(2)建设工程总承包合同中未有约定,又未经建设单位认可,承包单位将其承包的部分建设工程交由其他单位完成的。

(3)施工总承包单位将建设工程主体结构的施工分包给其他单位的。

(4)分包单位将其承包的建设工程再分包的。

本案中,新绿地公司将建筑玻璃装饰工程分包给没有资质的苏杨东,符合违法分包的构成要件,因此新绿地公司的该行为具有违法性。

(五)新绿地公司应当对刘春生的人身损害承担赔偿责任

新绿地公司作为该建筑工程的总承包人非法分包具有过错,因此应当对其分包业务承担责任;新绿地公司将建筑玻璃装饰工程非法分包给没有相应资质的苏杨东具有违法性,且由于新绿地公司监管不力给刘春生造成人身损害之间具有因果关系,所以新绿地公司应当对刘春生的人身损害承担赔偿责任。

三、福星公司是否应当对刘春生的人身损害承担赔偿责任

(一)福星公司与新绿地公司之间是承揽关系

承揽关系是承揽人按照定作人的要求完成一定的工作,交付工作成果,定作人接受工作成果并给付报酬而在双方当事人之间形成的法律关系。我国《合同法》规定,"承揽合同是指承揽人按照定作人的要求完成工作,交付工作成果,定作人给付报酬的合同"。承揽关系即是基于承揽合同在履行过程中在定作人和承揽

人之间产生的权利义务关系。据此,福星公司与新绿地公司之间是承揽关系。理由是:首先,湖北福星惠誉置业有限公司(甲方)与新绿地公司(乙方)签订《工程施工合同》,该合同约定,福星惠誉公司将位于武昌区徐东二路二号水岸星城 A 地块 G17、G18 楼的园林景观工程发包给新绿地公司施工,合同第二章第三条 3.2 约定,乙方不得将工程转让给其他单位,一经发现,甲方有权终止合同,所造成的一切损失均由乙方负责;第三章第六条 6.7 约定,乙方对施工期间非甲方原因造成的各种事故承担责任,相关费用,由乙方承担。这符合承揽合同的相关规定。其次,合同还约定了完工验收、合同总价及工程款支付方式、合同解除等其他条款。由此看出,该合同是以交付工作成果为标的物的。另外,合同约定待福星公司验收合格后支付新绿地公司工程款,很显然,福星公司与新绿地公司之间构成承揽关系。

(二)承揽人在完成承揽任务中造成他人损害,定作人没有过错不承担赔偿责任

《最高人民法院关于审理人身损害赔偿案件适用法律若干问题的解释》第十条规定:"承揽人在完成工作过程中对第三人造成损害或者造成自身损害的,定作人不承担赔偿责任。但定作人对定作、指示或者选任有过失的,应当承担相应的赔偿责任。"本案中,承揽人新绿地公司在完成承揽任务中造成雇员刘春生人身损害,作为定作人的福星公司在此施工过程中,不存在过错,整个案件的发生与福星公司没有任何因果关系。案件发生的原因就是承包人新绿地公司的管理失误,接受非法分包的苏杨东安全设施的不足以及刘春生作为一名熟练工人安全意识的缺乏。整个施工过程中,定作人福星公司没有错误,所以福兴公司不承担赔偿责任。

(三)福星公司在工程承包合同中明确约定了承包人不得分包,尽到了注意义务

在建筑施工之前,福星公司(甲方)与新绿地公司(乙方)签订

了《工程施工合同》,该合同第二章第三条 3.2 约定,乙方不得将工程转让给其他单位,一经发现,甲方有权终止合同,所造成的一切损失均由乙方负责;第三章第六条 6.7 约定,乙方对施工期间非甲方原因造成的各种事故承担责任,相关费用,由乙方承担。福星公司按照法律规定与承包人签订合同,约定承包人不得将该工程再分包或转包给其他人,对分包可能带来的合同纠纷和人身损害尽到了注意的义务,且整个施工的过程中,福星公司没有出现错误的行为,根据相关法律法规,福星公司在工程承包合同中明确约定了承包人不得分包,尽到了注意义务。

(四)福星公司不应当对刘春生的人身损害承担赔偿责任

福星公司与新绿地公司之间签订了加工承揽合同,构成承揽关系,承揽人新绿地公司在完成承揽任务过程中造成他人损害,福星公司作为定作人没有过错,所以不承担赔偿责任。并且福星公司在工程承包合同中明确约定了承包人不得分包,尽到了注意义务,所以福星公司不应当对刘春生的人身损害承担赔偿责任。

四、苏杨东和新绿地公司是否应当对刘春生的损失负连带赔偿责任

(一)连带责任的概念和特点

连带责任在我国民事立法中居于重要地位,是一项目的为补偿救济,加重民事法律关系当事人的法律责任,有效地保障债权人的合法权益的民事责任制度。国内学者认为连带责任是指多数责任主体中的任何一人须承担违反法律义务的全部强制性后果的责任。[1][2] 连带责任主要基于合伙、担保、联营、承包等合同关系或代理行为、上下级间的关系而产生,民法通则、合同法、担

---

[1] 孔祥俊:《民商法新问题与判解研究》,人民法院出版社,1996 年版,第 73 页。
[2] 王利明主编:《中国民法案例与学理研究》,法律出版社,1998 年第 1 版,第 203 页。

保法等法律法规以及有关司法解释之中都有相关规定。连带责任具有如下特点。

（1）连带债务人的每一方都负有清偿全部债务的义务。

（2）债权人可以向其中任何一个或者多个债务人请求履行任何比例债务，债务人不得以债务人之间对债务分担比例有约定而拒绝履行。

（3）连带债务人一人或多人履行了全部债务后，其他债务人对债权人的债务即行解除。

（4）履行债务超过其应承担份额的债务人，有权向其他债务人追偿。

（二）连带责任的类别

1. 法定连带责任和约定连带责任

根据连带责任产生的原因的不同，可以把连带责任划分为法定连带责任和约定连带责任。连带责任对债权人是有利的，但对债务人，则是加重了责任。所以《民法通则》规定，连带责任的承担，必须有当事人约定或法律规定。①② 由此可见，通常情况下，多数人的债务都是以按份责任为基本清偿原则的。约定连带责任是指双方当事人依照事先的相互约定而产生的连带责任。法定连带责任是指根据法律规定而产生的连带责任。但正常情况下债务人约定加重自己的责任的情形很少见，所以连带责任大多为法定连带责任。除产生的原因不同外，法定连带责任的承担都基于当事人主观上有过错，例如代理人和第三人恶意串通损害被代理人利益的，该代理人与第三人主观上都存在过错，所以《民法通则》第66条第二款规定两者应承担连带责任。约定连带责任的承担不一定要求当事人主观上有过错，仅以事先约定为准。例如保证人为被保证人就主合同提供担保，但保证人主观上并没有

---

① 王利明主编：《中国民法案例与学理研究》，法律出版社，1998年第1版，第203页。

② 同上。

过错,只是基于保证合同中的约定而承担连带责任。

2. 违约连带责任与侵权连带责任

根据连带责任内容的不同,可以将连带责任划分为违约连带责任和侵权连带责任。违约连带责任是指当事人共同违反合同规定而产生的连带责任,侵权连带责任是指当事人共同侵权行为造成损害发生而产生的连带责任。区分违约连带责任与侵权连带责任的法律意义在于:①违约连带责任的构成只须具备当事人有共同违约行为和主观上有共同过错,不管有没有导致他人损害。而侵权连带责任的构成必须具备共同侵权行为,当事人在主观上有共同过错,客观上存在损害事实,以及侵权行为与损害事实之间有因果关系四个要件。至于无过错责任,则在法律规定的范围内适用。②违约连带责任的承担除继续履行合同与支付违约金等方式外,在造成损失并超过违约金的情况下,还应当承担连带赔偿责任。而侵权连带责任的承担方式仅限于赔偿损失。

3. 有效合同连带责任与无效合同连带责任

根据产生连带责任的合同效力的不同,可将连带责任分为有效合同连带责任和无效合同连带责任。有效合同连带责任须以有效合同为前提。在合同成立的时候,具有民事主体资格的当事人各方,所订合同的内容和形式都符合法律规定,且当事人主观上没有过错,客观上也没有违约行为。因此,主合同与从合同皆为有效合同。只是在合同履行的过程中,一方或多方违约才产生了连带责任。无效合同连带责任产生的须以无效合同为前提,主合同无效,或者从合同无效。由于当事人主观上有过错,客观上有违反法律法规的行为。因此,合同在成立之时就是无效的。但合同无效并不能免除当事人的连带责任,这种连带责任即为无效合同连带责任。

区分有效合同连带责任与无效合同连带责任的法律意义在于,有效合同连带责任的承担方式有继续履行合同、支付违约金、赔偿损失等；而无效合同连带责任的承担方式有返还原物、赔偿损失、追缴财产收归国有等。

4. 一般连带责任与补充连带责任

连带责任确定后，根据债务人承担责任的先后顺序不同，可将连带责任划分为一般连带责任与补充连带责任。一般连带责任的各债务人对整个债务无条件地承担连带责任，不分主次。债权人也可以不分顺序地要求任何一个债务人清偿全部债务。例如合伙、代理关系等。补充连带责任的前提是连带责任中的主债务人不履行或不能完全履行，从债务人只在第二顺序上或者与责任总额不一定相等的情况下承担连带责任。例如保证人在被保证人不能偿还债务时，保证人才承担连带责任。假如被保证人只能承担 60％的债务，那么保证人只能承担剩余 40％的责任。

区分一般连带责任与补充连带责任在民事诉讼中有一定的意义。对于一般连带责任，可以按债权人的意愿去处理，如果只起诉其中的一方债务人，则无须把其他债务人都追加为被告。但对于补充连带责任，法院应当将其他债务人列为共同被告参加诉讼。

(三)苏杨东和新绿地公司具备承担连带责任的构成要件

1. 苏杨东和新绿地公司具备承担民事责任的一般构成要件

民事法律关系中的连带责任是民事责任中的一种形式，所以连带责任需具备民事责任的一般构成要件，即：连带责任人主观上须有过错；行为须具有违法性；须造成损害事实；违法行为与损害后果之间须存在因果关系。[①] 但是，当事人自行约定的除外，例如担保合同中的保证人，其主观上并没有过错，也没有实施违法行为，但其仍应当承担连带责任。因此，连带责任的构成还有其

---

① 王仲修：《民事法律关系中的连带责任及其法律适用》，《大学时代》(B 版)，2006 年 09 期，第 59 页。

自身的条件和特点。

2. 苏杨东和新绿地公司具备承担连带责任的主体条件

连带责任人必须为两个或两个以上。连带之债是指各债权人或各债务人之间有连带关系的、以同一给付为标的多数人之债,其中连带债务是指数个债务人连带承担以同一给付为标的的债务。[①]很显然,连带责任的责任人须为两人或两人以上,连带责任人作为多数主体分两种情况,一种是一般连带责任的各债务人,如合伙内的各合伙人、共同侵权的各侵权人等,另一种是补充连带责任中的主债务人和从债务人,如保证合同中的主债务人和保证人。

3. 新绿地公司是总承包人,苏杨东是违法分包人,两者共同对施工安全负责

连带责任人与债权人之间必须存在着不可分的债的关系,没有债的关系,就没有民事责任可言,更谈不上承担连带责任。如在侵权关系中,某两方当事人共同损害了另一方当事人的利益,因此便与受害人之间形成了债的关系,共同损害方须就受害人的损害承担连带责任。另外连带责任所指向的债须为不可分之债,即:若分割就会损害其价值或依当事人意思而定为不可分。[②]民法规定“连带”为“共同的、一致的、不可分的”。其中的“不可分的”就强调了这些责任人对共负的债务必须不分份额地无条件承担全部清偿义务。其后才在内部关系中体现按份责任。因此,共同的不可分割性是连带责任的重要构成要件。

4. 新绿地公司和苏杨东承担的责任客体为金钱之债

连带责任的客体必须是种类物。连带责任的主体是指连带民事责任人承担义务的对象。连带责任的客体只能是民事法律关系客体中的种类物,这是由连带责任的性质所决定的。首先,

---

① 江平主编:《民法学》,中国政法大学出版社,2000 年版,第 471 页。
② 史尚宽:《债法总论》,中国政法大学出版社,2000 年版,第 688 页。

连带责任是一种财产责任,所以其客体必须是物。其次,由于所履行债务的责任是连带责任,因而这种客体在客观上是可分别承担的,而不应是特定的。特定物不能作为连带责任的客体,因其具有不可替代的特征,其他连带责任人无法承担连带责任。

本案中,新绿地公司作为承包人非法分包主观上具有过错,且行为具有违法性;苏杨东作为雇主,未尽到提供安全生产条件的责任,也未在施工过程中进行检查监督主观上具有过错,行为也具有违法性;新绿地公司与苏杨东的违法分包行为和监管不力的行为造成了刘春生受到损害,且该行为与刘春生损害之间具有因果关系,所以苏杨东和新绿地公司具备承担连带责任的构成要件。《中华人民共和国建筑法》规定,从事建筑活动的企业或单位,必须在取得相应等级的资质证书后,方可在其资质等级许可的范围内从事建筑活动。本案中,苏杨东作为个人,不具备申请办理建筑活动资质主体资格,且苏杨东在庭审过程中也承认其没有资质证书,仅有营业执照。但是营业执照和资质主体资格是不能等同的。庭审过程中,新绿地公司称,"苏杨东是个体企业的业主,在我们公司做一些零星工程,没有做过大业务,不需要资质"。由此可以得知,新绿地公司是知道苏杨东是不具备相关资质的。根据《最高人民法院关于审理人身损害赔偿案件适用法律若干问题的解释》第十一条第二款之规定,雇员在从事雇佣活动中因安全生产事故遭受人身损害,发包人、分包人知道或者应当知道接受发包或者分包业务的雇主没有相应资质或者安全生产条件的,应当与雇主承担连带赔偿责任。所以,新绿地公司应当承担连带责任。

五、湖北省高级人民法院的判决既合法也合理

(一)湖北省高级法院认定苏杨东不具有承包工程资质是正确的

根据《中华人民共和国建筑法》第二条第二款之规定,本法所

称建筑活动,是指各类房屋建筑及其附属设施的建造和与其配套的线路、管道、设备的安装活动。由此可知苏杨东分包的安装玻璃工程属于建筑活动,根据《中华人民共和国建筑法》第十三条之规定,从事建筑活动的建筑施工企业、勘察单位、设计单位和工程监理单位,按照其拥有的注册资本、专业技术人员、技术装备和已完成的建筑工程业绩等资质条件,划分为不同的资质等级,经资质审查合格,取得相应等级的资质证书后,方可在其资质等级许可的范围内从事建筑活动。根据《建筑业企业资质等级标准》对钢结构工程专业承包企业资质等级标准,对钢结构工程的施工需要钢结构工程专业承包企业资质,资质等级分为一级、二级、三级。本案新绿地公司将 G17 号楼的地下车库入口处的地面钢结构上安装玻璃工程分包给苏杨东安装,该工程属于法律规定的房屋附属设施的建造或其配套设备的安装,属于建筑活动的范畴,苏杨东应当具备相应的资质才能从事该项安装活动。但根据《中华人民共和国建筑法》的规定,具备相应资质的只能是企业或单位,不能是个人。因此,苏杨东即便具有从事玻璃安装的营业执照,但其个人亦不具备从事建筑活动相应资质的主体资格,不能从事需要相应资质的建筑活动。湖北省高级人民法院对这一事实的认定,符合《中华人民共和国建筑法》和《建筑业企业资质等级标准》的禁止性规定,苏杨东不具有相应的建筑资质,没有资格从事属于建筑活动的钢结构工程的施工活动。

(二)新绿地公司应当对刘春生的损失承担连带赔偿责任合法

根据《最高人民法院关于审理人身损害赔偿案件适用法律若干问题的解释》第十一条第二款之规定,雇员在从事雇佣活动中因安全生产事故遭受人身损害,发包人、分包人知道或者应当知道接受发包或者分包业务的雇主没有相应资质或者安全生产条件的,应当与雇主承担连带赔偿责任。本案中,刘春生系苏杨东的雇员,其在从事雇佣活动即安装下班时不慎摔成六级伤残,苏杨东作为雇主,未尽到安全保障义务,应当为其雇员刘春生承担赔偿责任,且应承担主要责任。刘春生作为专业从事安装玻璃的雇员,理应熟知该项工作的风险以及应当采取的必要安全措施。但其疏于安全未能尽到谨慎注意义务,对事故的发生存在相应过错,应当承担次要责任。新绿地公司作为发包人有义务对安全施工负总责,理应严格管理制度,恪尽管理责任,创造安全施工条件,但新绿地公司违法分包,并将施工项目分包给不具有相应施工资质的苏杨东。新绿地公司作为承包人理应知道或应当知道接受分包业务的苏杨东没有相应资质,存在选择分包人的过错。在施工过程中又疏忽大意,未尽到管理责任,应当承担相应的民事责任。判决苏杨东承担60%的主要责任,刘春生承担30%的次要责任,新绿地公司承担10%的相应责任符合相关法律规定及本案实际情况。但根据《最高人民法院关于审理人身损害赔偿案件适用法律若干问题的解释》第十一条第二款之规定,新绿地公司应当知道接受分包业务的苏杨东没有相应建筑资质,不具备安全生产条件,应当与雇主苏杨东对刘春生承担连带赔偿责任。福星公司依法将建设工程发包给具有安全生产条件和符合相应资质要求的新绿地公司,并在合同中约定了不得擅自转包以及事故责任承担的条款。福星惠誉公司的发包行为合法,对事故的发生没有过错,依法不应承担赔偿责任。苏杨东和新绿地公司在主观上都具有过错;分包行为及施工过程具有违法性,客观上造成了损害事实,且违法行为与损害事实存在因果关系,依照最高人民法院关于审理人身损害赔偿案件司法解释的规定,承包人与分包人应当承担连带,新绿地公司与苏杨东符合连带责任的构成要件,因此新绿地公司对苏杨东应当给付义务承担连带责任。根据本案事实和相关法律规定,湖北省高级人民法院的判决既合法也合理。

结语

近些年来,我国建筑行业飞速发展,农民工与建筑施工企业不签订劳动合同的现象普遍存在,建设工程违法分包的现象也愈演愈烈。不规范的施工行为导致农民工的人身权益和财产权益遭受侵害的现象时有发生,但作为雇员的农民工权益遭受侵害时,侵权责任往往不能准确界定,致使农民工的合法权益得不到及时有效的保障。虽然我国相关法律法规都对违法分包行为做了规定,但司法实践中效果并不明显。农民工处在社会的最底层,他们在违法分包的施工过程中处境堪忧,其合法权益不能得到有效保障。刘春生诉苏杨东、新绿地公司、福星惠誉公司人身损害赔偿案件中,新绿地公司将其承包的建筑工程违法分包给不具有相应资质的苏杨东,苏杨东雇请农民工刘春生为其提供劳务。由于不具备安全生产条件和本人的疏忽大意,刘春生在建筑施工过程中不幸摔成重伤。在自己的合法权益得不到保障时,刘春生敢于拿起法律武器,将发包人福星公司,总承包人新绿地公司,不具相关资质的苏杨东一并诉至法院。经法院判决,刘春生与苏杨东之间构成劳务雇佣关系,作为雇主的苏杨东应当对雇员刘春生承担损害赔偿责任;违法分包人新绿地公司应当对刘春生的人身损害承担损害赔偿责任;新绿地公司与接受违法分包业务的苏杨东一起对刘春生的损失承担连带赔偿责任;福星公司发包行为合法不承担赔偿责任。该案分清了责任,维护了受害人的合法权益。

刘瑞峰诉胡大军确认合同
有效纠纷案评析[①]

引言

　　2006 年,胡大军将其所有的位于阿合奇县健康路 3 院 6 号一套平房给刘瑞峰居住。刘瑞峰于 2006 年 12 月 18 日向胡大军的长女胡曼璞支付了 30000 元购房款,后一直居住在该房屋内,期间刘瑞峰与胡大军之间未签订房屋买卖合同,也未办理房屋产权变更。2012 年 10 月,该房进行拆迁,阿合奇县住房和城乡建设局未通知房屋所有权人胡大军,在公告期满后,与实际居住人刘瑞峰签订了拆迁补偿协议。胡大军得知情况后,与刘瑞峰发生争议。阿合奇县住房和城乡建设局在解决争议过程中发现胡大军系房屋实际所有权人,该局与刘瑞峰签订拆迁补偿协议的行为有误,于 2014 年 4 月 10 日做出《关于健康路 3 号(原粮食局家属院平房)拆迁确认变更通知》,将与刘瑞峰签订的拆迁补偿协议作废,并与胡大军重新签订了拆迁补偿协议。现争议的阿合奇县健康路 3 院 6 号房屋已经拆迁。

　　刘瑞峰诉称,2006 年原告刘瑞峰经人介绍与被告胡大军二人口头协商,购买了被告名下位于阿合奇县健康路 3 院 6 号一套平房,原告于 2006 年 12 月 18 日向被告的女儿胡曼璞支付了 30000 元购房款。原告及家人随入住该房屋,居住期间在房屋院内修建了三间房并扩建菜窖等设施。2011 年该房被列入拆迁范围,阿合

　　① 感谢管钰淇同学为该文的资料收集和文字处理所付出的努力。

奇县拆迁办在为期三个月的入户调查及公示直至拆迁过程中,被告胡大军未提出任何主张。2013年被告突然提出其有该房屋所有权,为此双方发生争执,诉至法院,请求法院依法确认原告与被告之间房屋买卖合同有效。胡大军辩称:1.原告所述不属实,被告未与原告达成任何口头协议;2.本案所涉房产土地性质属于划拨形式,依法不得转让;3.房产买卖口头协议无效;4.原告诉求已超过法定诉讼时效。综上,应依法驳回原告的诉讼请求。双方争议焦点:1.胡大军女儿是否构成表见代理;2.房屋买卖合同是否有效。

一、表见代理

代理制度是民商法的基本制度之一。代理是一种依他人的独立行为而使被代理人直接取得其法律效果之制度,但代理制度在法制史上产生较晚。在古代法律制度中,行为均须由当事人亲自为之。直到罗马帝政时代,由于商品经济的发展,商品市场日渐扩大,人的活动范围渐广,而社会关系日趋复杂,诸多事宜已不能由经营者事事躬亲,于是代理制度应运而生。先是在罗马帝政的后期,有类似于代理的制度出现,而后被德国继受。之后从17世纪开始,代理制度成为一项独立的民法制度。① 现代代理制度始于德国民法。1900年下的《德国民法典》确立了民法中一项新的法律制度——代理制度。在其影响下,近现代各国也纷纷建立了代理制度,该制度由此得到了空前发展,并成为近现代民法一个极具重要意义的制度。

代理制度的设立宗旨在于拓展民事主体的活动范围,鼓励交易。其产生可以说是社会发展的必然结果,同时也是商品经济高度发展在法律制度上的体现。代理权是整个代理关系的核心。代理权的有无原则上决定代理行为是否有效。然而,由于实施行

---

① 梁慧星:《民法总论》,法律出版社,2001年版,第209页。

为的行为人与该行为效果的归属人并非相同的人,两者之间是代理人与被代理人之间的关系,从而或多或少地威胁到交易安全,于是产生了无权代理这一民事关系。无代理权的人以被代理人名义实施的代理行为,成为无权代理。无权代理在法律上并不当然无效。无代理权而以被代理人名义为代理行为,如经被代理人追认,即成为有权代理。如未经被代理人追认,则应由该无权代理人对第三人承担责任。然而,在市场经济社会的情况下,代理给人们带来了便利,可以说是一种高效又便捷的交易手段,得到了大众的认可。在市场经济高速发展的大背景下,在一些民事行为上难免会存在条件上的缺陷,也就是立法的缺陷。如果单纯从被代理人的利益出发,而不顾"第三人",也可以说是善意第三人的利益与安全,则会使善意第三人处于极其不利的境地。表见代理制度,就是为了解决这一矛盾,通过对无权代理加以限定,保护善意第三人的利益,从而维护交易安全。

虽然其他有些国家很早就出现了代理制度和表见代理制度,可我国的表见代理制度建立较晚。表见代理的建立经历了一个漫长的过程,在建立表见代理制度的过程中,理论界产生了诸多学说,不同的学者有着不同的看法,其中最为突出的是单一要件说、双重要件说和折中要件说三种学说,最终我国《合同法》采纳了单一要件说,基本上确立了我国的表见代理制度,但是并不完善。然而,我国虽然确立了表见代理的基本制度,采纳了"单一要件说",但是因为对代理人、被代理人和善意第三人之间交易的利益安全问题仍需继续,所以理论界并未放弃对表见代理制度的研究,反而对表见代理制度进行了更深层次的探究。

理论界对于表见代理的争论主要围绕以下几个方面:一是我国民事立法上有无创立表见代理制度;二是表见代理的构成要件是否应以被代理人有过错为必要;三是表见代理三方当事人(即被代理人、代理人、第三人)之间权利义务关系如何。1999年3月15日通过的《中华人民共和国合同法》第49条正式确立了表见代理制度,结束了理论界关于第一个方面的争议,但由于《合同法》

第 49 条文字表述过于简略,更加之我国民法法典至今仍未制定,致使理论界对后两个方面的争议还未消除,论战的激烈程度并未衰减。

表见代理制度是民事法律最基本的制度之一,其立法宗旨在于保护善意第三人和维护交易安全。在民法理论中,不仅仅有表见代理制度在一定程度上维护了交易秩序,保护了善意第三人的权利,还有许多制度也可以保护善意第三人的利益,例如家事代理权、德国民法中的无因性理论等都是对代理制度中善意第三人的保护,但它们之间有什么区别与联系,相互之间是否具有替代性? 这个问题虽然关注的人较少,但却是现实存在的问题。① 代理是指代理人在代理权限内,以被代理人的名义实施民事法律行为,由此产生的法律后果由被代理人承担的法律制度。代理制度使代理行为本身与其效果相分离,达到了"私法自治的扩张及其补充"的目的,正如波洛克所指出的:"代理制度使个人的法律人格在空间上得以延伸。"②代理制度正常运行的前提是代理人享有代理权,如果代理关系中代理人缺乏代理权时便产生了代理权问题,也就是产生了无权代理行为。无权代理不仅损害了被代理人的利益,有时也会妨碍善意第三人的合理预期利益的实现。早期的代理制度仅从保护被代理人的最大利益出发,将代理区分有权代理和无权代理,本人也就是被代理人只对有权代理负责,而不对任何无权代理承担责任,除非经过其事后追认,这势必会损害善意相对人的利益。

(一)表见代理的概念和性质

所谓表见代理,是指行为人虽无代理权,但善意第三人有充分理由相信行为人有代理权,并因此与之民事能力,该项民事行为的法律效果直接归属本人的法律制度。表见代理从本质上属于无权代理,但与狭义的无权代理有着本质区别。在民法上,无

---

① 　徐强:《论表见代理》,http://www.docin.com/p-782895996.html。
② 　参见张海燕:《简论表见代理》,《政法论丛》,2002 年第 2 期,第 47~49 页。

权代理分为两类：狭义的无权代理和表见代理。两者虽同为无权代理，共同构成了广义无权代理的完整概念，但却在性质上有着本质区别。

1. 相对人是否相信代理人具有代理权

表见代理是指事实上虽无代理权，但代理人的行为却足以使善良管理义务的相对人有充分理由相信其有代理权；狭义的无权代理是指事实上既无代理权，在表面上亦无足以使相对人信其有代理权的理由。

2. 本人与无权代理人之间是否具有一定联系

一般情况下，表见代理的成立，需要本人与无权代理人之间是有特殊关系，相对人是基于该种特殊关系认为行为人有代理权，如夫妻关系、合伙关系、口头授权而实际未授予关系，精英挂靠关系等等；而狭义无权代理则不存在这种特殊利益关系。当然，我们并不是说只要本人和无权代理人具有一定的联系，相对人便有了认为无权代理人有代理权的正当理由。例如某公司的司机持有公司的空白合同书与他人签约，相对人知道对方为公司的司机，在一般情况下，不能获得授权缔约。因此虽然该人与公司有一定的联系，但不可据此认定其行为构成表见代理。[①] 在此，相对人应尽其善良管理人之义务，否则，表见代理不能成立。

3. 责任的承担者不同

表见代理成立后，本人承担"授权人责任"，就无权代理人的行为向相对人负责；狭义无权代理中，无权代理人独立承担其行为之责任，与本人无关。[②] 表见代理不是效力待定的行为。《民法通则》第66条第一款规定："没有代理权、超越代理权或者代理权终止后的行为，只有经过被代理人的追认，被代理人才承担责

---

① 王利明：《民商法研究》，法律出版社，2014年版，第107页。
② 王利明：《民商法研究》，法律出版社，2014年版，第110页。

任。"《合同法》第 48 条规定:"行为人没有代理权、超越代理权或者代理权终止后以被代理人订立的合同,未经被代理人追认,对被代理人不发生效力,由行为人承担责任。""相对人可以催告被代理人在一个月内予以追认。被代理人未作表示的,视为拒绝追认。合同被追认之前,善意相对人有撤销的权利。撤销应当以通知的方式做出。"上述条款中的规定是针对狭义无权代理而言的,即在无权代理人从事了无权代理行为后,被代理人享有追认无权代理的权利,善意相对人也有权催告被代理人是否予以追认。因此说,在本人未已明示或默示的方式做出追认之前,其效力处于待定状态。关于表见代理的性质,一部分学者认为表见代理既然属于无权代理的一种,其效力不应当与有代理权的有效代理完全等同,两者一个是无权代理一个是有权代理,原则上应该适用狭义无权代理的相关规定,将表见代理作为效力未定的民事行为,赋予本人以追认权,同时给予相对人以撤回权。在善意相对人不行驶撤回权的情况下,"代理行为"的结果归属于本人。这样便对表见代理的结果归属设定了一定的条件,订立了条件自然而然起到了一定的缓冲作用,为当事人提供了知情后的再选择机会。①

(二)表见代理的构成要件

表见代理是一种特殊的民事法律行为,它具有无权代理的特点,却产生有权代理的效果。因此,如何确定表见代理的构成要件显得至关重要,成为学术上争议的焦点之一。目前,我国之所以未能形成统一表见代理定义,大概其原因就在于此。在表见代理构成要件的争论中,众说纷纭,不同学者有不同的看法,总结起来大致形成两种争论,一种是单一要件构成说和双重要件构成说之争;另一种是一元论和多元论之争。

1. 单一要件构成说和双重要件构成说之争

持单一要件说的学者认为,表见代理的条件是只要相对人有

---

① 彭万林:《民法学》,中国政法大学出版社,1999 年版,第 85 页。

理由相信行为人有代理权,即构成表见代理,本人有无过错都不影响其构成,只要符合这一个条件就构成表见代理。简单来说,该学说的意思是,相对人"善意无过失地相信无权代理人有代理权,是表见代理的唯一构成要件,"①认定表见代理"必须将被代理人于无权代理发生之主观心态排斥在外"②。持双重要件说的学者认为,构成表见代理必须同时具备两个条件,一是本人存在过失;二是相对人不知行为人无代理权,即同时具备这两个条件才能构成表见代理。可见,双重要件说强调本人存在主观过错这一要件,增加了本人也就是被代理人的责任。对这两种观点比较后可知,在判断是否成立表见代理时,单一要件说的构成相对简单更易于操作,只要审查是否存在"有理由相信"的表象即可,符合"有理由相信"即构成表见代理;而双重要件说除了具备代理权的表象外,还得认定本人是否存在主观过失,只有二者都具备了,才能够成表见代理,否则不构成表见代理。在实践中,大陆法系的很多国家采用单一要件构成说,我国就是一个,还有比如日本和德国也是采用单一要件构成说。根据我国《合同法》第 49 条规定:"行为人没有代理权、超越代理权或者代理权终止后以被代理人的名义订立合同,相对人有理由相信行为人有代理权的,该代理行为有效。"③通过该条规定可见,构成表见代理,我国《合同法》并没有强调本人的过错问题,只强调了"有理由相信"这一条件,表明我国在司法制度和司法实践中,也采取了单一要件构成说。④

2. 一元论与多元论之争

持一元论的学者认为,相对人善意无过失地相信行为人有代理权是构成表见代理的唯一要件,可见,一元论与单一要件构成说相似;持多元论观点的学者主张,成立表见代理除具备代理的

① 奚晓明:《论表见代理》,《中外法学》,1996 年第 4 期,第 5 页。
② 魏振瀛:《民法》,北京大学出版社,2000 年版,第 93 页。
③ 崔建远:《合同法》,法律出版社,1999 年版,第 25 页。
④ 李仁玉:《民法学》,当代世界出版社,2002 年版,第 63 页。

一般要件外,尚须具备如下特别要件:一是有理由让相对人相信行为人有代理权;二是相对人善意无过失;三是行为人和相对人的行为属于民事法律行为,即要同时符合这三个条件才能构成表见代理。一元论和多元论的共同点是,二者都要求相对人具有善意无过失,这可以说是构成表见代理的前提条件,但是在多元论中构成表见代理的要件更多,也更严格。其实,不论是一元论还是多元论,虽然对表见代理的性质做出了规定,但两者都未能清晰反映出表见代理的特征,都未能反映表见代理的主要问题,即本人也就是被代理人的过失问题。[①]

(三)表见代理的法律效力

纵观各国的民事立法通说,规定表见代理的法律后果由本人承担,我国《合同法》也采取此观点。在法律上,表见代理虽然被赋予了有权代理的效力,但其本质上并不是有权代理,仍是无权代理,所以在谈论表见代理的法律效力时,我们应该从本人也就是被代理人、相对人也就是善意第三人和无权代理人三个方面的关系来考虑。

1. 第三人与本人、无权代理人之间的关系

依照通说,表见代理的行为效果直接归属于本人,即表见代理一旦成立后,本人即应当对善意第三人履行表见代理所产生的义务,而不得以代理人欠缺代理权进行对抗,此即"本人承担授权人的责任"。当然,本人对表见代理行为法律后果的承担不必须是积极主动的,可以说是被动的。在这里,有必要讨论这样一个问题,即:表见代理中的善意相对人是否具有选择权,主张表见代理或者是狭义的无权代理?对此,有学者认为表见代理从本质上讲是无权代理,故发生了表见代理后,相对人可以根据自己的利益之所在在表见代理和狭义无权代理之间进行选择,即可以本人

---

① 参见崔北军:《试论表见代理的构成要件、类型及效力》,《沈阳工程学院学报》,2011年第1期,第72～73页。

主张成立表见代理,也可以无权代理为由撤销该代理行为。无限制的赋予相对人以选择权,虽极利于保护善意相对人的利益,却会不可避免地出现下列情形:某一合同签订时成立表见代理对善意相对人有利,于是善意相对人向本人主张表见代理,但在合同履行完毕之前,可能由于某些客观条件的变化,如被代理人濒临破产、无权代理人显现了经济强势或相对人经营策略的变化等等,相对人欲终止与原被代理人之间的关系,则他可以以无代理权为由主张狭义无权代理,以满足其目的。因此可以这样说,赋予善意相对人选择权,便是赋予了其对被代理人的行为具有决定权,即决定被代理人的行为是有效还是无效。善意相对人完全从自身利益出发,去选择是由被代理人还是由无权代理人来承担法律后果,此时的善意相对人可以说是取得了比有权代理还要有利的局面,这不仅有悖于代理制度设立的初衷,同时也违背了民法所追求的公平、正义原则,破坏了交易秩序和交易安全。针对上面情况的弊端,又有学者提出另外一种观点:在保留相对人选择权的基础上对其选择做出严格限制,虽然允许相对人在表见代理和无权代理,在这里是狭义的无权代理之间做出选择,但善意相对人仅可选择一次,绝不同时选择或重复选择。具体来说,就是相对人以表见代理为由向本人主张授权责任后,其选择权的行使即意味着善意相对人权利的终结,非经本人拒绝承认或法院认定,不得放弃表见代理转而以狭义无权代理为由请求救济;同样,相对人在首先选择了狭义无权代理的情况下,除非无权代理人有足够的证据证明可以成立表见代理,相对人不得再向本人主张表见代理。

本人、行为人、相对人三方关系只要满足上述表见代理的几个构成要件,便应成立表见代理,使之发生与有权代理相同的法律后果,而不应当在法律上赋予相对人以选择权,即使善意相对人事后知道行为人没有代理权、超越代理权或者代理权已经终止,但只要他与行为人进行民事法律行为时在本意上是欲与被代理人发生法律关系,法律就应当确认保护这种状态,之后假如客观形势向着不利于相对人的方向发展,相对人也不能再以行为人无代理权要求撤销民事法律行为,而理应承担这一商业风险。况且相对人在当初成立该法律关系时便应当预测到商业风险的存在,这种合理分担风险责任的规定对相对人而言也没有什么不公平之处。追根溯源,表见代理制度设立的宗旨是要求本人承担行为人与相对人实施的民事法律行为产生的后果,以防止善意第三人因无人承担或行为人无力承担责任而造成损害,在此基础上维护交易的安全,减少社会资本的不必要浪费,促进社会经济秩序的井然进行;而不是赋予相对人以无限的选择权,使其取得甚至超过有权代理中相对人的权利,却不承担丝毫的风险与责任,这不仅违反了权利义务相一致原则,也体现不出法律追求公平的价值目标。

2. 本人与无权代理人之间的关系

本人可要求无权代理人承担损害赔偿责任。通常认为,本人在向相对人履行了表见代理行为产生的义务后,如因此而遭受损失的,本人对无权代理人享有损害赔偿请求权。责任的承担应有过错的存在。前面谈及表见代理的产生往往与本人的过错有关,因此,在确定无权代理人向本人应承担何种程度,是全部还是一部分,还是说压根不承担责任之前,有必要先考察一下本人与无权代理人之间各自的过错性质及程度。表见代理构成要件中本人的过错应当包括两种:其一是对无权代理人的过错,其二是对相对人的过错。在第一种情况下,应当根据本人和无权代理人各自的过错程度来决定责任的承担;如果纯粹是本人的过错,无权代理人是善意的且无过失,如在本人授权不明确的情况下,代理人以合理方式善意地进行代理活动,即使其超越代理权而成立表见代理造成本人损失的,本人也不得向无权(超越代理权)代理人请求损害赔偿。在第二种情况下,本人对相对人有过错而对无权代理人无任何过错,如本人在撤回代理权后未以合理的方式通知相对人,此时本人成立表见代理而产生的损失应由无权代理人承担全部的赔偿责任。

无权代理人请求本人返还合理费用。在表见代理中,因未赋予相对人以选择权,故表见代理的法律效果并不必然对本人不利。表见代理的法律效果使本人从中受益,且无权代理人因其行为支出了必要费用的情况下,从公平合理的角度考虑,无权代理人可比照无因管理之债相应规定,就其从事表见代理支出的合理费用请求本人返回。[①]

二、合同效力

长期以来,我国的合同法律制度中没有对合同成立制度、合同效力做出详细规定,造成司法实践中,对于未成立的合同和无效的合同,一律作无效合同处理,但合同未成立与合同无效二者并不相同,其法律后果也是不同的。因此,这种简单的处理办法,存在明显的弊端:对于合同未成立的情况下,不存在民事责任的问题,但是,如果是因一方的过错而导致合同未成立,并给对方造成损失的,过错方应当承担赔偿责任,要对合同未成立负责任。赔偿的范围是信赖利益的损失,损失赔偿的标准是经过二者的协商,使无过错方恢复到磋商以前的财产状况。合同无效,则双方当事人应返还财产、折价赔偿,此外,过错方也要承担损害赔偿责任。法律没有对合同成立与合同效力作具体规定,在实践中就很难处理因缔结过失造成合同未成立应否承担民事责任、应当承担何种民事责任以及与无效合同的民事责任有何不同等问题。

我国现行的《合同法》弥补了原有立法上的缺陷,设专章规定了合同效力(第三章),并有专门的条款规定缔约过失责任(第四十二条),这是我国《合同法》的一大进步。但这些新规定在理论界和司法界引起较多争议,主要是在成立要件和有效要件方面的问题。应当说,合同成立与合同效力之间有着极为密切的联系,

---

① 参见张海燕:《简论表见代理》,《政法林丛》,2002 年第 2 期,第 47～49 页。

合同成立是合同效力的基础,研究的是合同事实上是否存在;合同效力则是研究成立的合同对当事人是否具有法律上的约束力,即法律对成立的合同是否承认。由于合同未成立与合同无效所承担的法律责任不同,因此对合同成立要件和有效要件的研究,具有理论和实践意义。[①]

(一)合同成立的概念及构成要件

合同是否成立是解决一系列合同问题的基础,所谓合同成立,是指当事人就合同的内容达成一致的意思表示。判断合同是否成立应当具有一定的标准,即合同成立的要件,符合成立的要件则合同成立,主要有两种,第一种是一般成立要件,第二种是特殊成立要件。一般成立要件对于合同的成立显得至关重要,所以特殊成立要件在此不作详细论述。合同成立的一般要件应当包括以下两个方面。

一是合同的主体是双方或多方的。按我国合同法第二条规定:"合同是平等主体的自然人、法人、其他组织之间设立、变更、终止民事权利义务关系的协议",既然是协议,其主体至少是双方。对主体的数量没有过多的争论,但对主体的构成则存在不同的理解。有观点认为这里的双方,不仅要求个体的主体是双方,还要求订立合同的主体也应当至少是双方,否则合同不成立,这一观点是否正确对代理情形下的合同成立有重要意义。比如,在"自己代理"或"双方代理"的情况下,合同主体为双方,但订约主体唯一,或者是订约主体为双方,合同主体唯一,在这两种情况下合同是否成立?按照我国民法理论中对此的规定来看,无论是自己代理还是双方代理均属于滥用代理权,而滥用代理权一律无效,代理的后果不应由被代理人承受。但代理无效,是否意味着合同就不成立呢?对此应作具体分析。代理关系的开始一般是基于双方的信任,如果说自己代理或双方代理损害了被代理人的

---

① 参见杨思留:《合同成立与合同效力的要件研究》,《中国矿业大学学报》,2000年第1期,第63~64页。

合法权益,则代理人的行为破坏了其之间的信任关系,从法律上讲,合同中的意思表示就不能视为被代理人的意思表示,既然合同中没有被代理人的意思表示,则合同缺乏当事人这一条件,合同自然不能成立。但被代理人对此代理后果如果承担甚至履行呢?结果则恰好相反,应当认定合同成立。在此情况下,合同反映的的确是双方的意思表示。从我国《合同法》的立法本意来看,只要不违反法律的明文规定,应着重于实现当事人的合同目的去理解和解释合同是否成立、合同是否有效。所以,从合同成立的角度看,不应强求订约主体必须两人以上,应充分尊重当事人的意思。自己代理或双方代理,因被代理人在知道或应当知道后的合理期限内拒绝承认而无效,并给被代理人造成损失的,代理人应承担赔偿责任;代理人上述行为得到被代理人在合理期限内的认可而致合同成立且合法有效的,被代理人则应履行合同。

二是当事人的意思表示一致,即合同是当事人就民事权利义务关系达成的合意,就此层面而言,争论不大。但是在合意的确定性上则存在较大的分歧,能否对此确立一般的解决原则,对司法实践颇有影响。分歧之一是合同成立必须在哪些条款上达成明确具体的合意。我国以前的合同法虽然列举了合同的主要条款,但由于整个合同法并未涉及合同成立要件的详细规定,因此无从考察合同成立起码应当具备的条款。在司法实践中,也对某些条款缺损的合同是否成立产生模糊认识,甚至产生错误的判决。从理论上看,合同成立的条款应有最低限度的要求,即合同条款已确定的内容应具有事实上的可执行性,并且这一执行的后果不违背当事人双方的合同目的。当事人设立民事权利义务关系就在于通过合同的执行来实现其订立合同的某种目的,如果合同成立没有条款上的最低要求,则当事人的权利义务关系就不确定,由于这些重要条款的缺损又不可能通过推定或由法律直接规定以明确其具体内容(否则会侵犯当事人的合同自由或违背当事人的订立合同目的),因此,在法律上有必要对合同成立的要件做出规定,不能一味地对此实行宽松的态度,所以这种规定是对合同自由的一种合理限制,也是对双方合法权益的保护。从立法上看,我国《合同法》虽然没有明确规定哪些条款是必须的,但是,通过对合同法第 12 条、第 61 条、第 62 条的比较研究,可以推定我国法律对合同成立的必备条款已经做出了规定。第 12 条中的条款是当事人订立合同的参考,并非要求多订合同必须具备此条款,也不禁止当事人在这些条款以外再设定其他内容。但从第 61 条的规定看,对于条款缺损或不明确的合同,首先由当事人协商补充,协商不成的,对合同中的质量、价款或报酬、履行地点等条款可根据合同有关条款或交易习惯推定。第 62 条则是对有关条款的缺损,采用第 61 条的办法还无法确定的,则按法律规定的内容作为合同有关条款的内容,以促成合同的履行。但纵观上述三条的内容,不难发现,可以采用推定或法律规定予以明确的条款并不包括标的和数量这两个条款。显然,立法者认为这两个条款必须由当事人自己确定才能符合其签订合同的目的,一旦采用推定则会损害当事人的意思自治和合法权益,这就体现了我国法律对合同成立的条款要求。

(二)合同效力的概念

关于合同效力的定义,我国立法上并没有对此做出明确的规定,因此,学界对这一概念的定义持有多种看法,具有代表性的几个观点如下:李仁玉认为:"合同效力是指因合同而产生的权利义务。"[①]这一概念可以说是对合同效力最为宽泛的定义。崔建远认为:"合同的效力等同于合同的法律效力,是指法律赋予依法成立的合同具有约束当事人各方乃至第三人的强制力。"王利明认为:"所谓合同的效力,是指已经成立的合同的法律效力。从权利方面来说,合同的权利依法得到法律的保护。从义务方面来说,合同义务具有法律强制性,违反它应承担违约责任。"[②]赵旭东主张以广义和狭义两种含义来理解合同的效力。认为"广义的合同效

---

① 李仁玉等:《合同效力研究》,北京大学出版社,2006 年版,第 89 页。
② 王利明:《合同法》,中国人民大学出版社,2002 年版,第 135 页。

力,指合同的约束力,它存在于自合同成立到终止的全过程,合同的有效无效系指此意。狭义的合同效力,指合同约定的权利义务发生或者消灭,它存在于合同自生效至失效的全过程。"①陈小君认为"合同的效力,又称合同的法律效力,它是指已成立的合同将对合同当事人乃至第三人产生的法律后果,或者说是法律约束力。这种法律后果是立法者意志对当事人合意评价的结果。当法律对当事人合意予以肯定性评价时,发生当事人预期的法律后果,即合同生效;当法律对当事人合意基于全然否定性评价时,则发生绝对无效的后果;当法律对当事人合意给予相对否定性评价时,发生合同可撤销或效力未定的后果。"②

(三)合同有效的要件

根据我国合同法的规定,合同有效的条件应至少包括以下三个方面的内容。

1. 当事人适格

当事人适格,即做出意思表示并达成合意的双方当事人必须具备法律规定的合同主体的资格,否则,其所订立的合同无效。但实践中对以下问题应给予必要的关注:第一,限制民事行为能力人和无民事行为能力人的主体资格问题。限制民事行为能力人和无民事行为能力人能否成为合同权利的享有者、合同义务的承担者? 在理论上有不同看法,但从法律的角度上来说他们当然可以成为合同主体。例如就未成年人合法所有的财产进行处分的合同,未成年人可以享有合同权利、承担合同义务,精神病人也可以成为合同主体,只不过上述两类人一般不具有亲自行使合同权利的资格,也不具有独立履行合同义务的资格,他们的权利义务由其法定代理人代为行使和履行,即由别人代为履行权利。但

---

① 参见赵旭东:《论合同的法律约束力与效力及合同的成立与生效》,《中国法学》,2000 年第 1 期,第 88~89 页。

② 陈小君:《合同法》,高等教育出版社,2003 年版,第 160 页。

是,一般情况下,无民事行为人、限制民事行为能力人因为认识能力、智力发育的水平或精神状态等原因,不能独立做出意思表示,因此,不能成为订立合同的主体,但也有例外,如无民事行为能力人、限制民事行为能力人可以订立其纯获益的合同,还有接受赠予、接受颁奖等。无民事行为能力人必须由其法定代理人代理,限制民事行为能力人订立的合同必须得到其法定代理人的追认,法定代理人明示拒绝或在法定期限内未表示追认的,限制民事行为能力人订立的合同不发生法律约束力。第二,法人或其他组织超越经营范围或超越其成立宗旨订立的合同是否有效问题。法人的权利能力和行为能力是统一的,其范围由经批准的经营事项或设立宗旨所确定,从法理上讲、超越其权利范围订立合同,由于法人不具有相应的权利能力和行为能力,又不存在事后追认的可能性,因此,应当认定此类合同无效。但在实践中,有人认为应具体情况具体分析。即对某些法人超越范围订立的合同,如果确是为了履行而且也有能力去履行,并且对方也只有通过合同的履行才能实现合同目的的,应当认定合同有效。一方面,有些法人的经营范围已经发生了改变,具有相应的实际经营能力,只是没有办理相应的变更登记手续;另一方面,认定有效有利于保护善意一方当事人的合法权益。此种类型的合同是否有效,还有待具体分析。首先,应明确这类合同是否属于法律明确规定无效合同的情形,如果合同法或其他法律明确规定这一合同属于无效合同,则应依照法律规定判定其为无效合同;其次,对于只是因为缺少有效要件的情形,可以通过某些补救手段予以完善,增加要件使其成立,例如补办变更登记手续即可使合同具备有效的要件。至于是否应当保护合同对方当事人的合法权益,不是主要的考虑因素。因为,合同有效则对方当事人是受益者;即使合同无效,也与其主观上没有尽到合理的注意义务有关,它并非是"善意"的当事人。

2. 合同不得违反法律的强制性规范

合同不得违反法律的强制规定,即当事人订立合同的目的、合同中确定的条款、合同的形式以及订立合同的程序等,均不得违反法律的强制性规定。法律规范依据强制程度的不同,可以分为强制性规范(包括义务性的作为规范和禁止性的不作为规范两种)和任意性规范,当事人不遵循任意性规范,不会导致合同无效,只有违反强制性规范,才会导致合同无效或不生效。由于合同法属于民法范畴,调整的是极为重要的合同关系,而且强制性规定本身体现了一国法律对合同自由的限制,因此,这里的强制性规范特指我国全国人民代表大会及其常务委员会通过的法律和国务院颁布的行政法规中的强制性规范,不包括其他法律文件中的强制性规范。

3. 合同当事人意思表示要真实

所谓意思表示,是指向外部表明愿意发生一定法律效果的意思的行为。意思表示是构成法律行为的要素,意思表示真实是构成有效合同的先决条件之一,一方在被欺诈、胁迫或者重大错误下订立的合同往往非其真实意思表示,属于无效或可撤销的合同。

(四)合同效力的种类

合同效力是一个内涵和外延都极为丰富的法学概念,在我国合同相关法律中仅用"生效"二字表达,不但不能明确的表达合同效力内涵,也不能明确的表达出合同效力的外延,引起了理论界与司法实践中对合同效力理解的歧义。剖析合同效力内涵外延,正确认识合同效力的概念显得十分重要。

1. 成立效力与履行效力

从逻辑上分析,《合同法》中"合同生效"规定应包含成立效力、履行效力这两个方面的内涵。自此,《合同法》第 44 条规定:"依法成立的合同,自成立时生效。"《合同法》第 45 条规定:"附生效条件的合同,自条件成立时生效。"《合同法》第 46 条规定:"附生效期限的合同,自期限截止时生效。"对于合同生效时间的法律条文相冲突的问题也就迎刃而解了;《合同法》第44条规定:"依法成立的合同,自成立时生效。"这里所说的"法律约束力""生效"应当包括合同的成立效力,其主要内容是:任何一方当事人"不得擅自变更合同",也不得实施有害债权期待的行为,否则,当构成预期违约。正是这个成立效力,构成了预期违约制度得以确立的法律基础。《合同法》第45条、第46条所说的"生效"应当是指合同的履行效力。也就是说,在生效条件成立之前和履行期限截止之前,合同虽有成立效力,但却不发生履行效力,当事人的债权虽已设定,但请求权不发生。债务人则享有期限和条件利益的抗辩。正是这个履行效力,才使债权请求权发生效力,并使债务的履行成为必要,同时使违约责任得以成立。

2. 物权效力与债权效力

"契约之效力为债之发生"合同为债的发生的原因,合同的效力是债的发生,合同在当事人之间产生权利义务关系,当事人受合同约束,合同债的效力是合同效力的主要和直观表现。但合同的效力不仅局限于此,当事人预期法律效果的发生,即合同目的的实现,才是当事人订立合同真正希望达到的目的,也是合同效力的内容。在以物权变动为目的的合同中,当事人预期法律效果就是发生物权变动。因而,物权效力是此类合同效力的当然内容。前边所说的"成立效力""履行效力",应当是指合同的债权性权利,其核心是请求权。而《担保法》第41条规定:"抵押合同自登记之日起生效",这里所说的"生效",应当是指合同的物权性效力,其核心是支配权。

德国的学者把一个引起物权变动的交易行为分成两个或者多个合同,一个引起债的关系发生的债权合同和一个引起物权变动的物权合同。在承认物权行为独立性、无因性的国家或地区,依合同发生物权变动(含所有权、用益物权和担保物权)的场合,往往都存在一个独立的物权合同,这无可厚非。然而,我国合同法及物权法等相关法律并没有采用德国法中物权行为理论,当然也不承认物权行为的独立性及无因性。在此前提下,主张合同分为债权合同和物权合同两种类型,这不仅与德国法承认物权合同独立性与无因性的合同法理论南辕北辙,而且从逻辑的角度看,也显然缺乏合理的划分标准。极其抽象的物权合同概念也被认为不符合我国的法律传统,阻碍我国法律共同体的构建而摒弃。这不是因为我们对物权合同这一概念本身存在什么偏见,而是因为在现实社会法律生活中,一般地说,不可能存在无任何原因的单纯孤立的物权变动。也就是说,离开特定原因事实或原因关系,单纯孤立的物权变动是不会发生的。因此,如果不把原因事实或原因关系独立出去,就不存在单纯的物权合同。因此,在我国对此的解释是以物权变动为目的的合同中,物权效力和债权效力是合同效力的两个方面。

3. 对内效力与对外效力

"民法为维持债务人之财产,以保全债之给付,故认债之效力可及于第三人。此债权人代位权及债权人撤销权由此而生。此效力,称为债之对外效力,其对于债务人之效力,称为对内效力。"[①]可见,合同效力有对内、对外之分。合同的内容是当事人自由意志的体现,国家公权力充分尊重当事人自由意志,只要合同约定内容不违反法律禁止性规定便可优先于法律适用。基于合同自由原则,合同效力所具有相对性,即合同仅能约束当事人,它不能被第三人所利用,也不得给第三人造成损失。合同对合同当事人的效力,即合同对内效力。随着工业革命的进行和社会发展,"个人本位"的法律思想向着"社会本位"转变。合同法传统理论对合同自由原则的独崇有所收敛,诚实信用原则的重要性受到关注,为合同效力的扩张提供了"原动力"。合同效力范围的扩张,使其效力范围不仅及于合同当事人,并且也发生及于第三人

---

① 参见舒婧:《合同效力的分类》,《商业经济》,2013 年第 1 期,第 120～121 页。

的效力,即合同对外效力。

合同的对内效力主要表现在:合同约定当事人的权利义务。当然,对合同虽然没有做出明文规定,但与合同履行有不可分割联系的附随义务,如注意义务、通知义务、照顾义务、说明义务、保密义务、忠实义务、不作为义务等,也应该根据诚实信用原则履行。还包括合同义务、后合同义务。对合同权利、义务的效力具体来说合同权利是合同规定的权利人依法享有的权利,其效力主要表现在债权的请求力、执行力。但当事人滥用权利则为法律所禁止。当事人应全面履行合同规定的义务,以实现对方权利,完成合同义务。针对不完全履行合同义务、不全面履行合同义务以及迟延履行合同义务的事实所设置的请求权、抗辩权等,也是合同效力的表现。对合同责任的效力,当事人违反合同义务,需承担合同责任。此时,合同的效力表现为违约一方承担违约金、赔偿损失等不利后果。①

三、胡大军女儿的行为构成表见代理

所谓表见代理,是指行为人虽无代理权,但善意第三人有充分理由相信行为人有代理权,并因此与之民事能力,该项民事行为的法律效果直接归属本人的法律制度。该案中,胡大军的女儿胡曼璞的行为构成表见代理。

判断胡大军的女儿胡曼璞的行为是否构成表见代理,要看胡曼璞的行为是否符合表见代理的构成要件,如果符合即构成表见代理。从表见代理的构成要件来看,主要有两种说法,第一种是单一要件构成说和双重要件构成说,第二种是一元论与多元论之争。本文同意双重要件构成说,双重要件说除了具备代理权的表象外,还得认定本人是否存在主观过失,只有二者都具备了,才能构成表见代理,否则不构成表见代理。

---

① 参见杨思留:《合同成立与合同效力的要件研究》,《中国矿业大学学报》,2000年第 1 期,第 65～66 页。

(一)胡大军的女儿胡曼璞实施了无权代理行为

无权代理是指在没有代理权的情况下以他人名义实施的民事行为的现象。可见,无权代理并非代理的种类,而只是徒具代理的表象却因其欠缺代理权而不产生代理效力的行为。无权代理有广义和狭义之分。广义的包括表见代理和表见代理以外的无权代理。狭义的仅指表见代理以外的无权代理。位于阿合奇县健康路 3 院 6 号的一套平房,其房屋产权是属于户主胡大军,所以在本案中,胡大军的女儿胡曼璞的行为属于无权代理行为。

(二)胡大军的女儿胡曼璞有被授权的表征

客观上存在第三人有理由相信无权代理人有代理权的情形。胡曼璞系胡大军长女,足以使刘瑞峰相信其有代理权,能够代表胡大军实施代理行为。不仅如此,在 2006 年 12 月 18 日刘瑞峰还向胡大军长女胡曼璞支付了 30000 元购房款,刘瑞峰也有理由相信胡曼璞系代理父亲胡大军收受房款,具有代理权,能够代表胡大军实施代理行为。胡曼璞认为其收受的是租金,且收款后一直未告诉父亲,胡大军也不知道购房协议已履行完毕,显然有悖常理。胡大军虽未明确授权,但胡曼璞的行为符合表见代理的情形。

(三)刘瑞峰善意且无过失

善意第三人是指第三人不知或者不应当知道代理人所实施的行为是无权代理行为,且第三人的这种不知情并非是因其疏忽和懈怠所造成的,即第三人主观上无过失。一般来说,第三人对于代理人的身份及其权限不必要向本人核对,但应对代理人出示的证明文件进行认真审核,尽到善意相对人的注意义务。如不予审核或审核不严,轻率地相信代理人有代理权,则第三人无权主张表见代理,而应因自己的过失承担不利的法律后果。胡大军与刘瑞峰经过协商达成口头房屋买卖协议后,通过其女胡曼璞收到刘瑞峰购房款 3 万元,并由胡曼璞出具收条一份,载明系收到购房款,尔后将房屋交与刘瑞峰居住。且阿合奇县建设局在为期三个月的入户调查、公示、拆迁过程中,在这么长的一段时间内胡大军及其子女未提出任何主张房屋所有权的要求。该局遂与刘瑞峰签订阿合奇县住宅拆迁补偿协议。①

综上所述,胡大军的女儿胡曼璞的行为符合以上表见代理的构成要件,即构成表见代理。

四、房屋买卖合同有效

一般把合同分为无效合同和有效合同两类,判断合同是否有效,要看订立的合同是否符合合同成立的构成要件。② 有效合同要符合以下两个方面的要求:一是当事人适格;二是合同不得违反法律的强制性规范;三是合同当事人意思表示要真实。

当事人适格,即做出意思表示并达成合意的双方当事人必须具备法律规定的合同主体的资格,否则,其所订立的合同无效。未成年人和精神病人也可以成为合同主体,只不过上述两类人一般不具有亲自行使合同权利的资格,也不具有独立履行合同义务的资格,但本案中的刘瑞峰、胡大军及胡大军的女儿胡曼璞都是完全民事行为能力人,所以他们都具备法律规定的合同主体的资格。

合同不得违反法律的强制性规范,即当事人订立合同的目的、合同中确定的条款、合同的形式以及订立合同的程序等,均不得违反法律的强制性规定。法律规范依据强制程度的不同,可以分为强制性规范(包括义务性的作为规范和禁止性的不作为规范

---

① 丁志忠:《表见代理的构成要件》,http://zhidao. baidu. com/link? url=sicrjAFE3jRI-S7Hxs8TeglCFjqtIyhpjXC7TntZ54R9KzWkCwalTYmyX9IWEN3s_vXATQe4vRhL41F6aq1FSl-yZ_WvpVIu-gWd6KSHbqnTW。

② 左菲:《合同效力的分类》,http://zhidao. baidu. com/link? url=SuOcW0e8cs-Osbrxq4iq38ySg9IoTdrdJHVrt_wesr-XTkIl dNEw001TtkWhvzVfKm1TttjPwSXRYfl6-KAnlja4tK7KTh8qgdg2C9Vv1dM3。

两种)和任意性规范,当事人不遵循任意性规范,不会导致合同无效,只有违反强制性规范,才会导致合同无效或不生效。由于合同法属于民法范畴,调整的是极为重要的合同关系,而且强制性规定本身体现了一国法律对合同自由的限制,因此,这里的强制性规范特指我国全国人民代表大会及其常务委员会通过的法律和国务院颁布的行政法规中的强制性规范,不包括其他法律文件中的强制性规范。胡曼璞作为成年人和国家机关工作人员,理应知道接受刘瑞峰购房款 3 万元的含义,其出具的收条足以证明其知晓父亲胡大军与刘瑞峰达成房屋买卖协议,刘瑞峰有理由相信胡曼璞系代理胡大军收受房款,具有代理权,能够代表胡大军实施代理行为。在二审中,胡曼璞辩称其收受的是租金,且收款后一直未告诉过父亲,胡大军也不知道购房协议已履行完毕,显然有悖常理。胡大军虽未明确授权,但胡曼璞的行为符合表见代理的情形,其收受购房款和出具收条的行为表明胡大军与刘瑞峰达成的口头购房协议已经生效,且符合民事活动规则和当时的市场行情。

所谓意思表示,是指向外部表明愿意发生一定法律效果的意思的行为。意思表示是构成法律行为的要素,意思表示真实是构成有效合同的先决条件之一,一方在被欺诈、胁迫或者重大错误下订立的合同往往非其真实意思表示,属于无效或可撤销的合同。本案中的双方意思表示真实,胡大军与刘瑞峰双方自愿经过协商达成口头房屋买卖协议。胡曼璞是胡大军的代理人,代表父亲胡大军实施代理行为,代替父亲做出意思表示,收受刘瑞峰 3 万元,并出具收条一份,载明系收到购房款。不论是胡大军与刘瑞峰之间,还是胡曼璞与刘瑞峰之间,都做出了相应的意思表示,表明愿意发生一定的法律关系。

本案胡大军与刘瑞峰之间虽是口头协议,但已符合房屋买卖合同成立的条件,且双方之间的房屋买卖协议不违反法律的强制性规定,是合法有效的。胡大军已经向刘瑞峰交付了买卖标的物即房屋,根据《最高人民法院关于审理商品房买卖合同纠纷案件适用法律若干问题的解释》第十一条之规定，交付了房屋即转移了风险。根据风险利益相一致的原则，该房屋的拆迁利益应归刘瑞峰所有。

结语

胡大军的女儿胡曼璞的行为符合表见代理的构成要件，胡曼璞与刘瑞峰二人之间的口头协议，符合合同成立的构成要件合法有效，胡曼璞的民事行为所产生的法律后果由胡大军承担。新疆高级人民法院再审认定的事实正确，适用法律准确，判决合理合法。

杨刚、陈玉因诉珙县支行确认
合同无效纠纷案评析[①]

引言

杨刚与陈玉因于 1992 年 7 月登记结婚。兴文县煤炭工业有限责任公司(简称煤炭公司)于 2007 年 10 月 19 日向宜宾市商业银行股份有限公司珙县支行申请借款 100 万元,2007 年 10 月 21 日双方签订《借款合同》。双方约定借款为短期抵押担保贷款;借款金额 100 万元;借款期限 2007 年 10 月 21 日至 2007 年 12 月 21 日。2007 年 10 月 19 日,保证人杨刚、陈玉因与债权人珙县支行订立了《保证合同》,内容为保证人为煤炭公司在珙县支行的 100 万元借款提供保证,被保证的主债权种类、数额为短期抵押担保贷款 100 万元,保证方式为连带责任保证。《保证合同》尾部保证人杨刚签章处为杨刚本人签名,保证人陈玉因签章处非陈玉因本人签名。2007 年 10 月 24 日,珙县支行将 100 万元汇入煤炭公司账户。借款到期后,债务人煤炭公司未按约定期限偿还借款。2009 年 2 月 10 日,煤炭公司向珙县支行偿还了借款本息。2012 年 9 月,杨刚、陈玉因起诉,要求确认 2007 年 10 月 19 日珙县支行与杨刚、陈玉因签订的合同无效。珙县人民法院于 2012 年 11 月 15 日做出(2012)宜珙民初字第 1077 号民事判决:驳回杨刚、陈玉因的诉讼请求。杨刚、陈玉因不服一审判决,向四川省宜宾市中级人民法院提起上诉,1. 珙县支行与煤炭公司恶意串通找人冒充

---

① 感谢陈思思同学为本文的资料收集和文字处理所付出的努力。

陈玉因签字的《保证合同》无效;2.杨刚虽然在《保证合同》上签字,但是杨刚同意提供保证担保是建立在合同主债务人提供了249万元的抵押担保物,保证人没有任何风险的前提下签字同意的,但实际上抵押物并不存在,故保证担保是在违背上诉人杨刚真实意思表示的情况下做出的,该《保证合同》应属无效。宜宾市中级人民法院于2013年2月4日做出(2013)宜民终字第143号民事判决:驳回上诉,维持原判。杨刚不服二审判决,向四川省高级人民法院申请再审称,1.珙县支行与煤炭公司恶意串通找人冒充陈玉因签字的《保证合同》无效;2.杨刚虽然在《保证合同》上签字,但是杨刚同意提供保证担保是建立在主债务人提供了249万元的抵押担保物,保证人没有任何风险的前提下签字同意的,但实际上抵押物并不存在,因此保证担保是在违背杨刚真实意思表示的情况下做出的,杨刚的保证应属无效;3.煤炭公司100万元的贷款系杨刚偿还,原审认定系煤炭公司偿还不当。四川省高级人民法院于2014年11月25日做出(2014)川民提字第397号民事判决书,维持四川省宜宾市中级人民法院(2013)宜民终字第143号民事判决。本案争议的焦点主要是,保证合同的效力以及保证人承担责任的问题。

一、保证合同的成立要件

(一)保证合同的概念和特征

民法上的保证是指保证人将其一般责任财产为特定第三人债权的实现提供担保的一种担保方式。进而得知,"保证合同是指为了担保债务的履行和实现,由保证人和债权人订立的明确相互权利义务关系,当债务人不履行债务时,由保证人代为清偿或承担责任的协议。"[①]保证合同是当事人之间合意的结果,能成为

---

① 赵威:《经济法》,中国人民大学出版社,2012年版,第72页。

保证人与债权人之间权利义务发生之依据,并以此实现当事人所预想之目的,需要当事人之间成立保证的合意并得到法律肯定的评价为前提。与物权担保方式的法定性要求不同,作为一种合同担保方式,法律对此种担保方式合法性的评价也只通过对合同效力的评价来实现。保证合同具有如下特征。

(1)保证合同是一种有名合同,即由法律直接规定其名称及内容的合同。

(2)保证合同是从合同。根据有无主从关系,合同可分为主合同与从合同。不以他种合同为存在的前提,能自身独立存在的合同为主合同;必须以他种合同为前提的合同为从合同。保证关系是从属于主债关系而存在的,保证合同也因而具有从属性,是从属于主合同而存在的。

(3)保证合同是单务合同。根据双方权利义务的有无关联性,可将合同分为双务合同与单务合同。当事人双方都承担一定义务的合同,叫做双务合同。在双务合同中,当事人的权利与其义务是相互关系的,有权利必担义务,有义务也必享有权利。而单务合同则是当事人一方只承担义务不享有权利,另一方只享有权利而无须承担义务的合同,权利义务并没有关联性。保证合同便是保证人一方承担保证义务而不享有权利,主债权人只享有权利而无须承担义务的合同。保证合同是单务合同。

(4)保证合同是无偿合同。根据合同的权利有无对价的特性,可将合同分为有偿合同与无偿合同。有偿合同是指享有权利必须偿付相应的代价的合同,典型的是买卖合同,一方支付货币对方交付物品等。享有权利而不必偿付相应代价的合同,如赠与等为无偿合同。保证合同是无偿合同,即债权人享有保证请求权,而不必向保证人偿付代价。

(5)保证合同是诺成合同。根据合同的成立是否需要交付标的物为要件的标准,将合同分为诺成合同和实践合同。诺成合同是当事人双方就合同必要条款经协商达成一致时即为成立的合同。除当事人经协商达成一致外,还需要交付标的物才能成立的合同,称之为实践合同,或要物合同。保证合同是一种担保之债,属于比较典型的诺成性合同。其成立无须担保人交付财产,只要双方当事人意思表示一致,合同就告成立,可见,保证合同是诺成合同。

(6)保证合同是附停止条件的合同。根据合同有无一定条件作为其效力发生或消灭的依据,合同可分为附条件的合同和不附条件的合同。附条件合同的所附条件实际上反映着当事人的动机和目的。这里所说的条件有停止条件和解除条件两类。停止条件是指在条件未出现时,合同的效力处在停止或静止状态;解除条件是指条件出现时,合同效力随即解除。"保证合同是一种附停止条件的合同,这个条件就是债务人不履行债务。当债务人届期不如约履行债务时,即条件出现时,保证合同始发生效力。"①

(二)保证合同的成立要件

合同成立是指缔约方就特定民事权利义务关系的设立、变更、消灭协商一致达成协议的事实状态。合同成立的一般条件:一是存在双方或多方合同当事人;二是各方当事人必须向他方做出能使合同成立的意思表示;三是数方当事人协商一致形成合意。合同成立的特殊条件:实践性合同的成立除具备一般成立条件外还应有实际交付实物行为。保证合同的成立要件:一是要有保证人和债权人两方合同当事人;二是保证人向债权人表示债务人不履行债务时由保证人代为履行;三是债权人接受保证人的保证意思;四是保证人与债权人协商一致形成合意。保证是诺成性合同,双方意思表示一致保证合同就能成立。

二、保证合同的效力要件

确认合同效力是解决合同纠纷的首要条件。保证合同是债

---

① 张玲:《保证合同的特征》,http://www.lawtime.cn/info/hetong/baozheng/2009121535552.html。

权人和保证人之间订立的合同。若保证合同有效,当债务人不履行债务时,保证人就需要履行或承担债务责任。而当保证合同无效时,债务人、债权人和保证人之间所期望的法律约束力就会大大下降,但合同无效并不表明不发生任何的法律后果。保证合同一旦被确认为无效,当事人承担的责任就不再是担保责任,而是承担的缔约过错责任。所以说确认保证合同是否有效是平衡债权人、债务人和保证人之间利益的有效保障。当然保证合同有效成立必须具备一定的特别条件。如若欠缺保证的有效条件,保证合同必然不会发生效力。如今,因保证合同产生的合同纠纷案比比皆是,但由于法律的漏洞使法官在判决时很难认定合同的效力问题。什么样的条件产生能使保证合同有效? 什么样的原因产生能造成合同无效? 具体分析如下。

(一)影响保证合同自身效力的因素

1. 影响保证合同效力的主体因素

影响保证合同效力的主体因素首先是主体缔约保证的能力,即保证人的民事行为能力。"保证"作为一项特殊的法律行为和一般的民事法律行为相比较存在着巨大的风险,所以保证人对于自己所要从事的这一保证行为要抱有足够的理性、清晰的认识。并且需要保证人在认识的基础上成为独立保证的意思表示。当然,也只有当保证人具备了这样的能力,法律才能够赋予保证人缔约案合同的行为能力。"保证人是受到债务人的委托,对债务履行承担保证义务并承担保证责任的人,若主体缔约能力有瑕疵,则主体将视为不合格,即保证合同的主体保证人缺乏相对应的缔约保证合同的能力。所以,影响保证合同效力的主体因素之一是保证合同主体的民事行为能力。"①其次,影响保证合同效力的主体因素是保证人的代为清偿能力。《担保法》第七条规定:

---

① 参见葛义伟:《保证合同效力研究》,兰州大学,2015 年硕士论文。

"具有代为清偿能力的法人、其他组织或公民可以作为担保人。"因为在保证中的债务是债务人的代清偿债务,所以保证人也必须具有代偿能力。但是有学者认为:"清偿能力不能够属于民事行为能力的范围。对于那些民事主体行为能力的限制往往是针对于民事主体主观的意识、认识能力方面而不是着眼于客观的实际履行能力,学者认为,只要行为人拥有从事保证活动的权利和行为能力就能够成为保证人。"①还有学者认为:"代清偿能力不能完全认定为保证合同的要件,理由如下:一是不同时期的代清偿能力不一样。保证人的财产到承担保证责任时也是不确定的;债权人对债务人和保证人到清偿债务时还有选择性,所以不能以清偿能力作为保证合同的有效要件。二是将清偿能力作为保证合同的有效要件,不利于债权人的合法权益保护。三是具有代为清偿能力的人可以作为保证人是一般的警示用语,号召债权人找到清偿能力的人为保证人,避免不具备清偿能力的人为保证人。"②所以笔者也同样认为不能以清偿能力作为保证合同的有效要件。

2. 影响保证意思的因素

保证合同的双方当事人对保证合同的意思表示应该一致,并且当事人对于保证的意思表示必须真实。意思表示一致是保证合同的成立要件。所谓意思表示一致是指双方当事人对未来合同的必要条款(或谓必要之点)形成合意。何为保证合同的必要条款?按《担保法》第十五条之规定:"保证合同应当包括以下内容:被保证的主债权种类、数额;债务人履行债务的期限;保证的方式;保证担保的范围;保证的期间;双方认为需要约定的其他事项。保证合同不完全具备前款规定内容的,可以补正。"③

---

① 参见孙树国:《论无效保证合同》,中国政法大学,2001年硕士论文。

② 参见易骆之:《对保证合同效力及责任问题的思考》,《财经理论与实践》,1998年第2期,第90~91页。

③ 参见张平华、吴兆祥:《论保证合同中意思表示问题》,《人民司法》,2006年第7期,第71~74页。

保证就是保证人凭借自己的信用为债务人做担保,所以保证人应该明确承担保证责任的意思表示。无论在大陆法系的国家还是英美法系的国家,立法都让意思表示不真实视为影响合同生效的重要因素。我国将意思表示不真实分为以下几个方面。

(1)主合同当事人的双方相互串通而影响到保证合同的效力。其构成要件为:①主合同当事人的主观上有恶意。即明知会使保证人受骗仍故意为之;②主合同当事人客观上相互串通,即债权债务人为了达到某种目的以相互配合和默许的方式骗取保证人提供担保;③保证人因受骗而提供的担保行为。

(2)主合同债权或债务人采取胁迫的手段而影响到保证合同的效力。其构成要件为:①债权或债务人主观上故意,通过胁迫行为使保证人陷入恐慌及无法反抗;②债权或债务人以未来的损害威胁保证人。例如:生命、自由、财产等;③保证人因受到胁迫而提供了保证。

(3)债权或债务人以未来的损害威胁保证人。例如:生命、自由、财产等。

(4)本人不追认无权代理人所订立的保证合同的效力。此种行为会造成保证合同的无效。例如:利用职务之便,用公司的公章为自己提供保证的行为。

(5)债务人和保证人因共同欺诈债权人而订立的合同的效力。依据《合同法》的规定,只要这种欺诈行为尚不构成侵害国家利益,主合同应为可撤销的合同,如果主合同因撤销而无效,保证合同作为从合同也应无效。按照《担保法司法解释》第8条的规定,"主合同无效而导致担保合同无效,担保人无过错的,担保人不承担民事责任。担保人有过错的,担保人承担民事责任的部分,不应超过债务人不能清偿部分的三分之一。"由于保证人与债务人共同实施了欺诈行为,对主合同的无效也有过错,此时保证人应承担缔约过失责任,其中保证人的过错通常指保证人明知主合同无效而仍为之提供担保或保证人明知主合同无效仍促使主合同成立或作为主合同成立的中介等。在此情形下,保证人承担缔约过失责任的范围不能超出债务人不能清偿部分的三分之一。此外,按照《担保法司法解释》第 41 条的规定:"债务人与保证人共同欺骗债权人,订立主合同和保证合同的,债权人可以请求人民法院予以撤销。因此给债权人造成损失的,由保证人与债务人承担连带赔偿责任。"①此处,债务人与保证人的共同欺诈可构成共同侵权,二者须承担连带赔偿责任。据此,因债务人、保证人共同欺诈债权人,债权人撤销主合同后,可对债务人、保证人主张缔约过失责任与侵权责任,此时构成责任竞合。由于两种责任构成要件、损害赔偿范围均不同。

(6)因第三人欺诈、胁迫而订立的保证合同的效力。对此,理论上存在不同观点:第一种观点认为,"因第三人欺诈、胁迫而订立的保证合同是有效的。理由是:因受合同相对人欺诈、胁迫而订立的保证合同,保证合同固应无效。但是,保证合同是否是因欺诈、胁迫而订立的,应以保证人与债权人之间是否存在欺诈、胁迫的事实为准,而不能以其他事实为根据。"②换言之,第三人不是合同当事人,其欺诈、胁迫行为属于合同外的其他事实,对合同效力没有影响。第二种观点认为,"因主债务人的欺诈而为保证者,如果债权人明知或可得而知该事实,则保证人享有撤销保证合同的权利。如果第三人为债权人的代理人或辅助人,则第三人的欺诈等同于债权人的欺诈。理由是:作为单务、无偿契约,保证应特别受到诚信原则之保护,债权人所负其本人及其代理人或辅助人真实之义务,较其他契约为强。"③

本文赞成第二种观点,并且认为,其一,如果有证据证明债权人参与了主债务人实施的欺诈、胁迫行为时,可以按照主合同双方当事人恶意串通骗取保证处理。其二,如果债权人知道或应当知道主债务人欺诈、胁迫的事实时,债权人将对保证人负有告知

---

① 曹士兵:《中国担保诸问题的解决与展望》,中国法制出版社,2001 年版,第169~170 页。

② 郭明瑞:《担保法》,法律出版社,2004 年版,第 37 页。

③ 史尚宽:《债法各论》,中国政法大学出版社,2000 年版,第 892 页。

义务,其违背告知义务可构成欺诈,《担保法司法解释》第 40 条明确规定:"主合同债务人采取欺诈、胁迫等手段,使保证人在违背真实意思的情况下提供保证的,债权人知道或者应当知道欺诈、胁迫事实的,按照担保法第三十条的规定处理。"即此时保证合同无效。其三,如果第三人是债权人的代理人、雇佣人、辅助人时,第三人的意思或行为不具备独立性,其实施欺诈行为的后果应由债权人承担。

(二)从属性规则下保证合同效力

1. 保证合同效力从属性理论

"所谓从属是指附随、依附的意思。债权上的从属性是指同一债权人同时享有以同一利益为内容的数项债权,其中一项债权具有主导地位并决定债权人享有何种利益,其他数项债权则依附于该主导性债权,并指向该主债权,这些债权相对主导地位的债权就是处于从属地位的债权,具有从属性。保证合同是为担保主合同履行而设立的合同,在保证担保涉及的债权人、债务人、保证人三方当事人中,债权人享有对债务人的债权和对保证人的债权两项债权,其中对债务人的债权是具有主导地位的债权,即主债权,对保证人的债权则是处于从属地位的债权,为从债权,从债权附随于主债权。"[1]所以说,债务人对债权人的债务是主债务,保证人对债权人的债务是从债务,从债务附随于主债务。

保证的从属性具体表现在:第一,在成立方面具有从属性。即保证债务以主合同的存在为前提,没有主合同的存在,就谈不上保证的成立,因为,如果没有主合同所确立的债权债务关系,谁也不会庸人自扰,非拉着别人去担保一个不存在的债权不可。第二,在范围方面具有从属性。主要是指保证责任的范围只能等于或小于主合同责任的范围,不得大于主合同责任。保证债务无论

---

① 杨德华:《关于保证的从属性和独立性——以保证担保在司法实践中的运行为视角》,苏州大学,2013 年硕士论文。

就其内容还是形式,都只能轻于主债务而不能重于主债务。第三,在主债务变更和消灭方面具有从属性。在不改变主债务内容同一性及不加重保证人负担的前提下,根据主债务的变更,保证债务也随之变更。主债务消灭时,保证债务当然消灭。第四,在移转方面具有从属性。即主债权移转,保证责任也随之移转。第五,承担责任的从属性。此处的从属性是指"除了连带保证或者保证关系当事人之间有相反约定的情况下,债权人对保证人的债务清偿请求权,只能在债务人不履行或者不能履行时才能行使"①。

2. 主合同瑕疵效力形态下从合同效力

如果主合同被确认为无效,则保证合同也应该被确认为无效吗?按照一般的原则,保证合同的效力是从属于主合同的效力的,保证的成立与有效应该以主合同的成立与有效为前提。但是所谓的效力的从属性并不仅仅包括主合同无效导致从合同无效的这一种情形,而在我国的现行法中对于主合同的效力待定、部分无效、相对无效的情况下保证合同的效力仍然没有被涉及,所以笔者认为,在主合同的效力存在瑕疵的情况下保证合同的效力认定问题需要深入探索研究。

(1)主合同可撤销和保证合同的效力

如果保证人知道或应当知道可撤销这一事实,但是仍然提供了担保,则充分说明了保证人对于撤销权人不主张撤销这一行为是有心理预期的,所以说只要主债不因为合同的撤销而消失,则保证合同仍然是有效的。但如果保证人不知道主合同可撤销这一事实的情况下为主债权提供了担保,并且主债权人又不去主张合同撤销的情况下,保证人是否可以凭借主合同的效力瑕疵来主张保证合同的可撤销呢?有学者认为是不可以的,学者认为从表面看,债务人如果不去主张合同的撤销则会直接影响到保证人的

---

① 周辉斌:《银行保函与备用信用证法律实务》,中信出版社,2003 年版,第 100 页。

权益,但是保证人履行保证债务具有偶然性,纵使保证人承担了这种不公平,尚能通过法定的追偿权加以救济,所以此学者认为保证人无权主张保证合同的可撤销。此学者还认为"主合同的当事人之间的胁迫、欺诈和乘人之危的事实并没有影响到保证人的意思表示,所以保证合同双方当事人的表意并不存在瑕疵。即该学者主张保证人主张撤销与合同可撤销是由没有关系"①。但是笔者不同意此学者的观点。首先,笔者认为保证人没有义务去承担这种不公平的待遇,虽然保证人能通过法定的追偿权加以救济,但是这些步骤的实施也必将会给保证人带来时间、财力和人力的负担,同时在无形中形成了社会资源的浪费。其次,虽然当事人之间的胁迫、欺骗、乘人之危的事实没有影响到保证人的意思表示,但是当事人的这种行为是令人厌恶的,是违法的。而当事人在违法的情形下签的合同保证人不需要去承担责任。所以笔者认为保证人有权去主张合同的撤销。

(2)主合同的部分无效、效力待定和保证合同的效力

所谓合同部分无效是指合同的部分内容无效,其他的部分仍然有效。对于有效的部分的债权依然可以作为保证的对象,所以对于有效的部分债权,保证合同也依然有效。效力待定合同是指那些因为缔约人缔约能力的缺失而使合同处于既非有效又非无效的不确定状态,在这种状态下需要通过第三人同意或者不同意才能确定其最终效力。② 也正是因为效力待定合同的形态具备这样的特性,所以说根据效力的依附关系原则,保证合同也跟随主合同一样处于成立但尚未生效的状态。当然,在主合同的效力没有明确之前,保证合同的效力没有必要也不适合去确立。所以在这种状况下保证合同也处于另外一种意义上的"效力待定"状态,但是这种"效力待定"和真正意义上的效力待定两者之间存在着质的差异,因为在这种状态下的"效力待定"并没有具备享有形成权的第三方来对保证合同的效力加以追认的可能性。当然,例外

---

① 葛义伟:《保证合同效力研究》,兰州大学,2015 年硕士论文。
② 崔建运:《合同法》,法律出版社,2010 年版,第 80 页。

的情况总是在无形中就存在着,如若主合同当事人依据主合同效力待定这一事实,对保证人进行欺诈,让保证人在意思表示不清楚的情况下而订立了保证合同,则不管是否具有形成权的第三人已经对主合同进行了追认,保证合同都可以撤销。

三、保证人的法律后果

当担保合同有效时,保证人所承担的责任是保证责任,在这种责任下又根据担保合同的方式不同,其承担的保证责任也不同。当担保合同无效时,保证人所承担的责任是缔约过失责任,主要依据保证人在担保合同无效中过错的大小程度去承担相应的责任。当然,保证人在担保合同中也享有相应的权利,这些权利主要是对债务人或者其他相关人员的追偿权和对债权人的抗辩权。①

(一)保证合同有效的保证人责任

由于保证合同的保证形式不一样,所以不同的保证形式保证人所要承担的保证责任也会不同,以下是对不同的保证形式保证人所要承担责任的进一步说明。

1. 一般保证中保证人的责任

一般保证,指合同当事人在保证合同中约定债务人在无法履行债务时,由保证人去承担保证责任的一种保证方式。在这里所说的"不能履行债务"是指债务人没有能力或者从客观上没有办法履行债务,并不是指债务人因为主观上不情愿或拒绝履行债务。在一般保证的形式中,主合同的债务人所要承担的责任属于第一顺序的履行责任,而保证人承担的是具有补充性质的第二顺序的保证责任。但需要注意的是,若要构成一般保证的条件需要

---

① 葛义伟:《保证合同效力研究》,兰州大学,2015 年硕士论文。

保证人与债权人以书面保证合同的形式约定保证方式为一般保证,如果保证人与债权人对保证方式没有约定、约定的不明确或不运用书面形式去约定的,应当被视为连带责任保证。

2. 连带责任保证中保证人的责任

连带责任保证是"指合同的当事人在保证合同中约定了保证人和债务人承担连带责任的一种保证方式"[①]。如果债务履行期届满,债务人没有履行债务,那么无论是因为客观原因没有履行债务,还是因主观过错不履行,抑或是债务人有履行的能力却不想去履行的情况下,此时债权人不但可以要求债务人去承担责任,也可以直接要求保证人在其保证的范围里去履行债务。当然,保证人必须承担保证责任。

(二)保证合同无效的保证人责任

1. 保证合同自身无效后保证人责任

(1)主合同当事人有过错时,保证人所负的责任

我国法律规定,当债权人与保证人均有过错而导致保证合同无效时,保证人承担的责任份额为主债务人所欠份额的二分之一。

①保证合同主体的不适合。《担保法》及司法解释对一些组织或个人不能担任保证人有着明确的规定,例如国家机关、具有公益目的事业单位等,所以任何个人或者单位都不能因为不知道相关法律法规的规定进行抗辩意图去推卸责任。这种情况一旦发生,就意味着保证人和债权人对保证合同的无效都有过错,并且该过错是在磋商缔结合同阶段发生的,所以双方应承担的民事责任为缔约过失责任。

②主合同双方当事人恶意串通,使保证人意思表示不真实,

---

① 苑兆义:《担保合同中保证人的责任与权利》,《中国石油大学胜利学院》,2005年第 3 期,第 17 页。

保证人基于意思瑕疵所签订的合同无效。

③主合同的双方当事人运用暴力的手段使保证人违背意思表示的真实性而订立的保证合同,并且,此保证合同严重损害了集体利益或国家利益,则此合同是无效的。在这种情况下,由于保证合同是无效的,且承担保证责任的依据保证人也没有,因此保证人不需要去承担保证责任。需要承担责任的是债权人。当然,在保证人因债权人的某种恶意行为受到损失的情况下,保证人能够根据缔约过失责任要求债权人进行赔偿。

(2)主合同当事人无过错时保证人承担赔偿责任的性质

我国《担保法》规定,在保证合同无效而主合同有效的情况下,保证人与债务人对损失承担连带责任。什么样的情况下才视为债权人无过错?无过错的对象指的那些当事人?通过前文的探讨了解到,这里所谈的过错是指因为主合同无效在主观上所存在的过错,而不是因为保证合同的无效而产生的过错。我国法律规定,在保证合同无效的情况下,债务人和债权人需要共同去承担债权人的经济损失。这种承担方式就是连带责任。当然,连带赔偿责任由于自身的严厉性,使在其认定的时候非常严格。首先,从主观上来看,债务人和保证人之间存在着共同故意的行为,即,明明在知道自己的某种行为能让债权人在意思表示不真实的状态下去签订合同,还是放任不管并希望此结果发生的行为。与此同时,债务人和债权人之间需要存在意思联络,如果仅仅是故意而没有意思联络,则依然不能视为共同故意。其次,从客观上来看,主合同的债权人被欺诈是因为债务人和保证人共同采取行动的,并且两者之间存在着因果关系时,应承担连带责任。连带责任,如果从法律的立法目的来看,连带责任的实施是为了让债权人的债权得以实现,但是在保护债权人的同时却忽视了对债务人和保证人的保护,这显然是不公平的。债务人和保证人所需要承担连带责任的性质到底是什么呢?根据《担保法司法解释》第7条规定:"主合同有效而担保合同无效,债权人无过错的,担保人与债务人对主合同债权人的经济损失,承担连带赔偿责任;债权人、担保人有过错的,担保人承担民事责任的部分,不应超过债务人不能清偿部分的二分之一。"从此条规定不难看出,对于保证合同的无效主合同的债权人并不存在过错,而意味着保证合同的无效是保证合同当事人的主观过失。当然,在保证合同中,保证人的过失责任属于缔约过失,所以应当对债权人承担赔偿责任。在司法实践的过程中,债务人和债权人在主合同签订时,为了使债权得以实现,债权人往往要求债务人提供担保人,所以被确定下来的担保人的经济情况以及信誉度都是被债权人所了解的,因此,当保证的过错造成保证合同无效时,债务人理应被认定为与保证人存在着共同的过错。但是,"债务人的过错性质不能跟保证人的过错性质一致被认为是缔约过失责任。依据合同之债的相对原理来分析,缔约过失之债并不包括合同双方当事人以外的第三人。又因为债务人并没有去参与缔约磋商的行为,所以债务人所要承担的责任是民事责任。"①从《担保法司法解释》第 7 条中可以了解到保证人与债务人承担的是连带责任,也就由此说明,债务人和保证人之间存在着共同的责任基础。由于债务人不承担缔约过失责任,所以可以认定连带责任为侵权责任。可是,债务人与保证人之间所承担的责任性质又是怎样构成共同侵权责任呢?这就牵扯到侵权责任和缔约过失责任之间存在着竞合关系的可能性。

(3)保证人的不真正连带责任

①对"债权人经济损失"的应然解读

在主合同有效而保证合同无效且债权人又没有过错的情况下,对于债权人因为主债务不履行而造成的经济损失,债务人和保证人形成了不真正连带责任的法律关系,那么对于不真正连带之债的成立范围是什么?保证人在什么情况下需要和债务人一起承担的连带责任?难道债务人只要违约,保证人就要向债权人承担各种违约赔偿责任吗?这显然是不合理的。根据缔约过失

---

① 朱煜文:《无效保证合同认定及其赔偿责任》,安徽大学,2015 年硕士论文。

责任承担的条件可知:A. 如果保证人因其自身的过错导致保证合同无效,那么保证人需对致使债权人造成损失那一个部分承担责任赔偿。不谈缔约的直接损失,因主债务人不履行责任导致主债权人遭受的全部损失,保证人所要承担的责任仅就跟保证合同有因果关系的部分承担责任赔偿即可。保证合同无效时,债权从有保证转变成为无保证的债权进而使债权的安全实现系数降低的情况是债权人因为保证人的过错而面临的风险。当然,并不是安全系数的降低就能导致债权人的经济损失。而是只有当主要债务人对于主要债权不能承担时,这种安全系数的降低才会变为主债权人的经济损失。当然,在保证合同有效时,保证人在债务人履行不能时需要承担合同的义务,此时债权人不会因为主债务人的不能履行而造成损失。所以说,并不能因为债务人的违约,保证人就和他成立不真正连带责任,因为若是这样,对于保证人来说,保证人将会承担更重更严厉的赔偿责任,这显然是不公平的。只有因为债务人履行不能使债权人遭受损失时,才与保证合同的无效以及保证人过错存在缔约过失上的因果关系。所以说,不真正连带责任的成立范围应该根据债务人不能清偿部分的范围而定。B. 所谓债权人的经济损失其实就是债务人履行不能的部分,从根本上来说,债务人已经没有能力对自己的违约责任承担赔偿义务了,所以,这部分的赔偿责任必定由保证人去赔偿,那么,让债务人与保证人再去承担连带责任,在现实实践中已经变得毫无意义了,所以笔者认为,"连带赔偿责任"的表述在此法条中应该被剔除。

②对保证人责任上限的应然分析

以上所讲述的是保证合同的无效跟债权人无关,即债权人没有过错的行为。而当债权人和保证人对保证合同无效都存在过错时,在司法解释中有关于保证人需要承担民事责任的上限规定。笔者认为此责任的性质应该与债权人没有过错的情况下所承担的责任性质在本质上没有差别。《担保法》第五条规定:"担保合同被确认无效后,债务人、担保人、债权人有过错的,应当根据其过错各自承担相应的民事责任。"之所以用按份责任的原则来规定按过错各自承担相应的民事责任,是为了当债务人因履行不能而造成的损失时,应使赔偿义务人与受损人按照各自的过错承担相应的过错责任份额,此举措是为了平衡保证人和债权人之间的权利责任。可是,司法解释却规定了在此状况下保证人的责任上限,司法解释的起草者做出此规定是以维护法治统一、方便指导审判实践的角度来解答的。从立法角度来分析,《担保法》第五条确定债权人和保证人的责任划分是按照责任和过错相适应的原则来规定的。而按照司法解释所规定的强制性责任划分标准来看,如果保证合同的无效是因为保证人的重大过错,债权人的过错不足于考虑时,因为此规定的存在,保证人会免除很大一部分的赔偿责任,例如,如果按照责任和过错相适应的原则,保证人本应该承担九成的责任,但是由于此规定的适用,保证人的责任被限制成了五成。这不难看出,由于此规定,可能使过错者没有承担与过错相适应的责任,债权人的损失也可能会由此扩大。以此看来这并不符合公平的原则。"从司法实践角度来看,当裁判者在审理案件的过程中,裁判者应该根据具体的案件还是运用强制性规定的矛盾冲突是难以选择的。裁判者虽然要根据案件的事实来按照过错与责任相适应的原则按照过错比例使案件双方得到公平的对待,但是在实施时又不得不考虑现行法的规定,这显然是不合理的。"①所以在未来法中,裁判者应该以公平的原则,按照过错和责任相适应的原则来审理案件。

2. 主合同无效时保证人责任

(1)主合同无效保证人责任性质

保证合同是主合同的从合同,主合同无效,保证合同无效。造成主合同无效的原因一般是主合同双方当事人具有民法通则第56条和合同法第52条所列的情形之一。因主合同无效而导

---

① 张辰:《保证合同无效时保证人责任的认定》,《中财法律评论》,2015年第7期,第110页。

致保证合同无效的过失应在主合同的一方或双方当事人,保证人对主合同无效并无过错,一般不承担缔约过失责任。但是,如果保证人明知或应当知道主合同无效,仍对该合同提供保证的,在主合同被确认无效后,保证人就应承担缔约过失责任。保证人的过错不是表现在造成合同无效的原因,而在于其缔约时,已经认识到主合同无效,就应意识到该合同并无法律约束力,为之提供保证的担保合同也应该无效,在此情况下,保证人对主合同的债权人就负有通知等义务,不让无效的结果发生。保证人不履行该项义务,仍提供保证,说明其放任合同无效的结果发生,故对无效合同所产生的法律后果就应承担责任。[①]

(2)保证人的责任承担方式

保证人承担责任的方式可以分为一般担保和连带责任担保。保证人责任承担的方式不同,所造成的法律后果也不同,以下对一般担保与连带责任担保这两种不同的承担方式做一下比较。

一般保证是指"保证人仅对债务人不履行债务负补充责任的保证"[②]。《担保法》第十七条规定:"当事人在保证合同中约定,债务人不能履行债务时,由保证人承担保证责任,为一般保证。一般保证的保证人在主合同纠纷未经审判或仲裁,并就债务人财产依法强制执行仍不能履行债务前,对债权人可以拒绝承担保证责任。"一般保证是保证人享有先诉抗辩权的保证方式。

连带责任保证是指保证人在债务人不履行债务时与债务人负连带责任保证。《担保法》第十八条规定:"当事人在保证合同中约定保证人与债务人对债务承担连带责任的,为连带责任保证。连带责任保证的债务人在主合同规定的债务履行期届满没有履行债务的,债权人可以要求债务人履行债务,也可以要求保证人在其保证范围内承担保证责任。"可见,在连带责任保证中保证人的责任更大,并且不享有先诉抗辩权。

一般保证和连带责任保证的区别:

---

①从两者保证期间的确定上来看,一般保证和连带责任的保证期间都为主债权行期满六个月。

②从保证期间的性质来看,一般保证的保证期间适用于诉讼时效中断、中止是可变期间;连带责任保证的保证期间为除诉期间,是不可变更期间。

③从保证期间中保证人的免责条件来看,"一般保证的债权人没有在法定或约定的保证期间向债务人申请仲裁或提出诉讼,则一般保证的保证人免责;连带责任保证的债权人没有在保证期间向保证人提出权利主张,则保证人责任免除。"①

④从保证合同诉讼时效的起算来看,一般保证合同是人民法院对主合同的判决生效之日起开始计算;连带责任保证是从债权人要求保证人承担保证责任之日起起算。

⑤从保证合同诉讼时效的中断来看,一般保证合同是主债务的诉讼时效中止,保证债务的诉讼时效也中止;连带责任保证是主债务的诉讼时效中断而保证合同的诉讼时效不中断。

⑥从保证合同诉讼时效的中止来看,一般保证是主债务的诉讼时效中止,保证债务的诉讼时效也中止;连带责任保证是主债务的诉讼时效中止,保证债务的诉讼时效也中止。

⑦从两者的性质来看,一般保证的实质为债务人偿债能力不能,侧重审查债务人的清偿能力;连带责任保证实质体现为期限不能,即在主债务合同要求的履行期届满前债务人是否能履行义务。

⑧从是否享有先诉抗辩权来看,一般保证享有先诉抗辩权;连带责任保证不享有先诉抗辩权。

⑨从债务履行的先后顺序来看,债务人是履行债务的第一顺序人,保证人是第二顺序人;保证人没有顺序利益,债务与保证都属于债务履行的第一顺序人。

由上文不难看出,保证人承担的保证方式不同,其所要履行

---

① 罗高举:《保证合同实务》,知识产权出版社,2005年版,第268页。

的责任也存在着很大的差异,在现行的法律中连带保证人和债务人的责任几乎是没有差别的。这在无形中就加重了保证人的责任。如果债务人有能力去承担责任但是由于某种原因暂时没有履行时,债权人却直接向保证人申请主张,因为保证人不享有催告抗辩权,使保证人先承担责任再去向债务人求偿,这一整个过程又会给保证人带来风险,并且会造成不必要的社会资源的浪费。所以本文认为法律应该充分的调整债权人、债务人和保证人之间的协调关系。为了能够减轻保证人的一些风险和损失应当确认连带保证人的催告抗辩权,使保证人用催告抗辩权予以制衡。当然审判员也不能因为没有法律依据而去驳回保证人的申请。

3. 主合同无效时保证人的过错责任

《担保法》第五条规定:"担保合同被确认无效后,债务人、担保人、债权人有过错的,应当根据其过错各自承担相应的民事责任。"此条规定是在合同无效的情况下,债权人与保证人之间所要承担的责任分配。在司法解释中规定到,当保证合同无效时,保证人要以自己的过错为前提去承担相应的过错责任,并有过错责任的承担范围。对于保证人所需要承担责任的性质,法律并没有明确规定。在通说中,认为正是由于合同当事人的过错而造成合同的无效进而导致保证合同无效,担保人应当承担的责任为民事赔偿责任。在此种情况下,担保人的过错主要体现在明知主合同无效,在保证合同签订时主观上存在着恶意。无论是担保法的司法解释还是最高人民法院的相关判决都认为,保证合同双方当事人的过错有时并不能必然导致合同无效。笔者认为,保证人自身或联合债权人共同采取胁迫、欺诈的手段而订立的合同时,保证人所要承担的过错是对保证合同的无效而承担的过错责任。从缔约过失原则角度来分析,由于合同的一方或者双方当事人违背了诚实守信的原则而成立的保证合同不具有法律效力。学界认为,保证人应该承担的为缔约过失责任,也就是说保证合同的无效是债权人和保证人在磋商和订立合同时具有过错的缔约行为所造成的。当然,对于"'先契约义务'的适用范围,是针对磋商合同的当事人债权和债务人而言的,而保证人对于合同无效而产生的缔约过失责任不应该承担先契约义务"[①]。本文认为,因为保证合同的从属性,当主合同无效时,保证合同也应当被视为无效,如果合同的无效是保证人的过错行为所导致的,则保证人所要承担的责任性质为侵权责任,这样可以准确的认定当事人应当承担的损失范围,因为原因不同,有效地区分保证人承担责任的范围、大小;还能够为准确认定在保证合同无效时,保证人是否享有向其他当事人追偿的权利等等问题提供理论依据。

四、对杨刚、陈玉因保证行为的效力评析及思考

(一)对杨刚、陈玉因保证行为的效力评析

一审法院认为《担保合同》是《借款合同》的从合同,主合同合法有效并已经履行完毕,从合同《担保合同》也应当是合法有效的。一审法院认为杨刚、陈玉因的诉讼请求,是请求整个《保证合同》无效,而不是杨刚或陈玉因个人与珙县支行签订的《保证合同》无效,在杨刚意思表示真实的情况下,法院认为《保证合同》是有效的。保证是保证人凭借自己的信用为债务人提供担保,保证人应该明确其承担保证责任的意思表示。在主合同有效的情况下,债权人或债务人采取隐瞒、胁迫、欺诈的行为使保证人在意思表示有瑕疵的情况下订立保证合同,则该保证合同无效。本案能够明确珙县支行为了顺利发放贷款找人冒充陈玉因在《保证合同》上签字。陈玉因在保证合同上签的名字不是她的真实意愿,她的意思表示存在瑕疵。珙县支行的行为存在过错,珙县支行应该对自己的过错行为承担相应的责任。陈玉因的保证行为是在其不知情、没有担保意思表示的情况下发生的,此种保证行为是

---

① 参见朱煜文:《无效保证合同认定及其赔偿责任》,安徽大学,2015 年硕士论文。

无效的,陈玉因不需要承担缔约过失责任。

保证人杨刚所承担的责任是不真正连带保证责任,虽然杨刚代煤炭公司向珙县支行偿还了涉案本息,但杨刚在履行保证责任后有权向债务人煤炭公司请求追偿代为偿还的本息。原审法院认为煤炭公司100万元的贷款由煤炭公司偿还属认定事实错误,该错误剥夺了杨刚向煤炭公司的追偿权。再审法院查明煤炭公司100万元的贷款由杨刚偿还,再审法院纠正了原审法院认定"煤炭公司向珙县支行偿还了本息"的事实错误。杨刚的还款行为表明其履行了案涉借款的保证责任。杨刚承担保证责任后,其因保证行为导致的损失依法应当向债务人煤炭公司追偿。保证人陈玉因的签名尽管由珙县支行欺骗所为,但杨刚对珙县支行的欺骗签名行为是明知的,陈玉因的签名显然是无效的,陈玉因不应当承担保证责任。杨刚主张其签订保证合同时,是因为煤炭公司与珙县支行签订了抵押物担保合同,但事后得知抵押物担保事实是虚假的,违背了其保证的真实意愿,故保证合同应当无效。但煤炭公司与珙县支行确实签订了最高额抵押合同,杨刚主张没有事实根据,法院让杨刚承担保证责任有事实根据和法律依据。

(二)由本案引发的法律思考

随着市场经济的不断发展,经济风险也不断增多,担保成为化解风险的重要途径,可是随着时间的推移,愿意为他人提供担保的保证人越来越少,究其原因不难发现,无论是《担保法》还是《民事诉讼法》在保护保证人利益方面都严重缺乏保护力度。大陆法系国家或地区对保证责任的范围以主债务为限有明确规定。如法国民法典第2013条规定:"保证不得超过债务人负债的范围,亦不得约定较重的条件。超过债务的保证或约定较重的保证,并非无效:此项保证仅应减至主债务的限度。"[①]日本民法典第448条规定:"保证人的负担,就债务的标的或样态,较主债务为重

---

① 罗结珍译:《法国民法典》,中国法制出版社,1999年版,第460页。

时,缩减到主债务的限度。"①可见,大陆法系的国家、地区对保证责任的范围均以主债务为限,超过部分亦非无效,而是缩减至主债务的限度。这才合理确定保证人的保证责任,符合设立担保制度的宗旨。我国的担保法及司法解释目前虽无这方面的规定,但从保证的从属性分析,上述规定是合理的,我国立法及司法实践应该予以借鉴。同时大陆法系的各个国家通常都是以一般保证作为保证方式,除了当事人在保证合同中约定要承担连带保证或保证人舍弃顺序利益以外,这些国家通常都将保证合同认定为一般保证合同。我国的《担保法》第十九条规定:"当事人对保证方式没有约定或者约定不明确的,按连带责任保证承担保证责任。"这充分说明我国是把连带保证责任作为通常的保证方式。这虽然将主合同债权人的权益得到了强化却加重了保证人的保证责任,保证人的担保风险反而加重。《担保法》第十二条、二十一条规定:"同一债务有两个以上保证人的,保证人应当按照保证合同约定的保证份额,承担保证责任。没有约定保证份额的,保证人承担连带责任,债权人可以要求任何一个保证人承担全部保证责任,保证人都负有担保全部债权实现的义务。""当事人对保证担保的范围没有约定或者约定不明确的,保证人应当对全部债务承担责任。"②从这两条规定来分析,不难发现法律条文的相关内容没有明确规定时,《担保法》都对保证人作了更重的责任负担。这在现实的实践中,对于那些法律水平薄弱的担保人来说不免会在无意间陷入沉重的债务责任中。这显然对担保人有失公平,有悖于法律的初衷。建议借鉴国外的法律经验,当事人对保证方式没有明确约定时,应将一般保证责任作为原则,例外承担连带保证责任。

---

① 王书江译:《日本民法典》,中国人民公安大学出版社,1999年版,第81页。
② 同上。

结语

现实社会中因担保问题引发的纠纷案很多，担保在民间借贷中尤其普遍。很多人做了保证人，也成了保证合同纠纷的受害者，无意中就让自己乃至整个家庭背负上沉重的债务负担。不可否认《担保法》在现实生活中发挥了极其大的作用，但是其中的一些法律漏洞也在现实生活中造成了一些困扰。本案杨刚被法院判决承担连带保证责任虽然符合现行法律规定，保护了债权人珙县支行的合法权益，但加重了保证人的责任承担，超出了保证人的预期风险，牺牲了保证人顺位利益。这必然导致愿意作为保证人促进交易行为的人越来越少，不利于社会经济的健康发展。应当借鉴国外对保证责任承担方式的规定，当事人对保证方式约定不明或没有约定时，一般保证方式是原则，连带保证方式作为例外，这样更能体现法律的公平原则，让每个参与法律关系的善良人都能得到法律的眷顾。

祁美成诉宋永才土地
合同纠纷案评析^①

引言

　　2010 年 1 月 2 日祁美成与宋永才就其土地开发一事进行协商签订《合伙建房合同》，后发现双方所签合同不是原来协商的意思表示，系宋永才借打印合同之机进行了篡改，违背了祁美成的真实意思，且该合同显失公平，双方经多次协商不能达成一致意见，故请求确认双方于 2010 年 1 月 2 日所签订的合伙建房合同无效，要求宋永才赔偿经济损失 10 万元。宋永才辩称，双方签订的合伙投资建房合同是双方的真实意思表示，其没有单方篡改合同，同时双方签订的合伙投资建房合同已经实际履行，是合法真实有效的。一审法院判决：一、开县星光塑料厂与宋永才签订的《合伙建房合同》中，转让宗地编号为 kx-1-17 土地面积为 1528 平方米的以出让方式取得的国有土地使用权转让有效；二、开县星光塑料厂与宋永才签订的《合伙建房合同》中转让宗地编号为 kx-1-17 土地面积为 472 平方米的以划拨方式取得的国有土地使用权转让无效；三、驳回开县星光塑料厂的其他诉讼请求。案件受理费 11100 元，开县星光塑料厂承担 6700 元，宋永才承担 4400 元。祁美成不服一审判决，向重庆市第二中级人民法院上诉。二审法院认为，一审法院认定开县星光塑料厂为独资企业，列开县星光塑料厂为当事人，与开县星光塑料厂提供的营业执照不符，

① 感谢刘梦菲同学为本文的资料收集和文字处理付出的努力。

应予以纠正。开县星光塑料厂为个体工商户,应当列户主祁美成
为当事人。一审判决可以维持,如果双方对《合伙建房合同》的履
行协商不成,均可另行提起解除合同之诉。遂判决驳回上诉,维
持原判。重庆市人民检察院再审抗诉认为,重庆市第二中级人民
法院(2011)渝二中法民终字第 1459 号民事判决适用法律错误。
重庆市高级人民法院(2014)渝高法民抗字第 00001 号判决一、二
审法院认定事实清楚,适用法律正确,判决结果适当,维持重庆市
第二中级人民法院(2011)渝二中法民终字第 1459 号民事判决。
本案涉及的法律问题,一是《合伙建房合同》是否成立生效;二是
合同内容是否显失公平;三是否应当解除合同;四是违约责任的
承担。

一、合同成立的要件

(一)合同成立的概念及特征

一般意义上的合同成立,是指当事人就合同的必要内容达成
合意的法律事实。成立必须有内容,即合意是关于当事人债权债
务关系的合意,不是空洞的合意。但当事人就必要之点达成合意
即可,欠缺某些内容还可以由当事人协商一致填补,发生争议时
可以由法律法院、仲裁机关依据法律的规定填补。严格意义上的
合同成立,是指合同法律关系成立,即在当事人之间建立起他们
所追求的法律关系。"依法成立的合同,对当事人具有法律约束
力。当事人应当按照约定履行自己的义务,不得擅自变更或者解
除合同。"[1]

(二)合同成立的构成要件

合同的成立要件是指依照法律规定或者当事人的约定,合同

---

[1] 隋彭生:《合同法》,中国人民大学出版社,2009 年版,第 21 页。

所必不可少的事实因素。合同只有具备最基本的成立要件,才能作为一种法律事实而存在,从而接受法律的评价。否则,在法律上没有任何意义,也不会导致当事人之间任何法律关系的发生。合同的成立要件可分为一般成立要件和特别成立要件。

1. 一般成立要件

合同的一般成立要件,是指一切合同依法成立均必不可少的共同条件。有关合同的成立要件,理论上有不同的看法。这里合同成立的要件有以下几个部分:

(1)存在双方或多方当事人。合同作为一种民事法律关系,必须要有合同主体。而合同又是以民事权利和民事义务为内容的,因此合同主体应该是两个或两个以上,合同成立必须存在双方或多方当事人。只有一个主题,一方当事人的,无法产生关系,无法成立合同。自己对自己主张权利的享有或是义务的履行没有丝毫法律意义。当然,作为合同的一方当事人,既可以是一人,也可以由数人组成。

(2)当事人必须对合同的主要内容达成合意。合同成立的根本标志是当事人意思表示的一致,即达成合意。当事人的合意内容应包括合同的主要内容,即合同的主要条款。所谓主要条款,又称为必备条款,是根据合同的特征所应该具备的条款,如果这些条款不具备合同就不能成立。合同的主要条款既要考虑法律、行政法规的规定,又要考虑当事人的约定。我国《合同法》第12条对合同一般条款作了规定,一共是8个条款,但这8个条款仅仅是一般条款,而不是主要条款。司法实务中要准确的认定合同的主要条款,还得结合合同的性质。根据最高人民法院《关于适用〈中华人民共和国合同条例法〉若干问题解释(二)》(以下简称为《合同法司法解释二》)第1条第1款的规定,人民法院能够确定当事人名称或者姓名、标的和数量的,一般应当认为合同成立。

(3)合同的成立应具备要约和承诺阶段。《合同法》第13条规定:"当事人订立合同,采取要约、承诺方式。"要约与承诺是合同订立的过程,而合同成立是合同订立过程的结果。合同成立应经过要约和承诺阶段,要约和承诺是就订立合同问题提出建议和接受建议,合同订立的过程,就是反复的要约与承诺的过程。当要约的内容与承诺的内容一致时,合同便成立了。

2. 合同的特殊成立要件

合同的特殊成立要件,是指依照法律法规或依照当事人的特别约定,合同成立应特别具备的条件。如法律规定或当事人约定合同必须采取特定形式才能成立时,该特定形式就是合同的特殊成立要件。再如实践合同,按照法律规定,交付标的物时合同才成立,因而交付标的物为实践合同的特殊成立要件。

二、显失公平的要件

(一)显失公平的概念及特征

显失公平的合同是指一方在紧迫或缺乏经验的情况下而订立的明显对自己有重大不利的合同。显失公平的合同往往是当事人双方的权利和义务极不对等,经济利益上不平衡,因而违反了公平合理原则。法律规定显失公平的合同应予撤销,不仅是公平原则的具体体现,而且切实保障了公平原则的实现。

显失公平的合同主要具有以下法律特征。

1. 此种合同对双方当事人明显不公平

合同,尤其是双务合同应体现平等、等价和公平的原则,只有这样才能实现合同正义。然而显失公平的合同,一方要承担更多的义务而享受极少的权利或者在经济利益上要遭受重大损失,而另一方则以较少的代价获得较大的利益,承担极少的义务而获得更多的权利。

2. 一方获得的利益超过了法律所允许的限度

如标的物的价款显然大大超出了市场上同类物品的价格或同类劳务的报酬标准等。

3. 受害的一方是在缺乏经验或紧迫的情况下实施的民事行为

主要是指对一方当事人明显有利而不利于另一方当事人的民事行为。

《民通意见》第72条规定：一方当事人利用优势或者利用对方没有经验，致使双方的权利义务明显违反公平、等价有偿原则的，可以认定为显失公平。

(二)显失公平的构成要件

1. 在订立合同时，订约双方的权利义务明显不对等，利益严重失衡

结果的不公平作为一个客观要件而构成显失公平的条件是自然的，但需要注意的是，这种结果的不公平是在订约之间由合同的内容决定的，该合同一旦付诸履行，其结果将导致双方得到经济利益明显失衡，也就是说评定双方权利义务是否显失公平，利益是否严重失衡，应以订立合同之时合约的内容为基础，由于内容上对双方的权利义务的规定明显不对等，将该事约付诸履行，双方得到的最终利益也一定会严重失衡。而对于在订立合同之后由于各种不可归因于双方的原因导致原合约的内容和履行结果显失公平的，应根据诚实信用原则，依情势变更制度和理论而变更或解除合同。

为什么要将合同订立时就存在的显失公平与订立合同后产生的显失公平，即显失公平原则与情势变更原则加以区别，这主要是因为：

(1)显失公平的适用常常要考虑当事人在交易过程中是否存在着缺陷,一方是否利用了另一方的轻率、无经验,对市场行情的不了解等而诱使其订立合同,但情势变更原则在适用时要求当事人双方没有过错,情势变更的发生也是不可归责于合同当事人的。

(2)显失公平制度通常适用于一方在订立合同时就意识到该合同所产生的不公平的结果,并且努力追求这种结果的发生。而在情势变更原则适用的情况下,只是在合同订立以后,因当事人不可预料的情势的变化造成合同存在的基础发生动摇。

(3)根据显失公平制度,一方当事人可以在出现显失公平的情况下要求变更或撤销合同。而情势变更原则的适用将发生合同变更和解除的效果,由于合同的撤销和合同的解除在法律效果上是不同的,所以这两个原则的适用也是有区别的。

2. 合同一方具有明显优势,或另一方处于无经验、缺乏判断力,或草率行事

(1)一方处于优势

这种优势包括经济上、政治上、身份上等方面的优势,如大企业与普通的消费者。对此要件在认定时应作严格限制。交易双方优劣势总是相对存在,因此应结合合同内容加以认真分析,一方当事人所有的优势是否是以迫使对方接受不利条件而签约。

(2)另一方无经验,缺乏判断力或草率行事

所谓无经验,是指交易者欠缺一般的生活经验或交易经验,而不应包括欠缺特殊的经验。当事人在购买某种特殊标的物如汽车时,应当适当了解此类标的物的适当信息。如果认可当事人可以无特别经验为由申请撤销合同,必然会放纵一些不作任何准备,轻率交易,后因交易对自己不利而以显失公平为由请求撤销或变更合同,最终将导致市场交易秩序的不稳定,破坏交易安全。所谓缺乏判断力,也就是指由于缺乏一般的交易经验和生活经验,而对合同规定的权利义务、违约条款以及其他重要条款缺乏判断能力,未能理解合同的内容。所谓草率,是指在订约时的马

虎或不细心。例如,对合同的价格不作审查和判断,对标的物的性能不进行了解,匆忙地与对方订约。可见,在轻率的情况下受害的一方本身是有过失的。

3. 获利方主观上存在恶意

获利一方故意利用了自己的优势或他方无经验,过于轻率而签订了显失公平的合同。学术界已逐渐达成共识,法律行为并不仅仅因为给付与对待给付之间存在显失公平的关系而被撤销,确认某项行为是否因给付关系显失公平而无效,除了具备显失公平的关系以外,行为人还必须明知自己处于优势地位会对他方的利益发生重大影响,故意诱使他方提出或接受重大不利的条件,或者明知他方提出或接受不公平条件是出于不知情或草率行事,故意维持这种状态并从中获益。下列情形就不构成显失公平:

(1)获利方不了解对方情况,主观上无恶意。

(2)获利方出于善意,如一方履行了忠告义务,向对方说明了不公平条件的存在,且对方有机会理解或合理选择合同条件。

(3)获利方出于过失行为。对方受损失提出的不公平条件因过失未予审慎认知。

(4)显失公平的后果系因不可抗力或情势变更所致。

在认定显失公平时强调获利人的主观故意,一方面约束了法官的自由裁量权,使法院不能仅凭结果的显失公平而轻易地变更或撤销合同,另一方面,由提出变更,撤销之诉的一方对程序性显失公平免举证责任。减少了当事人滥用显失公平原则的可能性。

4. 受损方不具备充分自觉和真实自愿

虽然在获利方具有优势或受损方因急迫、无经验、缺乏判断力、草率的情形下签订的合同,受损方或是迫于压力或是注意不够才签订合同,多数情况下签订这种显失公平的合同是违背他的真实意愿的,但也不能排除例外情况的存在。将当事人的主观真实意愿作为评定显失公平的标准,有利于防止当事人一方自愿接受不利条件后,又以利益不均衡为由要求撤销合同,排除交易中人为的风险因素。

(三)显失公平的法律效果

显失公平的合同,当事人一方有权请求人民法院或者仲裁机关予以变更或者撤销,至于是请求变更还是请求撤销合同,当事人有选择权。合同法规定,下列合同可以变更或者撤销:第一,因重大误解订立的;第二,在订立合同时显失公平的。这里讲的是"显失公平",而不是有点不公平,而是"订立合同时"显失公平。从事商贸活动总是会有风险的,总是有的赚、有的赔,这是正常的。在履行中产生的风险不属于这个范围,要把显失公平与正常的风险加以区别;第三,一方以欺诈、胁迫的手段或者乘人之危,使对方在违背真实意思的情况下订立的合同。规定合同可撤销制度的,是为了体现和维护公平、自愿的原则,给当事人一种补救的手段。合同法明确规定,因合同显失公平损失较大方有权提出变更或者撤销,有过错的一方应该在合理赔偿范围内赔偿对方因此所受到的损失。

三、无效合同的要件

(一)无效合同的概念及特征

1. 无效合同的概念

无效合同,是指一方以欺诈、胁迫的手段订立合同,损害国家利益;恶意串通,损害国家、集体或者第三人利益;以合法形式掩盖非法目的,损害社会公共利益;违反法律、行政法规的强制性规定。无效合同,是指随经当事人协商成立,但因违反法律而不被法律承认和保护的合同。无效合同自始无效,在法律上不能产生当事人预期追求的效果。合同部分无效,不影响其他部分效力的,其他部分仍然有效。无效合同不发生效力,是指不发生当事人所预期的法律效果。成立无效合同的行为可能具备因侵权行为、不当得利、缔约过错要件而发生损害赔偿、返还不当的得利效力。无效合同是自始不发生效力的合同。

无效合同的无效性质具有必然性,不论当事人是否请求确认无效,人民法院和仲裁机关都可以确认其无效。这与可撤销合同不同,对于可撤销合同,当事人请求撤销,人民法院或仲裁机关才予以撤销。①

2. 无效合同的特征

(1)具有违法性。所谓违法性,是指违反了法律和行政法规的强制性规定和社会公共利益。

(2)具有不履行性。不履行性是指当事人在订立无效合同后,不得依据合同实际履行,也不承担不履行合同的违约责任。

(3)无效合同自始无效。无效合同违反了法律的规定,国家不予承认和保护。一旦确认无效,将具有溯及力,使合同从订立之日起就不具有法律约束力,以后也不能转化为有效合同。②

(二)无效合同的构成要件

《合同法》第52条有下列情形之一的,合同无效:(一)一方以欺诈、胁迫的手段订立合同,损害国家利益;(二)恶意串通,损害国家、集体或者第三人利益;(三)以合法形式掩盖非法目的;(四)损害社会公共利益;(五)违反法律、行政法规的强制性规定。无效合同的构成要件:

(1)一方以欺诈、胁迫的手段订立的损害国家利益的合同。

注意:一方以欺诈、胁迫手段订立的合同,属于意思表示不真实的合同,一般属于可变更或撤销的合同,只有在损害了国家利益时,才属于无效合同。

① 隋彭生:《合同法》,中国人民大学出版社,2009年版,第39页。
② 李永军:《合同法》(第二版),法律出版社,2005年版,第253页。

（2）恶意串通，并损害国家、集体或第三人利益的合同。

（3）合法形式掩盖非法目的的合同。

（4）损害社会公共利益的合同。

（5）违反法律和行政法规的强制性规定的合同。

（6）对于造成对方人身伤害或者因故意或重大过失造成对方财产损失免责的合同条款。

（7）提供格式条款一方免除责任、加重对方责任、排除对方主要权利的条款无效。

（三）无效合同的法律后果

《合同法》关于合同无效的法律后果规定了两个条文。第58条规定："合同无效或者被撤销后，因该合同取得的财产，应当予以返还；不能返还或者没有必要返还的，应当折价补偿。有过错的一方应当赔偿对方因此所受到的损失，双方都有过错的，应当各自承担相应的责任。"第59条规定："当事人恶意串通，损害国家、集体或者第三人利益的，因此取得的财产收归国家所有或者返还集体、第三人。"

可见，合同被认定无效后的法律后果主要如下。

1. 返还财产

返还财产，是指合同当事人在合同被确认为无效或者被撤销以后，对已经交付给对方的财产，享有返还财产的请求权，对方当事人对于已经接受的财产负有返还财产的义务。返还财产有以下两种形式。

第一，单方返还。单方返还，是指有一方当事人依据无效合同从对方当事人处接受了财产，该方当事人向对方当事人返还财产；或者虽然双方当事人均从对方处接受了财产，但是一方没有违法行为，另一方有故意违法行为，无违法行为的一方当事人有权请求返还财产，而有故意违法行为的一方当事人无权请求返还财产，其被对方当事人占有的财产，应当依法上缴国库。单方返还就是将一方当事人占有的对方当事人的财产,返还给对方,返还的应是原物,原来交付的货币,返还的就应当是货币;原来交付的是财物,就应当返还财物。

第二,双方返还。双方返还,是在双方当事人都从对方接受了给付的财产,则将双方当事人的财产都返还给对方接受的是财物,就返还财物;接受的是货币,就返还货币。如果双方当事人故意违法,则应当将双方当事人从对方得到的财产全部收归国库。

2. 折价补偿

折价补偿是在因无效合同所取得的对方当事人的财产不能返还或者没有必要返还时,按照所取得的财产的价值进行折算,以金钱的方式对对方当事人进行补偿的责任形式。

3. 赔偿损失

根据《合同法》第 58 条之规定,当合同被确认为无效后,如果由于一方或者双方的过错给对方造成损失时,还要承担损害赔偿责任。此种损害赔偿责任应具备以下构成要件:(1)有损害事实存在。(2)赔偿义务人具有过错。这是损害赔偿的重要要件。(3)过错行为与遭受损失之间有因果关系。如果合同双方当事人都有过错,依第 58 条的规定,双方应各自承担相应的责任,即适用过错的程度,如一方的过错为主要原因,另一方为次要原因,则前者责任大于后者;此所谓过错的性质如一方系故意,另一方系过失,故意一方的责任应大于过失一方的责任。因合同无效或者被撤销,一方当事人因此受到损失,另一方当事人对此有过错时,应赔偿受害人的损失,这种赔偿责任是基于缔约过失责任而发生的。这里的"损失"应以实际已经发生的损失为限,不应当赔偿期待利益,因为无效合同的处理以恢复原状为原则。

4. 非民事性后果

合同被确认无效或被撤销后,除发生返还财产、赔偿损失等民事性法律后果外,在特殊情况下还发生非民事性后果。《合同法》第 59 条具体规定了合同当事人恶意串通,损害国家、集体或者第三人利益的,发生追缴财产的法律后果,即将当事人恶意串通损害国家、集体或者第三人利益所取得的财产追缴回来,收归国家或返还给受损失的集体、第三人。收归国有不是一种民法救济手段,而是公法上的救济手段,一般称为非民法上的法律后果。依《民法通则若干问题的意见》中对《民法通则》第 61 条第 2 款"追缴双方取得的财产"的解释,应追缴财产包括双方当事人已经取得的财产和约定取得的财产,体现了法律对行为人故意违反法律的禁止性规范的惩戒。[①]

(四)合同有效必须具备的要件

1. 当事人具有相应的民事行为能力

民事行为能力包括合同行为能力和相应的缔约行为能力,这是当事人了解和把握合同的发展状况及法律效果的基本条件。自然人签订合同,原则上须有完全行为能力,限制行为能力人和无行为能力人不得亲自签订合同,而应由其法定代理人代为签订。合同法有一个例外规定,限制行为能力人可以独立签订纯利益的合同或者与其年龄、智力、精神健康状况相适应的合同。对于非自然人而言,必须是依法定程序成立后才具有合同行为能力。同时还要具有相应的缔约能力,即必须在法律、行政法规及有关部门授予的权限范围内签订合同。

2. 当事人意思表示真实

缔约人的表示行为应真实地反映其内心的效果意思,即其效果意思与表示行为相一致。意思表示不真实,对合同效力的影响应视具体情况而定。在一般误解等情况下,合同仍为有效。在重

[①] 尹飞:《合同成立与生效区分的再探讨》,《法学家》,2003 年第 3 期,第 117 页。

大误解时,合同则可被变更或者撤销。在乘人之危致使合同显失公平的情况下,合同可被变更或者撤销。在因欺诈、胁迫而成立合同场合,若损害国家利益,合同无效;若未损害国家利益,合同可被变更或撤销。

3. 不违反法律或社会公共利益

此要件是针对合同的目的和合同的内容而言的。合同的目的是当事人缔结合同所欲达到的一种效果。合同的内容是指合同中规定的权利和义务所指向的对象。纵使合同生效的其他要件都具备,但因合同的目的或内容违反了法律或社会公共利益,也会使合同归于无效。虽然我国的合同法奉行合同自由原则,即当事人可自由协商确定合同的内容,但是当事人的自由不能超出法律的限制。

4. 合同标的须确定和可能

合同标的决定着合同权利义务的质和量,没有它,合同就失去目的,失去积极的意义,应归于无效。合同标的可能,是指合同给付可能实现。合同标的确定,是指合同标的自始确定,或可得确定。[①]

四、合同解除的要件

(一)合同解除的概念及特征

1. 合同解除的概念

合同的解除,是合同有效成立后,因当事人一方或双方的意思表示,使合同关系归于消灭的行为。合同解除是合同之债终止

---

① 吴一平:《合同的有效与合同的生效》,《法学杂志》,2006年第5期,第96页。

的事由之一。合同解除是指在合同有效成立以后,当解除的条件具备时,因当事人一方或双方的意思表示,使合同自始或仅向将来消灭的行为,它也是一种法律制度。[①]

2. 合同解除的基本特征

(1)解除合同仅适用于已经合法有效的合同。所谓有效合同,是指依照法律的规定成立并在当事人之间产生法律约束力的合同。合同只有在依法成立并生效后,才存在解除的可能性。无效合同和可撤销的合同都不存在解除的可能性。

(2)解除合同须达到一定的条件(或者原因)。这种条件依据解除权发生的依据不同,可将解除权分为约定解除权和法定解除权。

(3)解除合同必须有解除的行为。解除合同的原因出现后,合同并不当然发生解除的效力,只有当事人在有效期限内行使解除权后,合同才能因解除而终止。但无论哪一方当事人享有解除合同的权利,主张解除合同的一方当事人,必须向对方发出解除合同的意思表示,并确保此意思表示能及时送达对方,且对方收到解除合同的意思表示后无异议,才能达到解除合同的法律后果。

(二)合同解除的构成要件

合同的法定解除,合同法第 94 条规定,有下列情形之一的,当事人可以解除合同:

(1)因不可抗力致使不能实现合同目的。不可抗力致使合同目的不能实现,该合同失去意义,应归于消灭。在此情况下,我国合同法允许当事人通过行使解除权的方式消灭合同关系。

(2)在履行期限届满之前,当事人一方明确表示或者以自己的行为表明不履行主要债务。此即债务人拒绝履行,也称毁约,

---

① 王利明:《合同法新论·总则》,中国政法大学出版社,2000 年版,第 237 页。

包括明示毁约和默示毁约。作为合同解除条件,它一是要求债务人有过错,二是拒绝行为违法(无合法理由),三是有履行能力。

(3)当事人一方迟延履行主要债务,经催告后在合理期限内仍未履行。此即债务人迟延履行。根据合同的性质和当事人的意思表示,履行期限在合同的内容中非属特别重要时,即使债务人在履行期届满后履行,也不致使合同目的落空。在此情况下,原则上不允许当事人立即解除合同,而应由债权人向债务人发出履行催告,给予一定的履行宽限期。债务人在该履行宽限期届满时仍未履行的,债权人有权解除合同。

(4)当事人一方迟延履行债务或者有其他违约行为致使不能实现合同目的。对某些合同而言,履行期限至为重要,如债务人不按期履行,合同目的即不能实现,于此情形,债权人有权解除合同。其他违约行为致使合同目的不能实现时,也应如此。

(5)法律规定的其他情形。法律针对某些具体合同规定了特别法定解除条件的,从其规定。①

合同协议解除。合同协议解除的条件,是双方当事人协商一致解除原合同关系。其实质是在原合同当事人之间重新成立了一个合同,其主要内容为废弃双方原合同关系,使双方基于原合同发生的债权债务归于消灭。协议解除采取合同(即解除协议)方式,因此应具备合同的有效要件,即:当事人具有相应的行为能力;意思表示真实;内容不违反强行法规范和社会公共利益;采取适当的形式。

(三)合同解除的法律效果

合同法第 97 条规定,合同解除后,尚未履行的,终止履行;已经履行的,根据履行情况和合同性质,当事人可以请求恢复原状或者采取其他补救措施,并有权要求赔偿损失。该条规定,确立了合同解除的两方面效力:一是向将来发生效力,即终止履行;二

---

① 李永军:《合同法》(第二版),法律出版社,2005 年版,第 132 页。

是合同解除可以产生溯及力(即引起恢复原状的法律后果)。学者认为,非继续性合同的解除原则上有溯及力,继续性合同的解除原则上无溯及力。民法通则第115条和合同法第97条均规定,合同解除与损害赔偿可以并存。但对于损害赔偿的范围,有不同观点。其一认为,无过错一方所遭受的一切损害均可请求赔偿,既包括债务不履行的损害赔偿,也包括因恢复原状所发生的损害赔偿;其二认为,对损害赔偿范围的确定应具体分析,在许多情况下,损害赔偿与合同解除是相互排斥的,选择了其一便足以使当事人利益得到充分的保护,没有必要同时采取两种方式,例如协议解除、因不可抗力而解除。[①]

五、国有土地使用权出让与划拨的区别

(一)国有土地使用权出让的概念及特征

1. 国有土地使用权出让的概念

国有土地使用权出让是指土地使用者向国家交付土地使用权出让费用,国家将土地使用权在一定的年限内让予以土地使用者的行为。国有土地使用权出让可以采取下列方式:协议、招标、拍卖。

2. 国有土地使用权出让的特征

(1)主体和标的物具有特定性。土地使用权出让的主体只能是国家,出让行为的标的物也只限于国有土地使用权。集体所有土地必须经依法征收为国有土地后,方可有偿出让。

(2)土地使用权是一种独立的用益物权。土地使用权出让是以土地所有权与土地使用权分离为基础的。

(3)土地使用权的出让具有有偿性和有期限性。土地使用权

---

① 佟柔:《中国民法》,法律出版社,1990年版,第345页。

的最高年限由国务院规定,现行规定:居住用地 70 年、工业用地 50 年、教育科技文化卫生体育用地 50 年、商业旅游娱乐用地 40 年、综合或其他用地 50 年。

(4)土地使用者行使权利的有限性。土地使用者支付了土地出让金后,取得对土地的一定程度的占有、使用、收益和处分的权利。但对土地范围内的地下资源、埋藏物和市政公用设施等不享有相关权利。

(二)国有土地使用权划拨的概念及特征

1. 国有土地使用权划拨的概念

划拨国有土地使用权是指土地使用者经县级以上人民政府依法批准,无偿取得的或者缴纳补偿安置等费用后取得的没有使用期限限制的国有土地使用权。这里所指的补偿、安置费用是指用地单位在征用集体土地或者通过行政划拨取得其他单位已经使用的划拨土地的基础上取得国有土地使用权时支付给农民或原用地单位的,不是付给国家的。

2. 国有土地使用权划拨的特征

划拨国有土地使用权是国有土地使用权的一种,其特殊之处主要有两个方面,一是权利取得的方式,因为没有向国家支付土地使用费,属于无偿取得国有土地使用权;二是权利的期限,除有法定期限的情形外,划拨国有土地使用权一般没有使用期限。在此基础上,还有一个特点,那就是权利的交易限制,划拨国有土地使用权不得单独转让、出租、抵押,如果土地使用者需要将划拨土地用于交易,一是要经过国家土地管理部门批准,二是要取得出让国有土地使用权。划拨国有土地使用权随地上建筑物、附着物转让或以其他方式交易的,其土地收益应当上交国家。[1]

---

[1] 钟京涛:《我国划拨土地使用权流转与管理制度》,上海社会科学院出版社,2003 年版,第 20～23 页。

(三)国有土地使用权出让与划拨的区别

(1)使用期限不同。划拨土地使用权无年期限制,而出让土地使用权有年限限制。

(2)价格不同。划拨土地使用权没有缴纳土地出让金,地价比同类出让土地使用权低,而出让土地使用权地价含土地出让金,价格比同类划拨土地使用权高。

(3)适用对象不同。划拨土地使用权具有公益目的,一般公益事业或国家重点工程项目用地多采用划拨,而经营性用地多采用出让方式供应。

六、违约责任的承担

(一)违约责任的概念及特征

违约责任是违反合同的民事责任的简称,是指合同当事人一方不履行合同义务或履行合同义务不符合合同约定所应承担的民事责任。民法通则第 111 条、合同法第 107 条对违约责任均做了概括性规定。其特征有:

(1)违约责任的前提条件是必须有有效的合同。

(2)违约责任的归责原则在我国是严格责任,但法律规定为过失责任的除外。

(3)违约责任的责任形式可由双方当事人事先约定。

(4)违约责任可以有免责条款。

(二)违约责任的构成要件

违约行为,是指合同当事人违反合同义务的行为。我国《合同法》采用了"当事人一方不履行合同义务或者履行合同义务不符合约定的"的表述来阐述违约行为的概念。只有存在法定和约定的免责事由的时候才可以免除违约责任。

违约责任的构成要件包括主观要件和客观要件：

（1）主观要件：是指合同当事人，在履行合同中不论其主观上是否存在过错，即主观上有无故意或过失，只要造成违约的事实，均应承担违约责任。只要造成违约的事实均应承担违约的法律责任。

（2）客观要件：是指合同依法成立、生效后，合同当事人一方或者双方未按照法定或者约定全面地履行应尽的义务，也即出现了客观的违约事实，即应承担违约的法律责任。

（三）违约责任的法律效果

1. 不能履行

又叫给付不能，是指债务人在客观上已经没有履行能力，或者法律禁止债务的履行。在以提供劳务为标的的合同中，债务人丧失工作能力，为不能履行。在以特定物为标的物的合同中，该特定物毁损灭失，构成不能履行。不过，在我国法律上，农户与粮棉收购单位签订的粮棉购销合同等有特殊性，只要粮棉歉收，当年度额产量扣除农户的基本生活所需部分后，无粮棉向收购单位交付，即视为不能履行。不能履行以订立合同时为标准，可分为自始不能履行和嗣后不能履行。前者可构成合同无效；后者是违约的类型。

2. 延迟履行

又称债务人延迟或者逾期履行，指债务人能够履行，但在履行期限届满时却未履行债务的现象。其构成要件为：存在有效的债务；能够履行；债务履行期已过而债务人未履行；债务人未履行不具有正当事由。是否构成延迟履行，履行期限具有重要意义。

3. 不完全履行

是指债务人虽然履行了债务，但其履行不符合债务的本旨，包括标的物的品种、规格、型号、数量、质量、运输的方法、包装方法等不符合合同约定等。不完全履行与否,以何时为确定标准?应以履行期限届满仍未消除缺陷或者另行给付时为准。如果债权人同意给债务人一定的宽限期消除缺陷或者另行给付,那么在该宽限期届满时仍未消除或者令行为给付,则构成不完全履行。

4. 拒绝履行

是债务人对债权人表示不履行合同。这种表示一般为明示的,也可以是默示的。例如,债务人将应付标的物处分给第三人,即可视为拒绝履行。《合同法》第 108 条关于当事人一方明确表示或者以自己的行为表明不履行合同义务的规定,即指此类违约行为。其构成要件为:存在有效的债务;有不履行的意思表示(明示的和默示的);应有履行的能力;违法的(即不属于正当权利的形式,如抗辩权)。

5. 债权人延迟

或者称受领延迟,是指债权人对于以提供的给付,未为受领或者未为其他给付完成所必需的协力的事实。

债权人迟延的构成,需具备以下要件:

(1)债务内容的实现以债权人的受领或者其他协助为必要。

(2)债务人依债务本旨提供了履行。

(3)债权人受领拒绝或者受领不能。所谓拒绝受领,是指对于已提供的给付,债权人无理由地拒绝受领。所谓受领不能,是指债权人不能为给付完成所必需的协助的事实,包括受领行为不能及受领行为以外的协助行为不能,系属债权人于给付提出时不在家或者出外旅行或者患病,无行为能力人因缺法定代理人不能受领,纵令债权人于其他时刻或者在其他条件下得受领该给付,仍不失为不能受领。

七、法院观点评析

（一）本案属于土地使用权转让合同纠纷还是合作开发房地产合同纠纷

《最高人民法院关于审理涉及国有土地使用权合同纠纷案件适用法律问题的解释》第二十四条规定，合作开发房地产合同约定提供土地使用权的当事人不承担经营风险，只收取固定利益的，应当认定为土地使用权转让合同。本案祁美成与宋永才签订的《合伙建房合同》约定，祁美成将土地提供给宋永才，由宋永才负责出资修建商住房，宋永才将房屋建成后，向祁美成交付房屋总面积2200平方米归祁美成所有，剩余土地、房屋所有权全部归宋永才所有。从《合伙建房合同》约定的双方权利义务来看，祁美成将迁建土地交归宋永才后，除按合同约定取得相应还房面积之外，不承担合作建房的盈亏与风险，不符合合伙法律关系的构成要件。合伙是指两人以上共同出资、共同经营、共担风险、共享收益的经营主体。祁美成虽然拿出自己享有土地使用权的2200平方米的土地作为出资，但其换取的是2200平方米的房屋所有权归自己。无论宋永才建房过程中投资多少，经营过程中是否盈亏都与祁美成无关，祁美成既不参与经营，也不负担亏损。赚与赔都是宋永才自己承担，祁美成只享有固定回报，不承担任何风险。双方的合作不具有合伙的性质和特征。祁美成拿出2200平方米的土地使用权，换取2200平方米的房屋所有权，这是典型的互易合同，符合转让合同的构成要件和特征。所以本案认定为土地使用权转让合同纠纷是正确的。

（二）双方签订的《合伙建房合同》是否有效

关于《合伙建房合同》的效力问题。祁美成称《合伙建房合同》系宋永才借打印之机篡改后的合同，不是祁美成的真实意思表示,该申诉理由缺乏证据支持。按照签订合同的惯例,是先将合同打印后,双方再审阅签字,现祁美成不能证明在合同签订过程中,宋永才存在欺诈、胁迫行为,致使其违背真实意思签订了《合伙建房合同》,故其主张的合同无效的理由不能成立。对于检察机关提出的《合伙建房合同》违反相关法律规定的抗诉理由,再审法院认为,按照国务院移民迁建用地的相关规定以及相关职能部门对开县星光塑料厂移民迁建用地的批复,移民迁建用地应当做到专地专用,不得转卖或炒房地产。但本案并不是以一方交付土地使用权另一方支付价款为表现形式的严格意义上的土地使用权转让合同,而是双方以《合伙建房合同》约定,祁美成以迁建用地出资,与宋永才合作建设房产,祁美成按照约定分得固定面积房屋用于移民迁建,其余土地和房屋按照双方约定进行处分。祁美成的引资联建行为符合当地政府关于移民新城建设的相关规定和客观实际,且并未改变移民迁建用地的土地属性和用途,并不违反法律、行政法规的禁止性规定。《最高人民法院关于审理涉及国有土地使用权合同纠纷案件适用法律问题的解释》第九条规定,"转让方未取得出让土地使用权证书与受让方订立合同转让土地使用权,起诉前转让方已经取得出让土地使用权证书或者有批准权的人民政府同意转让的,应当认定合同有效"①。从重庆市高级人民法院再审查明的事实可知,国土房管部门于 2013 年 5 月 13 日向开县星光塑料厂颁发了移民迁建用地的国有土地使用权证,根据证载土地使用权终止日期推算,开县星光塑料厂实际于祁美成一审诉前的 2009 年 12 月即取得该土地的使用权,根据上述司法解释,可以认定《合伙建房合同》中所涉出让土地使用权部分,转让有效。而根据该司法解释第十一条"土地使用权人未经有批准权的人民政府批准,与受让方订立合同转让划拨土地使用权的,应当认定合同无效。但起诉前经有批准权的人民政府批准办理土地使用权出让手续的,应当认定合同有效"的规定,

---

① 杨宁:《房屋联建合同效力的认定》,《海南大学学报(人文社会科学版)》,2006 年第 3 期,第 432～438 页。

开县星光塑料厂未经政府批准,亦未办理土地使用权出让手续,即与宋永才签订包含划拨土地使用权在内的《合伙建房合同》,依照上述司法解释,该《合伙建房合同》中所涉划拨土地部分,应认定为无效。

(三)《合伙建房合同》不具备显失公平的要件

《合伙建房合同》是在打印后经开县星光塑料厂户主祁美成审阅后签字盖章的,开县星光塑料厂主张宋永才在打印时对《合伙建房合同》的内容进行了篡改,没有提供任何证据证实,祁美成以合同违背真实意思且显失公平为由要求重新签订协议。显失公平的合同是指一方在紧迫或缺乏经验的情况下而订立的明显对自己有重大不利的合同。显失公平的合同往往是当事人双方的权利和义务极不对等,经济利益上不平衡,因而违反了公平合理原则。① 本案祁美成以开县星光塑料厂拥有的国有土地使用权出资,不承担任何风险收取固定的收益。双方在签订该协议时,祁美成对以地换房的意思表示是真实的,至少当时祁美成认为用2000平方米的国有土地使用权换取2200平方米的房屋面积是划算的。至于随着土地市场情况的变化,再用诉讼时的土地状况来看,祁美成这种做法显然是不划算的。但这种事后情势变更所导致的不公平不属于显失公平的问题,所以祁美成以显失公平主张合同无效的理由不能成立。

(四)《合伙建房合同》具备解除条件

本案并非支付转让价款单纯意义的土地使用权转让合同,而是开县星光塑料厂土地使用权的转让以联合建房的形式分得固定面积2200平方米的房屋,开县星光塑料厂所分得的房屋仍要占用部分土地,能够保障移民迁建的目的和性质,也符合当地政府的文件及客观实际,当地政府允许用移民迁建用地引资联合建

---

① 冯桂:《个人合作建房社的法律问题研究》,《广西大学学报(哲学社会科学版)》,2005年第4期,第55~61页。

设,《合伙建房合同》并非当然无效。但《合伙建房合同》具有转让土地使用权的性质,开县星光塑料厂是用两种方式取得的该宗土地使用权。一种方式是出让方式取得土地使用权,另一种是用划拨方式取得国有土地使用权。出让方式取得的国有土地使用权可以上市交易进行转让,划拨方式取得的国有土地使用权不能进行上市交易。宋永才施工建房的目的是进行市场销售,但他不能用划拨的国有使用权上的房屋进入市场进行交易,其订立合同的目的不能实现,可以要求解除合同。祁美成签订《合伙建房合同》的目的是安置移民住房,如果其履行的根本目的不能实现,则有权解除合同。只要是合同的目的不能实现,就达到法院解除的条件,享有解除的一方将解除合同的通知送达到对方当事人就发生解除合同的效力。合同的解除具备法定解除条件时可以解除,达不到法定解除条件双方可以协商解除。合同有效成立后,因当事人双方解除合同的意思表示一致,使合同关系归于消灭的行为就是协商解除。合同解除是合同之债终止的事由之一。因为本案双方当事人均没有提起合同解除之诉,如果双方对《合伙建房合同》的履行协商不成,可另行提起解除合同之诉。

(五)宋永才不应当承担违约责任

违约责任是违反合同的民事责任的简称,是指合同当事人一方不履行合同义务或履行合同义务不符合合同约定所应承担的民事责任。违约行为,是指合同当事人违反合同义务的行为。我国《合同法》采用了"当事人一方不履行合同义务或者履行合同义务不符合约定的"的表述来阐述违约行为的概念。只有存在法定和约定的免责事由的时候才可以免除违约责任。违约责任的构成要件包括主观要件和客观要件:

(1)主观要件:是指合同当事人在履行合同中不论其主观上是否存在过错,即主观上有无故意或过失,只要造成违约的事实,均应承担违约责任。只要造成违约的事实均应承担违约的法律责任。

（2）客观要件：是指合同依法成立、生效后，合同当事人一方或者双方未按照法定或者约定全面地履行应尽的义务，也即出现了客观的违约事实，即应承担违约的法律责任。[①] 而宋永才在2009年1月19日以开县星光塑料厂的名义与重庆宏源勘测设计有限公司签订了《建设工程勘察合同》，委托该公司承担开县星光塑料厂工程岩土工程勘察项目。合同签订后，宋永才按约交纳了履约定金1万元，可以看出宋永才是在积极的履行合同。宋永才客观上并不存在违反合同的行为，故不应承担违约责任。

---

① 隋彭生：《合同法》，中国人民大学出版社，2009年版，第91页。

中山炜俊公司诉台山吉联公司
买卖合同纠纷案评析[①]

引言

中山市炜俊置业投资有限公司（以下简称炜俊公司）和台山市吉联电线电缆有限公司（以下简称吉联公司）买卖合同纠纷一案，炜俊公司 2012 年 9 月向台山市人民法院起诉称：吉联公司与炜俊公司 2012 年 6 月 21 日签订了《资产转让协议》，约定吉联公司将其所有国有土地使用权一块、工厂厂房五间及其工厂内的机器设备等相关财产，以总转让价格 1200 万元转让给炜俊公司。炜俊公司自协议签订之日起三日内支付定金 200 万元给吉联公司，办理缴交各种税费时向吉联公司支付 440 万元，待吉联公司将上述土地使用权、工厂房产变更登记过户到炜俊公司指定公司或个人名下后，炜俊公司再支付 440 万元给吉联公司，余款 120 万元在吉联公司移交土地使用权、工厂厂房及机器设备并办理好相关税费缴纳、结业注销、债权债务、劳动争议等事宜后付清。合同签订后，炜俊公司已依约向吉联公司支付了定金 200 万元及转让款 740 万元。此外，炜俊公司与案外第三人郑如中签订了《合作协议书》，约定炜俊公司以案涉受让财产作价出资 1200 万元，案外第三人郑如中则以现金 4800 万元出资，双方共同投资登记设立新公司。若任何一方违约需承担违约金 1000 万元，若吉联公司违约将给炜俊公司造成直接经济损失 1000 多万元。请求判

---

① 感谢胡啸天同学为本文的资料收集和文字处理付出的努力。

令:1. 吉联公司将国有土地使用权一块及其工厂厂房五间登记过户至案外第三人郑如中、吴伟锋名下;2. 吉联公司将其所有的机器设备及其相关财产交付给炜俊公司使用;3. 本案的诉讼费用由台山吉联公司承担。

吉联公司辩称:吉联公司是由台湾吉联电线电缆有限公司依法出资登记设立的外商投资企业。经公司股东会和董事会同意,吉联公司于 2012 年 6 月 21 日与炜俊公司签订了《资产转让协议》,约定吉联公司将案涉资产以 1200 万元的价格转让给炜俊公司。合同签订后,吉联公司认为案涉资产转让价格过低,显失公平,且该资产转让事宜未获台山市对外贸易经济合作局的批准,依据法律规定,上述《资产转让协议》应无效。另因资金不足,吉联公司提供所有的案涉房产和土地使用权给中国建设银行股份有限公司台山市支行作抵押担保,并已依法办理了抵押登记手续。故此,即使该协议有效,合同标的物亦属履行不能。请求法院驳回炜俊公司的诉讼请求。

台山市人民法院于 2013 年 4 月 8 日做出(2012)江台法民二初字第 209 号判决:炜俊公司与吉联公司签订的《资产转让协议》合法成立,应予继续履行。吉联公司应履行相关批准手续,如吉联公司逾期不履行相关批准手续,由炜俊公司自行办理批准和相关资产过户手续,由此产生的费用和给炜俊公司造成的实际损失,应由吉联公司承担损害赔偿责任。吉联公司不服一审判决,向江门市中级人民法院提起上诉,江门中院于 2013 年 8 月 2 日做出(2013)江中法民二终字第 180 号民事判决。吉联公司不服向广东省高级人民法院申请再审。广东省高级人民法院于 2013 年 11 月 26 日做出(2013)粤高法民二申字第 938 号民事裁定,指令江门市中级人民法院再审本案。江门市中级人民法院于 2014 年 5 月 8 日做出(2013)江中法民再字第 54 号民事判决:维持(2013)江中法民二终字第 180 号民事判决。广东省人民检察院向广东省高级人民法院对此案提出抗诉,2015 年 9 月 16 日,广东省高级人民法院做出(2015)粤高法审监民提字第 59 号民事判决

书,维持江门市中级人民法院(2013)江中法民再字第 54 号民事
判决。本案争议焦点主要体现在以下几个方面:一是《资产转让
协议》的效力问题;二是效力待定的《资产转让协议》能否继续履
行;三是《资产转让协议》是否存在重大误解和显失公平问题。

一、炜俊公司的请求权分析

(一)炜俊公司请求权性质

请求权主要指的是权利者请求他人为某个行为(作为、不作
为)的权利。其是作为相对权而存在的,只对于某些特殊的人产
生作用。而且还可以被细分成债权与物权两种请求权形式。本
案中炜俊公司向法院起诉吉联公司,要求将《资产转让协议》涉及
的土地使用权及若干间厂房的产权登记在炜俊公司所指定的第
三人名下,并且把吉联公司全部的器械设施以及有关的财产交由
炜俊公司来实现具体的运用。炜俊公司给予二者签订了一定的
协议,要求吉联公司负担一定的协议义务,这则为合同关系上的
主给付请求权。但该请求权具体是什么合同关系上的请求权,炜
俊公司要求吉联公司转移标的物的所有权,同时向吉联公司支付
相应的对价款,炜俊公司所具备的请求权则是以和吉联签署的相
关协议当中所涉及的此类权利为基础的。按照《合同法》第130
条的相关内容,[①]我们能够发现,就权利与义务的详细内容来看,
买卖协议其实指的就是一方流转目标对象的所有权,接受者则需
要负担一定的价钱。协议关系的主体主要指的是售出者,客体则
是购买者。[②]《资产转让协议》是当事人协商一致的真实意思表
示,从协议内容来看吉联公司有义务将涉案资产转移给炜俊公
司,并按炜俊公司的要求将不动产国有土地使用权和厂房产权登

---

① 郭蔚:《无权处分订立买卖合同的效力》,《中国律师》,2014 年第 4 期,第 14 页。
② 李静:《浅议买卖合同中的价款拒付款》,《中北大学学报》,2009 年第 25 期,
第 6 页。

记在第三人名下。炜俊公司则应该向吉联公司支付1200万元的对价。这一案件所涉及的二者签署的《资产转让协议》是完全具备买卖协议的法律效力的。买卖合同的双方当事人,一方为出卖人另一方为买受人,根据合同相对性的原理,涉案资产的所有权应当转移到买受人名下。但买受人要求将涉案资产依约登记在第三人名下,实为向第三人履行的合同,违背了合同效力的相对性。

(二)炜俊公司请求权基础

事实上,这两个企业间存在着一定的买卖协议联系,那就需要在《合同法》当中查到一些能够为炜俊公司要求吉联公司负担相应资产提供支持的内容,此外还需要分析一下炜俊公司是不是已经具有了足够的行使请求权的根据。炜俊公司如果要想持续的具备请求权则必须要具有这样一些条件、基础:协议尚存且能够生效;其所具备的请求权尚未由于清偿、解除、抵销、提存、免除、混同、债务等一系列内容的变动而消失;没有任何承担请求权的抗辩根据。

1.《资产转让协议》成立

合同成立的基本条件是:存在双方缔约当事人;双方当事人意思表示一致;合同经过了要约和承诺阶段。本案买卖合同系经双方当事人合意而订立,吉联公司经过其股东会、董事会决议,同意将涉案资产以1200万元的价格卖给炜俊公司,炜俊公司愿意以1200万元购买吉联公司的涉案资产。双方当事人意思表示一致,且协议经过了吉联公司与炜俊公司之间反复的要约、反要约、承诺等阶段,最终双方意思达成一致。按照《合同法》第25条的相关内容,接受在发挥效用的时候协议是成立的。这个案件中的两个主要涉事者所签署的《资产转让协议》已成立,且具备了一定的法律效力。

2.《资产转让协议》未生效

协议生效的重点为已签署的协议在签署者之间已经具备了

一定的法律约束力,如若协议涉事者不予履行相应的义务的话则必然需要负担相应的违约责任。合同生效的要件是:缔约人具有相应的民事行为能力;意思表示要真实;不能存在违法与违规行为,并且不能违背社会的利益与秩序。① 按照《合同法》当中第44条的相关内容,依据相关的法律所签署的协议,从签订之日起正式生效。《最高人民法院关于适用〈中华人民共和国合同法〉若干问题的解释(一)》第9条明确指出,相关的法规明确限定了协议必须要经过一定的批准程序,或进行了相关的登记程序之后方可正式发挥效用,如若在一审法庭辩论之前涉案者还没有采取这些行动的话,那么法院则可以指出这个协议尚无任何效力;相关的法律规范已经明确指出协议必须要经过一定的登记过程,然而尚且没有指出规定后一定生效的,当事人在没有实施登记程序时并不会对协议的具体效力产生作用,协议标的物所有权和别的物权则无法进行任何的流转活动。

吉联公司作为外商独资类型的企业,按照《外资企业法》第10条当中的相关内容,这一类型的企业在实施分立、联合或别的重大活动时,一定要向相关的部门申请准许,与此同时还需要向工商管理部门进行一定的登记活动。《外资企业法实施细则》第23条当中明确指出,外资公司把自身的资产或权益向外进行抵押与流转时,一定要获得审批部门的准许,与此同时还要向工商部门进行相应的备案。由以上的这些详细的法规条款我们能够发现,吉联公司如若想要流转其资产则必须要经由审批部门的准许,与此同时还需要在工商部门进行备案。按照最高法《合同法解释(一)》第9条中的相关内容,在一审法庭论辩告终之前,当事人如若还没有进行任何的审批活动的话,法院则可以明确指出这个协议是不具有法律效力的。

---

① 张建华:《试析合同生效与合同成立》,《立信会计高等专科学校学报》,2003年第17期,第65页。

3. 未生效的买卖合同可以履行

按照合同法的相关准则,在合同没有正式发挥效用前是不会造成任何的履行效力的。然而对于外资公司协议则有着不同的规定,《最高人民法院关于审理外商投资企业纠纷案件若干问题的规定(一)》第 1 条第 1 款中明确指出,涉案当事者在外资公司建设与变更等活动中所签订的协议,必须要根据相关的法规且经由相关的审批部门通过后才可以真正发挥效用,自批准之日起生效;如若尚未被审批的,法院则有权指出此类协议不具有任何效用。涉事者申请确认这一协议无效的任何请求均会被拒绝。第 2 款则明确指出,前一个条款当中所提到的协议若没有被审批并且通过的话会被认为不发挥效用,这并不会对于协议当中当事者所涉及的报批义务内容的具体效力产生任何作用。按照最高法院针对外资公司纠纷案件的司法解释,则是在一定程度上支持了上述的说法。所以,这一案件当中协议双方均需要不断地履行协议当中的相关义务。

(三)吉联公司的抗辩理由不能成立

抗辩重点指的是为针对反驳权利者的相关申请且阐述一定的缘由。抗辩与反诉易于混淆,抗辩是在诉讼过程中,被告为消减原告诉讼请求或使原告请求权发生延期效力的主张。反诉则主要指的是在整个诉讼的进程当中,本诉的被告对于原告而向法院申请独立的反请求,其实从某种角度来说,反诉和本诉其实是独立存在的。抗辩的覆盖面应该是低于或者与本诉的诉讼申请相等的,从某种角度来说抗辩则是作为本诉的附属物而存在的。要想顺利的实现履行请求权,那么就需要保证对方不具备对于这一权利的抗辩能力,只有在这一状况下,该权利才能给被顺利的运用并发挥效用。吉联公司主张的抗辩事由有:一是资产的售出价明显过低了,已经有些违背了公平原则;二是在针对涉案资金进行一定的流转时,并未去获得台山市相关部门的准许,《资产转让协议》则是不具备任何效用的;三是涉案标的物已经抵押担保,履行不能。

1.《资产转让协议》公平合理

(1)显失公平的概念、构成要件及法律效果

《最高人民法院关于贯彻执行〈中华人民共和国民法通则〉若干问题的意见》第74条当中明确规定,显失公平重点指的为其中的一个参与者运用自身的独特优势或者对方在某方面的不足,在签订协议的过程中导致二者的具体权利与义务有失公平的行为。显失公平的协议则重点指的是协议的参与者在权利与义务方面的严重有失平等,且在具体的经济利益方面也存在着不均衡现象,所以明显已经违背了公平原则。相关的法律规范一定对于此类协议做出了明确规定,并且明确指出此类协议必须及时撤销,这不单单在一定程度上宣扬了公平理念,当然也有效确保了公平理念的传播与践行。这一类型的协议主要有这样几个构成成分:第一是在适用条件方面,一定是属于有偿协议,尤其是双方协议。而针对那些无偿的协议而言,则就明显不会出现对价问题,所以也就自然而然的不会发生显失公平的现象。第二是在合同内容上,须明显违背公平原则。协议双方在获取的具体利益方面明显不对等,甚至出现较大的差距,一者盈利颇丰,而另外一者则损失很高。第三则是从主观方面来看的,指协议当中的一方运用自身的独特优势或者对方的某些劣势。这当中的优势重点指的是经济方面的有利地位,促使对方很难去顾忌到对于自己有损害的协议条款。劣势则重点指的是自身所不具备的一些常规性的交易常识或者生活常识。第四是在发生时间上,须为订立合同之时。针对那些明显显失公平的协议,当事者是有权利去申请法院或仲裁部门来对协议进行撤销或调整处理的,具体采取哪种手段来处理则主要是由当事者来挑选。①《合同法》第54条指出如若出现

---

① 冯季英:《试论我国合同法中显失公平制度》,《湖南财经高等专科学校学报》2004年第20期,第45页。

以下的这些状况，那么协议就能够被依据相关的法律予以取消了。首先是因重大误解订立的合同。其次则为所签署的协议已经明显有失公平，那么这个协议就能够被取消。

（2）本案中《资产转让协议》不符合显失公平的条件

吉联公司与炜俊公司在签订《资产转让协议》的过程中，双方都有充足的时间对合同内容及标的物进行充分的认知，对双方所要承担的权利义务有明确的了解，不存在时间紧迫的情况。吉联公司在合同签订时也接受炜俊公司所给出的价格。而且这个案件所牵涉的相关资产则为吉联公司所有，该公司在对于这一资产的认识与把握方面是有着较为充足的经验的。炜俊则在整个交易过程中始终是资产的受让方，其不具备任何能力去违背公平原则，因为其在这方面的经验不足且处于劣势地位。① 在整个庭审当中，吉联公司尚不具备任何的证据来说明这一案件当中有着显失公平的状况。因此《资产转让协议》是公平合理的。

2.《资产转让协议》的效力待定

（1）合同无效的概念、构成要件及法律效果

合同无效重点指的是当事者所签订的合同，由于不拥有或者违背了法律的相关规定而不被认可的状况。《合同法》第52条明确指出，当事人运用欺诈、要挟等方式强迫对方签订合同，严重损坏国家、个人利益；以合法形式掩盖非法目的；损害社会公共利益；违背相关法律规范的合同不具备任何效用。《合同法》第58条、第59条明确指出，合同被认定为无效之后所带来的法律成效主要是：

①返还财产，协议在被认定不具有任何效力或被取消的状况下，其中一方对于所缴纳到对方手中的财务，有权要求返还，对方涉事者必须按照相关规定，履行这一义务。返还财产有以下两种形式：

---

① 邱业伟：《论情势变更原则对合同效力的影响》，《西南师范大学学报》，2006年第32期，第77页。

一是单方返还。其主要指的是其中的一个当事人按照无效的协议从另一者手中获得了财产,那么该方当事人则需要向对方返还这些财产;或尽管二者相互从对方手中得到了一定的财产,而其中一方不存在违法之处,另一方则存在着故意违法的情况,不存在违法之处的那一方是具备一定的权利去从对方手中要求返还财产的,而明显违法的一方则没有这一权利,它的财产则需要依据相关的法律收归国库所有。其实,从某种角度来说,单方返还也就是指把一方涉事者所占据的对方的资产返还回去,至于所返还的资产类型是什么则需要和之前所获取的资产类型相一致。

二是双方返还。即协议双方均从对方手中得到了一定的资产,那么则需要相互之间把这些资产返还给对方,之前的资产类型是什么,在返还过程中就应该返还什么。而对于那些在整个过程中存在故意违法活动的一方,则对其予以返还,而是把本属于它的资产上交到国库中去。

②折价补偿。其主要指的是由于无效协议所获得的合作者的财产无法顺利的返还时,那么则需要依据其所得到的资产价值予以折算,从而用现金的手段加以弥补。

③赔偿损失:若因为一方或双方的某些失误而给对方带来了一定的损害的话,那么就需要相应的承担一定的赔偿。

所协议双方在这个过程中均有错误出现,则需要各自负担一定的后果。若是其中一者所犯的错误属于主要错误,另一者的错误属于次要错误的话,那么前者就需要承担高于后者的赔偿;如果其中一者是故意为之,而另一者是因为过失所致,那么前者则要承担更大的责任。

(2)《资产转让协议》并非无效合同

《资产转让协议》明显不切合《合同法》第 52 条当中的任何一个条款,所以该合同不存在任何价值与作用。或者说其具体的价值还处于待定的状态。《资产转让协议》因未获得外经部门的审批登记手续,因此在经过报批之前,属于效力待定合同。

3. 吉联公司的抵押行为失效

(1)抵押权的概念及构成要件

抵押权主要指的是债务人或第三方未针对某个物件的占有权予以流转,而是把财产当成了债权的担保形式。当债务人不对债务进行承担时,那么债权人则可以依据相关的法律将这些资产进行折价或拍卖等来得到相应的赔偿。① 抵押合同若要成立需具备以下构成要件:

第一,当事人一定要具有主体资格。若要保证其签订的抵押协议是正规合法的,就需要参与抵押协议的人必须要有主体资格。也就是说抵押者必须要具备实现抵押的权利能力与行为能力。

第二,抵押物是必须为合法的。抵押协议是不是具备法律效力,这不单单只是由当事人所决定,还会在一定程度上受到抵押物是不是符合法律规定的约束。若是有违法律的,那么其就丧失了法律效力,法律也不予任何保护。

第三,抵押协议必须要充分地展现出双方的实际意图。从某种角度来说,抵押协议是二者共同意志的产物,正因为二者之间存在着共同意志、共同利益,才保证二者能够顺利地订立协议。这一协议存在的价值就是约束二者的抵押权。抵押人与抵押权人签订抵押合同,应当表现自己内心的真实意愿,并本着平等自愿、诚实信用的原则确定双方的权利和义务,禁止其中的一者把自己的意志附加给另一方,进而迫使其签署该协议。

第四,协议的相关条款不能违背相关的法律。从某种意义上来说,所有的协议类型均需要在法律限定的范围之内来订立。凡是有违相关法律的,对于给社会造成伤害的,对于给国家利益造成严重威胁的协议均属于无效协议,当然,抵押协议也不会例外,若协议明显违背法律,那么其必然是没有任何效用的,抵押权也

---

① 张冀东:《破产企业为他人担保的抵押物之处理》,《经营与管理》,1997 年第 10 期,第 112 页。

就不复存在了。

(2)吉联公司的抵押行为失效

抵押担保协议并非属于主协议,因此无法单个订立。从某种角度来说,抵押协议一定和主协议组合起来才可以实现有效的订立,前者属于后者的附属类型,若后者当中所明确指出的债权出现了一定程度的流转,那前者的协议也会随着发生一定的变化。主协议当中的债权由于已被偿还完毕或由于别的问题而被终止时,那么出于附属地位的抵押协议也就会随着被取消,所以我们可以说这两个协议是相伴而生的,抵押协议则是作为主协议的伴随物而存在的。这个案件当中,吉联公司明确陈述了他们为了获得抵押贷款而把涉案的房产与土地使用权流转给中国建设银行台山市支行,与此同时,已经进行了相应的登记手续。而其实该公司与案涉银行既未签订任何借款合同,银行也没有对其发放任何贷款。因此,既然主合同不存在,那么该抵押登记当然失效。按照《物权法》第177条当中的相关内容,这一案件的主债权并没出现或者原本就不存在,这样一来,作为抵押物的担保物权也就当然会被取消了。

二、吉联公司的请求权分析

这两家公司所签署的《资产转让协议》则为双方真实意思的表示,从某种意义上说,协议依然属于订立状态了。合同的权利义务内容是吉联公司出让资产所有权,炜俊公司支付相应资产价款,合同性质为买卖合同法律关系。合同虽然已经成立,但由于该合同涉及外商独资企业即吉联公司,外商企业转让资产要经过主管部门审批,这是《外商投资企业法》的强制性规定。依法吉联公司应报经台山市对外贸易合作局的批准,在转让资产的报告未经主管部门批准前,该合同虽已成立,但不能生效。如果协议已经顺利订立,那么按照诚信指标,吉联公司则需要及时去从事报批活动。在其批准程序顺利结束并且得到准许之后,其和炜俊公司所签署的《资产转让协议》就具备法律效力了。吉联公司依据生效的协议就享有契约上的请求权,即吉联公司有权要求炜俊公司履行支付约定资产价款的义务。

三、一审判决法理评析

(一)合同成立但未生效的评价合法

合同的成立和顺利的发挥效用则为协议关系当中联系比较密切的两种概念。[①] 这当中的成立重点指的是当事双方的达成共识,针对内设的条款均予以肯定并且予以接受,这主要是从当事人的角度来看的。合同生效是指法律对当事人都认可的权利义务内容进行评价,不违反法律强制性规定的即为有效,能够按照当事人意愿产生法律效果,对当事人产生拘束力;有违背法律的相关条款的协议即被视作无效协议,这种类型的协议无论何时均无法发挥任何效用。合同的成立与生效两者是相辅相成的,二者关系可表述为:合同成立是合同生效的前提条件,合同没有成立就谈不上合同生效的问题,合同生效了就意味着该合同已经成立了;其实,合同订立之后是不是能够真正发挥效用,则要看具体的状况。依据合同法的有关内容,协议订立之后便自然而然的开始发挥效用,从某种角度来说成立和生效是一起实现的。订立的协议若是明显违背了相关的法律条款,那么其必然属于无效的。合同成立后如果欠缺有效要件,那就是效力待定合同,合同能否有效要看合同成立时缺乏的要件能否补正,如果能够补正则自始有效,不能补正则自始无效。合同的订立之后并不会立刻发挥效用,实际上其是否能够发挥效用还要看其中的签约双方所达成的内容是不是能够顺利完成,这也就是附条件的合同。合同在订立之后不可能立刻产生效用,至于什么时候才能够发挥效用还要根据签约者所附

---

① 陆明:《论合同的成立与生效》,《法治与社会:旬刊》,2009 年第 16 期,第 33 页。

期限什么时候到,这便是附期限合同。合同订立之后不可能立刻发挥效用,唯有经过相关的审批流程且顺利通过之后才可以发挥效用。这一案件的合同虽然已经订立,但却并未发挥效用,主要是因为未按照相关的法规进行一定的审批程序才导致的。

吉联公司与炜俊公司就资产转让的意思表示一致,双方是在平等的地位上,自愿协商,一方愿买另一方愿卖。吉联公司的意思表示经过了股东会和董事会的决议同意,吉联公司是法人单位,有自主决定处理财产的权利。然而因为它是属于外资共识,牵涉到了债权人的相关权益,所以对于这一状况,国家给予一定程度的干预,国家干预的目的不是限制资产的流转,而是在于保护这些资产的流转有没有损害国家利益、社会公共利益和债权人利益。如果有这样两个具备民事行为能力的主体,他们对于相关的内容存在着相同的看法,那么他们之间所订立的合同便开始形成了。合同在订立之后能否顺利的发挥效用,这还要涉及法律评价的内容,按照《合同法》第 52 条当中的相关内容,签订协议的一方如若采取非正当方式迫使对方签订协议的话,那么该协议不具备任何法律效力;严重破坏国家、集体、第三方利益的协议不具有法律效力;用合法的途径来掩饰其违法行为的协议不具备法律效力;损害社会公共利益的合同无效;明显有违相关法规的协议不具备法律效力。这一案件当中的两家公司的行为不符合这一条款当中的任何一条。吉联公司就该公司转让资产需经报批行为,仅具有程序上的意义,不具有实体上的意义。

(二)合同欠缺有效要件可以继续履行

这一案件当中,吉联公司单方面要求停止履行《资产转让协议》,按照《合同法》第 68 条的相关内容,如若对方存在着如下这些行为时,则可以申请停止履行协议:经营状况严重恶化;以各种形式对债务不予偿还;[①]弃企业荣誉于不顾;存在着丧失偿债能

---

① 简润涛:《浅谈新合同法中的不安抗辩权》,《江西律师》,2011 年第 4 期,第 54 页。

力的状况。《资产转让协议》自签订以后,炜俊公司积极履行合同,未出现上述情况。且根据《最高人民法院关于适用〈中华人民共和国合同法〉若干问题的解释(二)》第 8 条的相关规定,《资产转让协议》是必须获得准许或登记才可以顺利发挥效用的协议,这当中存在着责任去进行相关的审批活动的当事者尚且没有依据有关的法规进行此类活动,符合《合同法》第 42 条第(三)项的相关条款"其他违背诚实信用原则的行为",法院则能够依据这一案件的实际状况以及相对人的相关申请,要求相对人无自行办理相关的手续;对方当事者需要对于这一事件所带来的开支以及给相对人带来的损害负担一定的赔偿。尽管炜俊公司积极主动去负责协议的审批活动,所以,该企业在超过与合作者定期时间的范围而给对方造成的相关损失,则需要由吉联公司来负责偿还。

(三)吉联公司应承担损害赔偿责任

违约损害赔偿主要指的是其中一方因为违约而给合作者造成巨大伤害时,则需要依据相关的规定对其予以相应的补偿,并且承担起一定的违约责任。从某个角度来说,这一赔偿类型指的就是违约者必须依据相关的法律对受害者予以一定的合理的赔偿,主要意图还是最大限度的弥补对对方所造成的伤害。在炜俊公司已履行合同的情况下,吉联公司并未依照合同约定将土地、房产及机器设备交付给炜俊公司所指定的第三人名下,对炜俊公司造成了巨额损失。按照《中华人民共和国合同法》第 107 以及第 108 条的相关内容,协议的一方如若没有按照协议的相关条款承担相应的责任与义务的话,则需要依照合同内容继续履行义务与责任。若出现不予履行或者没办法履行的状况时,则需要负担相应的责任。因吉联公司不履行合同致使炜俊公司遭受损失,其有义务对炜俊公司由此造成的损失负损害赔偿责任,故一审判决符合法理。

四、二审判决法理评析

(一)让炜俊公司履行剩余价款未超出诉讼请求

在一审的整个流程当中,吉联公司明确指出炜俊公司并未提出需负担 1000 万元转让款,当然其也并没有指出对方需要负担这一款项,然而最后法院却让炜俊公司给吉联公司 1000 万元来作为转让款,这已经明显超出了这一案件的诉讼申请的范围,应该是程序错误。不告不理原则是我国民事诉讼程序中的一项基本原则,法院只能针对当事人的诉讼请求进行相应的审理,即民事诉讼必须有原告人提出诉讼请求,法院才得受理;在整个审判过程中,由于原告诉讼申请有着一定的范围限制,对于不属于范围之内的内容将不予理会。[①]

然而本案中已经确定合同应当履行的情况下,炜俊公司向吉联公司支付 1000 万元为合同履行的内容之一,同时也是炜俊公司起诉请求吉联公司履行合同的对价。炜俊公司是 1000 万元的支付者,其明确指出会在协议发挥效用的前提下按照协议的相关规定向对方支付余下的转让款。因此一审法院判决让炜俊公司履行 1000 万元剩余价款的判决并没有超出其诉讼请求,法院此项判决符合法理。

(二)二审期间另行提出撤销《资产转让协议》不合法

在一审中,吉联公司已经提出撤销《资产转让协议》请求,且被一审法院驳回。而根据一事不再理原则,在一审判决已经生效的情况下,吉联公司在二审的请求不应被同意。一事不再理会原则,也就是指在判决已发挥效用的前提下,涉案者不能够再进行起诉活动,法院也没有必要进行重复审判。这一原则由来已久,

---

① 刘玛锦:《浅谈民事诉讼中的不告不理》,《特区法谈》,2004 年第 1 期,第 102 页。

至今还依旧被广泛运用,则说明了其在现代司法审判当中依然具备一定的价值。民事诉讼过程中,该原则主要涵盖了这样两层意思:

首先,当事者不能把那些已经提起诉讼的案件进行重复诉讼;其次,已经生效的一审判决已产生了既判力,双方的当事人不可以就同一争议的矛盾再次进行起诉。而对于法院来说,对已经产生效力的判决事项不得再次受理。其中"一事"主要指的是相同的当事者,针对一个已经被判决的事件进行重复的诉讼,这时法院则不予理会,以免造成人力物力的浪费。① 吉联公司为何会向法院申请停止对于这一案件的审理,这主要是因为其已经在2013 年 6 月 17 日向法院申请了取消《资产转让协议》的诉讼,这样一来,对于该案如若再次进行审理的话势必会对上次的判决产生一定的作用。但是事实上,这一案件在上次判决之前便已提上日程,进行了诉讼,所以从某种角度来说并不违背一事不再理会原则,而且二审法院则明显可以绕开一审的相关内容来展开审理活动,而不需要中止审理。所以,从某种意义上来说,吉联公司的这一观点是明显不符合法律规定的,应该不予理会。

(三)二审改判结果适当

二审改变一审判决,明确指出"从审批机构准许时起 15 日以内,到有关机构办理把其全部的资产变更登记过户到案外第三方郑如中、吴伟锋名下"。虽然吉联公司应继续履行《资产转让协议》的报批义务,且炜俊公司主张在合同生效后继续履行合同亦法律的规定,但双方履行义务的前提是合同生效。按照《最高人民法院关于审理外商投资企业纠纷案件若干问题的规定(一)》第1 条的相关内容,这一案件协议发挥效用的基础是顺利经过了有关的报批流程且已获得了准许,一审法院判令吉联公司在规定时间内履行相应的报批义务不存在任何失当之处,然而在审批部门

① 刘图:《关于民事诉讼法中问题探讨》,《商》,2014 年第 12 期,第 22 页。

尚且并没有给出准许的状况下，又判令台山吉联公司把协议规定的全部资产变更过户到案外第三方手中，这已经明显违背了有关的法律。所以在二审的过程中，法院对于之前的判决进行了一定的调整，进行了更为科学合理的判决。

五、《资产转让协议》不存在重大误解问题

（一）重大误解的概念及构成要件

按照《最高人民法院关于贯彻执行〈中华人民共和国民法通则〉若干问题的意见（试行）》第 71 条、第 12 条的相关内容，重大误解主要指的是行为人由于对于具体行为的特性、当事人等一系列内容的认识不到位或者不准确，导致行为所造成的结果明显违背自己的意愿，进而带来了巨大的损失。重大误解具有以下构成要件：

1. 一定是当事人对于误解给出了意思表示

第一，当事者一定要把其意思表示展现给对方并且在协议当中进行呈现，如果不这样做的话会无法判定整个过程中是不是出现误解问题。第二，当事者所给出的意思表示一定要是由于误解而产生的，也就是说当事者所具有的错误认识和其给出的意思表示间存在着一定的因果关系，从某种角度来说，二者是相伴而生的。

2. 一定要对于协议的相关条款产生了巨大的误解，而且协议已经成立，进而造成当事者要求取消协议

在法律上，一般的误解并不都能使合同撤销。中国的司法实践明确指出，一定要是对于协议的重要条款产生了误解才能够造成重大误解的出现。由于对于协议的重要条款产生误解时会在一定程度上左右到当事者的个人权利与义务，如此一来则或许会导致误解的一方自身的订约意图无法实现。

3. 误解的出现主要是由于误解者自身的失误而带来的，并非是由于遭受到了合作者的不诚信行为的作用

一般而言，均是由于当事者自身的过错而导致的。若当事者本身存在着故意的成分或者存在着巨大的过失行为，那么就不可以单纯的将其视为过失来处理了。不管是谁，均需要对自己的行为承担相应的责任，若当事者在签订协议时并未对协议内容有充分的了解，甚至是存在着巨大的误解，那么还依旧要与其签约的话，这就表明其在极力追寻意思表示所带来的巨大成效，如此一来则就不可以按重大误解处理。

4. 误解的存在会在一定程度上对于当事者所具备的权利与义务产生阻碍作用，还或许会给误解人带来巨大的经济损失

也就是因为当事者对于协议的相关条款认识不到位，甚至出现误解，而又在这种状况下和签订了协议，如此一来自然会对其具体的权利与义务产生阻碍作用，这种状况才属于重大误解。在很多时候，误解的存在会对牵涉者产生巨大的伤害，相关的法规正是从维护意思表示不准确的误解方的具体权益着手，才准许其对协议进行取消或者调整处理的。

(二)重大误解不存在的理由

这一案件最终查明，吉联公司在签署《资产转让协议》之前，对于这一案件所牵涉到房地产寻找有一定实力的评估单位实施抵押评估，具体的价格是 3562.16 万元，那个时候这个企业的股东就应该对于涉案的资产额度有个更深层次的了解，对于此房地产的市值有个较为准确的预估。基于此，这个公司经由股东大会与董事会的联合决议顺利通过，以 1200 万元的价格把此房地产以及相关的设施流转给了炜俊公司，由此我们可以认为吉联公司的流转活动属于真实意思表示，尚不属于重大误解的活动。

六、广东省高院再审判决法理评析

(一)广东省高院再审的审理范围适当

抗诉,即人民检察院对于人民法院所给出的判定,发现其中存在着明显的失误时,可以按照相关的法律向法院申请重审此案的诉讼行为。在中国,抗诉则属于法律赋予检察院的一项法律监督权力。在法院所做出的判定已经发挥效用的状况下,检察院要想提请抗诉,接受抗诉的机构则需要是与抗诉检察院处于同一级别的人民法院;上级检察院对于下降法院做出的已经生效的判定,若看出其中切实存在失误,那么则可以按照相关的程序进行抗诉。这一类型的抗诉是不会受到时间的制约的。针对检察院所提出抗诉的案件,法院必须迅速的组建起合议庭进行重新审判。我国《民事诉讼法》尚且未对于检察院抗诉而重新再审的案件审理覆盖面进行一定的界定。所以最近这几年不同地区、不同级别的法院的具体状况也存在着一定的差异,按照《关于适用〈中华人民共和国民事诉讼法〉审判监督程序若干问题的解释》中第33条的具体内容,我们可以发现其确实为司法实践的统一做出了指引,但是这条规定也不并不是完全解决了抗诉再审范围确定的问题。根据《全国审判监督工作座谈会关于当前审判监督工作若干问题的纪要》第4部分第15条相关内容,我们可以发现,在抗诉案件中,审理范围不应超出抗诉的内容,一般的司法实践中,也是依照次项原则进行审判的。

由上述内容我们可以发现,在常规性的检察院抗诉案件的再审范围界定方面,只需要针对抗诉原由所牵涉的案件情况实施进一步的审查。针对那些未被抗诉的部分不进行审理,而将抗诉的部分进行细致的审理,查清事实的真相。如此一来,不仅在一定程度上确保了判决的科学性与合理性,当然也有效提升了司法的公信力,宣扬了公平原则,更充分的保护了当事者的合法权益。

(二)广东省高院的判决结果合理合法

广东省人民检察院抗诉指出再审判决已经明显超越了当事者的诉讼申请范围,炜俊公司要求吉联公司履行合同,并向吉联公司支付 1200 万元为合同履行的内容之一,同时也是炜俊公司起诉请求吉联公司履行合同的对价。炜俊公司在一审当中已经表示愿意遵循协议内容,并且向吉联公司负担余下的资产转让金额 1200 万元。但是在二审判决当中,炜俊公司在《资产转让协议》项下的资产流转内容获得审批部门准许时间起 30 日内向吉联公司偿清余下的 1200 万元,炜俊公司作为付款义务人并未提出异议及申诉,因此原审判决炜俊公司履行合同义务的判项并未超出当事人诉讼请求。关于二审判决要求吉联公司承担损害赔偿责任的判项是否超出炜俊公司诉讼请求的问题,《资产转让协议》因吉联公司并没有将涉案财产向有关部门申请报批、登记的情况下,合同为效力待定合同。吉联公司没有依据相关的法规或者协议去申请批准或登记活动,完全符合《合同法》第 42 条内容当中的"其他违背诚实信用原则的行为"。法院应及时判决吉联公司继续履行合同约定的义务,将涉案财产进行报批、登记。并依照合同法规定,在此过程中对合同另一方所造成的损失也应由违约方赔偿,包括诉讼过程中所产生的费用。所以,再审判决明确要求吉联公司按照协议的相关内容去完成有关的审批活动,超过期限如果依旧未进行该活动,那么则需要由炜俊公司来负责完成,而因此带来的开支与炜俊公司的具体损失,由吉联公司承担相应的损害赔偿责任是符合法律规定的,吉联公司由此承担的损害赔偿责任为法定责任,因此再审判决并未超出当事人的诉讼请求,我们可以认定广东省高院的判决结果是合理的,而且也符合法律的相关规定。

结语

本案经过一审、二审、再审以及检察机关的再审抗诉,最终以广东省高级人民法院的再审判决终止了当事人的纷争。双方签订的《资产转让协议》属效力待定合同,欠缺的有效要件补充完备后可以继续履行;《资产转让协议》是双方当事人平等自愿的真实意思表示,不存在重大误解和显失公平问题。广东省高级人民法院的再审判决符合法律规定。

参考文献

著作类：

[1]马俊驹、余延满.著民法原论[M].北京:法律出版社,2010.

[2]田土城.民法学[M].郑州:郑州大学出版社,2011.

[3]魏振瀛.民法[M].北京:北京大学出版社,2013.

[4]赵刚、占善刚、刘学在.民事诉讼法[M].武汉:武汉大学出版社,2015.

[5]江伟.民事诉讼法[M].北京:高等教育出版社,2013.

[6]王利明.民法[M].北京:中国人民大学出版社,2005.

[7]梁慧星.民法总论[M].北京:法律出版社,2007.

[8]李开国.民法总则研究[M].北京:法律出版社,2003.

[9]苏号朋.民法学[M].北京:对外经济贸易大学出版社,2007.

[10]孙宪忠.民法总论[M].北京:社科文献出版社,2010.

[11]隋彭生.合同法论[M].北京:法律出版社,1997.

[12]史尚宽.债法总论[M].北京:中国政法大学出版社,2000.

[13]施启扬.民法总则[M].北京:中国法律出版社,2010.

[14]张新宝.侵权责任法[M].北京:中国人民大学出版社,2013.

[15]陈津生.建设工程全程侵权责任法律适用与案例分析[M].北京:中国法制出版社,2012.

[16]王利明.侵权责任法研究[M].北京:中国人民大学出版社,2010.

[17]杨立新.类型侵权责任法研究[M].北京:人民法院出版社,2006.

[18]李显冬.中华人民共和国侵权责任法条文释义与典型案

例详解[M].北京:法律出版社,2010.

[19]刘世国.侵权责任法重大疑难问题研究[M].北京:中国法制出版社,2009.

[20]韩强.法律因果关系理论研究[M].北京:北京大学出版社,2008.

[21]何志、侯国跃.侵权责任纠纷裁判依据新释新解[M].北京:人民法院出版社,2014.

[22]韩世佳.合同法学[M].北京:高等教育出版社,2010.

[23]余延满.合同法原论[M].武汉:武汉大学出版社,1999.

[24]唐德华、孙秀君.合同法及司法解释审判实务[M].北京:人民法院出版社,2004.

[25]崔建远.合同法(第二版)[M].北京:北京大学出版社,2013.

[26]黄立著.民法债编总论[M].北京:中国政法大学出版社,2002.

[27]王利明主编.中国民法案例与学理研究[M].北京:法律出版社,1998(1版).

[28]王泽鉴.民法债编通则[M].台北:台湾三民书局,1993(1版).

[29]李永军.合同法[M].北京:法律出版社,2004.

[30]尹显忠.新合同法审判实务研究[M].北京:人民法院出版社,2006.

[31]孔祥俊.民商法新问题与判解研究[M].北京:人民法院出版社,1996.

[32]王建东.建设工程合同法律制度研究[M].北京:中国法制出版社,2004.

[33]张泉水.建设工程合同典型案例评析[M].杭州:浙江大学出版社,2005.

[34]罗结珍译.法国民法典[M].北京:中国法制出版社,1999.

[35]王书江译.日本民法典[M].北京:中国人民公安大学出

版社,1999.

[36]钟京涛.我国划拨土地使用权流转与管理制度[M].上海:上海社会科学院出版社,2003.

[37]王卫国、王广华.中国土地权利的法制建设[M].北京:中国政法大学出版社,2002.

文章类:

[1]王德山、姜晓林.浅论合同成立与合同生效[J].商场现代化,2009(11).

[2]刘娟玉.论合生效[J].商界论坛,2015(4).

[3]章正璋.对我国现行立法合同成立与生效范式的反思[J].学术界,2013(1).

[4]臧鲍.论合同的变更[J].法制与经济,2010(2).

[5]王利明.论举证责任倒置的若干问题[J].广东社会科学,2003(1).

[6]黄俊.浅析房屋租赁合同特点与存在问题[J].人民论坛,2015(11).

[7]胡学军.从"抽象证明责任"到"具体举证责任"——德、日民事证据法研究的实践转向及其对我国的启示[J].法学家,2012(2).

[8]陈任.第三人利益合同的变更和解除[J].法律科学(西北政法学院学报),2007(5).

[9]易名、唐雪平.并非多余的事实推定[J].法治与社会,2013(24).

[10]蒋贞明.论经验法则的适用与完善[J].证据科学,2011(2).

[11]沙影,郭瑞.代理有关问题之法理研究[J].法律与社会,2007(10).

[12]张亚丹.从一则案例探究代理行为之效力[J].法制与社会,2014(3).

[13]徐灼、魏荣辉.浅谈复代理[J].长春工程学院学报(社会科学版),2010(1).

[14]张馨文.表见代理问题研究[J].法制博览,2006(3).

[15]麻晓光、计慧敏.浅析合同法"表见代理"规则[J].中国科技信息,2005(15).

[16]王正义.论表见代理的构成及其法律效果[J].辽宁教育行政学院学报,2006(7).

[17]李全昌等.合同法实施中的几个法律问题[J].山东审判,2003(2).

[18]杨树明,张平.合同成立与合同生效的效力同一性研究[J].中山大学学报(社会科学版),2003(3).

[19]张晓远.合同成立、合同生效与合同有效辨析[J].西南民族学院学报(哲学社会科学版),2001(6).

[20]张安民.论为第三人利益的合同[J].中山大学学报(社会科学版),2004(4).

[21]陈国庆.试论为第三人利益合同特征[J].江苏工业学院学报,2006(3).

[22]赵文英.合同债务中的法定抵销与约定抵销[J].人民司法,2008(16).

[23]张民安.侵权行为的构成要件[J].政治与法律,2012(12).

[24]王庆军.论合同履行中的不安抗辩权[J].吉林省行政学院学报,2005(2).

[25]吴访非、唐日梅.论定金的性质及其适用[J].沈阳教育学院学报,2004(4).

[26]赵晖.简论不安抗辩权的司法适用[J].法制与社会,2011(7).

[27]裴丽萍.论债权转让的若干基本问题[J].中国法学,1995(6).

[28]安翊青、张骏.债权转让通知法律效力辨析[J].政治与法律,2010(11).

[29]朱广新.违约责任的归责原则探究[J].政法论坛,2008(7).

[30]刘浩.债权通知转让研究[J].暨南学报,2014(2).

[31]赵慧琳.正确理解和适用合同目的及根本违约规则[J].政治与法律,2003(5).

[32]章正璋.对我国现行立法合同成立与生效范式的反思[J].学术界,2013(1).

[33]尹田.我国新合同法中的表见代理制度评析[J].现代法学,2000(5).

[34]单建国.表见代理的构成、特征及法律后果[J].商品混凝土,2006(1).

[35]杨代雄.表见代理的特别构成要件[J].法学,2013(2).

[36]王浩.表见代理中的本人可归责性问题研究[J].法学论坛,2014(3).

[37]柳春雨.雇佣与承揽合同的性质界定及侵权责任承担[J].经济研究导刊,2011(7).

[38]何立志.雇主责任制度研究[J].中国政法大学学报,2006(3).

[39]王世理.试论雇佣关系与承揽关系的联系与区别[J].中国律师与法学家,2007(1).

[40]崔北军.试论表见代理的构成要件、类型及效力[J].沈阳工程学院学报,2011(1).

[41]杨思留.合同成立与合同效力的要件研究[J].中国矿业大学学报,2000(1).

[42]易骆之.对保证合同效力及责任问题的思考[J].财经理论与实践,1998(2).

[43]苑兆义.担保合同中保证人的责任与权利[J].中国石油大学胜利学院学报,2005(3).

[44]张辰.保证合同无效时保证人责任的认定[J].中财法律评论,2015(7).

[45]王宏纲.合作开发经营房地产合同的法律性质[J].经济师,2005(9).

[46]马俊达.浅析合作开发房地产合同的法律效力[J].天津

经济,2005(10).

[47]王洪平.论合作开发房地产中的物权认定与债务承担[J].山东社会科学,2012(6).

[48]冯桂.个人合作建房社的法律问题研究[J].广西大学学报(哲学社会科学版),2005(4).

[49]吴一平.合同的有效与合同的生效[J].法学杂志,2006(5).

[50]韩世远.有第三人履行的合同刍议[J].浙江工商大学学报,2008(4).

学位论文:

[1]李峙岚.论合同变更[D].湘潭大学硕士论文,2014.

[2]卢佳妮.论合同法定解除权的行使[D].江西理工大学硕士论文,2015.

[3]张磊.房屋租赁合同若干法律问题研究[D].中国政法大学硕士论文,2004.

[4]张晓杰.房屋租赁合同之任意解除权研究[D].西南政法大学硕士论文,2014.

[5]贾笛.论合同解除权的行使[D].大连海事大学硕士论文,2012.

[6]魏强.民事诉讼举证责任分配制度研究[D].吉林大学硕士论文,2011.

[7]胡伟.论我国举证责任分配的理论完善[D].山东大学硕士论文,2012.

[8]岳铮.试论合同法上可得利益损失赔偿[D].烟台大学硕士论文,2013.

[9]廖荣兴.论民事诉讼中的推定[D].西南政法大学硕士论文,2005.

[10]许可.论合同的成立、生效与无效[D].华东政法大学硕士论文,2005.

[11]卢青.论民事举证责任的倒置[D].青岛大学硕士论

文,2008.

[12]亢生伟.论合同解除的程序及法律效力——以案例分析为视角[D].兰州大学硕士论文,2012.

[13]韩笑恬.合同解除权行使期限问题研究[D].湖南师范大学硕士论文,2011.

[14]尹宣娇.谢某诉工行、携程公司信用卡侵权纠纷案例评析[D].湖南大学硕士论文,2013.

[15]周明宏.尤某诉王某与路桥中心侵权纠纷案例评析[D].湖南大学硕士论文,2014.

[16]薛娟娟.论"过错"在法律责任构成要件中的地位[D].南京师范大学硕士论文,2010.

[17]胡羿.侵权责任构成要件中的违法性[D].苏州大学硕士论文,2011.

[18]李付军.论建筑质量侵权责任[D].西南政法大学硕士论文,2008.

[19]曹婷.论建筑工程质量民事责任探讨[D].苏州大学硕士论文,2014.

[20]李蓓.侵权法上的损害问题研究[D].武汉大学博士论文,2010.

[21]杨婧.侵权责任构成之违法性要件研究[D].郑州大学硕士论文,2012.

[22]赵茉.侵权构成要件中的违法性与过错[D].华东政法大学硕士论文,2012.

[23]王迎文.侵权责任中不可抗力适用规则研究[D].西南政法大学硕士论文,2013.

[24]程延涛.相邻关系侵权制度研究[D].兰州大学硕士论文,2011.

[25]尹霞.抵销制度研究[D].华东政法大学硕士论文,2007.

[26]宋黎明.论债之抵销[D].山西大学硕士学位论文,2006.

[27]王静.法定抵销制度研究[D].西南政法大学硕士论

文,2011.

[28]王良.抵销制度研究[D].兰州大学硕士论文,2012.

[29]葛义伟.保证合同效力研究[D].兰州大学硕士论文,2015.

[30]朱煜文.无效保证合同认定及其赔偿责任[D].安徽大学硕士论文,2015.